수업에 날개를 달자

# 수업 비타민

으뜸수업연구회 편

학지사

# 머리말

교성(敎聖) Pestalozzi는 교육을 '발달을 애타게 기다리는 학생의 잠재능력을 일깨우는 일'이라고 했습니다. 이는 교육의 목적이 학생 개개인의 잠재능력, 즉 소질과 적성을 이끌어 내고 계발하는 데 있음을 의미합니다. 여기서 '잠재능력을 일깨우는 일'은 교사의 교수 행위, 즉 수업을 통해 가능해집니다. 교사의 가르침과 학생의 배움이 만나 학생을 긍정적 방향으로 변화시킬 수 있을 때 바람직한 교수·학습이라고 할 수 있습니다. 따라서 교사의 수업 능력에 따라 학생의 잠재능력이 높게 발현될 수도 있고, 그 반대일 수도 있습니다.

교육의 질은 교사의 질을 넘을 수 없다고 합니다. 그렇다면 교사의 질은 교사가 행하는 수업의 질에서 그 판가름이 난다고 볼 수 있습니다. 그만큼 수업은 교육의 질을 담보하는 절대적인 기준이 되며 질 높은 수업은 교육을 살리는 지름길이 될 수 있습니다.

수업에는 왕도가 없다고 합니다. 이는 수업이 갖는 특수성과 수업에 미치는 변인이 다양하여 정형화된 틀이 없음을 의미합니다. 또한 수업은 단순한 교수 기술이나 학습 방법을 넘어서서 학생들과 함께 매시간 새롭게 만들어 나가는 예술적인 성격을 지니고 있기에 그 성공과 실패를 쉬이 가늠하기 어렵습니다. 교사의 부단한 수업 연구와 학생에 대한 심도 깊은 이해를 바탕으로 한 수업만이

학생들의 성장과 발달에 도움을 줄 수 있습니다.

그동안 수업에 관한 많은 이론서가 교사들이 수업하는 데 도움을 주었습니다. 그러나 수업 현장에서는 이들 이론이 구체화되지 못해 수업 적용에 많은 시행착오를 야기하고, 교사의 되새김을 요했던 것이 사실입니다. 또 많은 이론들이 실제 수업 장면에서 어떻게 적용되어 교수·학습 활동에 녹아드는지 그 생생한 모습을 보여 주는 사례도 그리 많지 않았습니다.

이러한 현실을 잘 알고 있는 집필진은 4년여 동안 교육대학교 교육실습생을 지도하면서 얻은 지도 사례와 수업에서 놓쳐서는 안 될 기본적인 요소들을 중심으로 알기 쉽게 엮어 보았습니다. 특히 수업 이론과 수업 모형에 대해서는 가능한 한 언급을 피하고 현장 교사의 눈높이에서 수업에 접근하여 실제적이고 구체적인 도움 자료가 되기를 바라며 이 책을 집필했습니다.

'제1부 수업 준비'는 실제 수업에 들어가기 전에 미리 성공적인 수업을 위해 준비해야 할 내용들을 다루고 있습니다. 준비되지 않은 수업은 성공적인 수업이 될 수 없습니다. 그 준비에는 여러 가지가 있지만 발표 방법과 같은 기본 학습 훈련이나 학습 내용 재구성을 비롯해 각 교과별 수업 전에 학생들이 준비해야 할 필수적 기

본 학습 내용 등이 있습니다. 이러한 준비가 이루어져 있지 않으면 길지 않은 수업 시간 동안 효과적인 교수 · 학습 활동을 하기 어렵습니다.

'제2부 수업 전개'는 실제 수업 시간에 활용할 수 있는 다양한 수업 기술과 방법을 다루고 있습니다. 한 시간의 수업 흐름을 따라가면서 수업의 시작인 동기 유발에서부터 학습 목표 제시, 다양한 학습 유형에 따른 학습 방법 및 활동, 효과적인 발문, 교수 · 학습 자료의 제작 및 활용, 평가 및 수준별 학습, 다양한 주의 환기 및 집중 기술, 보상과 피드백의 효과적인 제공 방법, 학습 정리 등에 대하여 직접적인 경험에 기반한 다양한 방법들을 제시했습니다. 물론 수업에 관련된 모든 내용을 빠짐 없이 다루지는 못했고, 제시된 내용이 모두 옳다고 장담할 수도 없습니다. 수업이 예술적인 성격을 띠고 있는 한 정답을 찾는 일은 무망한 노릇이기 때문입니다. 다만, 경험을 바탕으로 제시한 방법들을 통해 독자들이 자신들의 정답을 찾는 일에 도움이 되기를 바랄 뿐입니다.

'제3부 수업 들여다보기'에서는 1부와 2부에서 살펴본 내용들이 한 시간의 실제 수업에서 어떻게 나타나는지를 살펴봅니다. 다양한 관점에서 수업을 관찰 · 분석해 봄으로써 수업을 이해하는 데

한 걸음 더 나아갈 수 있을 것입니다.

수업에는 수업에 대한 관찰만으로 보이지 않는 많은 것들이 숨어 있습니다. 그만큼 수업에 관련된 변인이 많고 그렇기 때문에 이를 관찰·분석하여 기술함으로써 수업의 참모습을 이해해 보려는 노력 역시 쉽지 않습니다. 다만, 직접 수업을 하고 있는 현장 교사들의 시각에서 수업을 바라보는 몇 가지 사례로써 수업을 이해하는 데 도움이 되기를 바랄 뿐입니다.

훌륭한 수업에 대한 정답은 없는 것처럼 보입니다. 그러나 훌륭한 수업을 하기 위한 노력은 멈출 수 없습니다. 그 노력의 산물인 이 책이 처음 교직에 입문한 신임 교사나 교육대학교에 재학 중인 예비 교사에게는 초등학교 수업에 쉽게 접근하고 적용할 수 있는 수업 기본서가 되고 경력 교사에게는 자신의 수업을 다시 한 번 되돌아보는 성찰의 계기를 제공할 수 있기를 기대합니다. 끝으로 집필 의도를 살펴 기꺼이 출판을 맡아 주신 학지사 김진환 사장님과 편집부 직원의 노고에 감사 드립니다.

2009년
저자 일동

차 례

머리말   03

제1부 수업 준비

# 제 2 부 수업 전개

# CONTENTS

## 제 3 부  수업 들여다보기

CONTENTS

제1부 **수업 준비**

 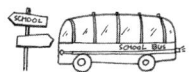

# 01 기본 학습 훈련

## 천리 길도 한 걸음부터

### 학급경영, 3월 한 달이 좌우한다

학급경영은 새 학년이 시작되는 3월 한 달이 그 어느 때보다도 중요합니다. "한 번 그린 밑그림이 백년대계를 좌우한다."라는 말에서 바로 3월은 학급경영의 밑그림에 해당합니다. 3월 동안 학생들에게 학교생활을 잘 안내하고 지도하면 1년간 멋진 학급 운영을 할 수 있습니다.

첫 번째, 교사가 학생보다 먼저 교실에 나와 학생들을 맞아 눈을 맞추고 머리를 쓰다듬으며 친근감을 표현해 줄 수 있습니다. 이때 교사가 재미있는 동화책을 준비해서 읽는 센스가 필요합니다. 교사가 먼저 책을 읽으면 학생들도 스스로 책을 읽습니다. 물론 전날에 학생들과 동화책을 가져오기로 약속을 해야 하겠지요. 저학년인 경우라면 책을 읽기 전에 받아쓰기 활동을 하는 것도 좋습니다.

받아쓰기는 저학년 학생들이 글자를 익히고 책의 내용을 이해하는 데 도움을 주기 때문입니다.

두 번째, 일일 반장 제도를 활용합니다. 저학년은 학급임원이 없기 때문에 번호순으로 돌아가며 일일 반장제를 합니다. 반장은 책 정리하기, 쓰레기통 주변 정리하기, 책상 줄 맞추기, 선생님 도와 드리기, 화분에 물 주기, 신발장 정리하기 등 여러 가지 봉사활동을 합니다. 이러한 봉사활동을 통하여 반장으로서의 자부심과 긍지를 갖도록 합니다. 또 1교시 시작 전에 반장에게 아침 활동을 제일 잘한 친구 다섯 명을 뽑아 발표하게 합니다. 반장은 잘한 친구의 이름을 불러서 좋고, 친구들은 뽑혀서 좋기 때문에 아침 활동 분위기 조성에 그만입니다. 반장은 떠들거나 태도가 바르지 못한 친구들보다는 잘한 친구들을 찾아보며 친구들의 장점을 보게 되어 긍정적인 사고를 할 수 있습니다.

세 번째, 기본 생활 습관을 몸에 배게 합니다. 3월에 학습 진도를 나가는 것보다 더 중요한 것이 기본 생활 습관 형성입니다. 쉬는 시간에 줄 서는 방법, 복도에서의 통행 방법과 화장실 이용 방법, 과제 검사 방법, 대화 시 목소리 크기 조절 방법 등의 교실 규칙을 익힐 수 있도록 철저히 지도합니다. 이때 중요한 것이 칭찬입니다. 잘했을 때 아낌없이 칭찬해 주고 조금 부족한 학생들에게도 너도 잘할 수 있다고 격려하며 기본 생활 습관을 형성하도록 합니다.

네 번째, 학습 진도가 다소 늦어지더라도 이후의 원활한 수업 진행을 위해 기본 학습 훈련을 철저히 해야 합니다. 교사가 종을 두 번 울리면 박수를 두 번 치면서 "바른 자세!"라고 외치고 선생님 바라보기, 교사가 "선생님!" 하면 학생들은 "예쁜 눈!"이라고 외치며 선생님 눈 바라보기, 교사가 "손!" 하면 학생들은 "무릎!" 하면서 손을 무릎에 놓고 선생님 바라보기, 교사가 "준비됐나요?" 라고 노래 부르며 물으면 학생들은 "준비됐어요."라고 노래 부르며 선생님 바라보기 등 재미있는 아이디어로 학생들과 약속을 정하고 수업에 적용합니다. 물론 학년을 고려하여 신호와 소리로 규칙을 정해야 할 것입니다.

처음에는 한마음이 되기 쉽지 않습니다. 하지만 학생들이 잘 못해도 야단치지 않고 기다려 주면 호기심을 갖고 응하며 새로운 약속에  적응하여 잘 따라옵니다. 여러 번 지도하고 반복하여 약속이 완성되면 신나고 재미있는 율동으로 학생들의 흥미를 유발하며 새 학년을 즐겁게 시작합니다. 학생들의 입에서 "정말 재미있다!"라는 말이 나올 수 있도록 학생들을 내 편으로 만들면 1년을 평화롭고 행복하게 보낼 수 있습니다.


### 📝 쉬는 시간은 쉬는 시간이 아니다!

교사가 쉬는 시간을 어떻게 운영하는지에 따라 학급의 분위기가 달라집니다. 교사가 학생들의 생활 습관과 평소 모습을 알 수 있는 시간은 쉬는 시간과 점심시간일 것입니다. 시간을 잘 운영하면 학생 들의 생활지도와 학습지도를 효과적으로 할 수 있습니다.

쉬는 시간에 교사는 수업 준비와 동시에 학생들의 생활 모습을 관찰하고, 수업 시작 전에 단원명을 판서해야 합니다. 교사가 단원명을 판서하는 동안에 학생들이 수업 준비를 하면 수업을 알리는 종과 함께 자연스럽게 수업을 진행할 수 있습니다. 만일 단원명을 수업이 시작된 후에 판서하면 어수선한 분위기에서 수업을 시작해야 할 것입니다.

학생들에게 쉬는 시간은 수업 준비, 주의 환기, 책상 주변 정리 정돈, 화장실 다녀오기를 하는 시간이지 그냥 노는 시간이 아님을 알려 줍니다. 쉬는 시간에 활동 및 놀이가 과하면 수업 시작 후에도 학생들은 수업에 집중하기가 어려울 뿐만 아니라 수업 진행을 위한 분위기 조성에도 시간이 낭비될 것입니다.


# 틀려도 괜찮아


### 📝 자신감 넘치는 목소리를 들려 주세요

교사와 학생들에게 3월은 설레고 기대가 많은 달입니다. 3월은 새로운 계획들을 설계하고 새로운 얼굴들을 만나는 달이기 때문입니다.

3월 2일, 학생들을 만나는 첫날입니다. 초롱초롱한 눈망울의 학생들과 인사를 하고, 드디어 자신을 소개하는 시간이 되었습니다. 갑자기 여기 저기서 한숨 소리가 나옵니다. 해마다 겪기에 예상했던 일이지만 올해에는 유난히 어두운 표정을 한 학생들이 눈에 많이 띕니다.

학급의 구성원으로 서로 다른 개성과 특징을 지닌 학생들이 모이기 마련입니다. 자신감 넘치는 모습으로 발표할 생각에 들떠 있는 학생들이 있는가 하면, 부끄러움을 잘 타서 발표 생각만 해도 얼굴이 붉어지는 학생들이 있습니다.

개학 첫날, 잔뜩 긴장한 학생들에게 낯선 친구들 앞에서 자신을 소개하는 것처럼 부담스러운 일은 없습니다. 평소에 발표 잘한다고 칭찬을 듣던 학생들도 이 날만큼은 긴장을 하게 됩니다. 처음

새 친구들을 만난 날 자신감 넘치는 목소리를 낼 수 있는 방법은 없을까요? 단순히 자신에 대해 소개하는 글을 써서 읽는 것만으로는 자신감 넘치는 목소리로 발표하는 태도를 기대하기 어렵습니다. 이때 모든 학생들이 부담 없이 즐기는 게임 형식의 발표 훈련은 어떨까요? 여러 가지 방법이 있는데, 여기에서는 번호 부르기 게임을 소개합니다.

1단계는 자리 번호 학생 일어나기입니다. 반 전체 학생에게 자리 번호를 하나씩 정해 줍니다. 교사가 호명하는 번호의 학생은 일어나 큰 목소리로 "네."라고 대답하며 친구들이 많은 쪽을 바라보고 섭니다. 다른 친구들은 일어난 친구를 바라봅니다.

2단계는 호명된 자리 번호의 앞, 뒤 번호 학생만 일어나기입니다. 선생님이 호명하는 번호의 학생은 자리에 가만히 앉아 있고 앞, 뒤 번호의 학생만 일어나 "네."라고 대답하며 친구들이 많은 쪽을 바라보고 섭니다. 앉아 있는 다른 친구들은 일어난 친구를 바라봅니다.

단순한 방법이지만 학기 초에 학생들의 발표 목소리를 키우는 데 효과적입니다.

## 발표 지도, 이렇게 하면 어떨까요?

교사는 학생들의 학습 의욕을 높이기 위해 끊임없이 고민을 합니다. 특히 발표력이 약한 학생들을 지도하다 보면 무엇이 잘못되었는가 반성하게 됩니다. 어떻게 하면 학생들의 발표를 능동적으로 할 수 있을까요?

우선 교사의 인내가 필요합니다. 학생들에게 생각할 시간을 주고, 틀린 답도 허용해 주는 인내심이 필요합니다. 교사가 급하게 대답을 요구하면 학생들은 위축되어 발표를 망설이게 됩니다.

또 교사와 친구들의 듣는 태도도 중요합니다. 자신의 말을 귀담아 듣고 있는 사람이 있다는 사실만으로도 자기존중감이 높아질 것입니다. 그래서 학년 초 기본 학습 훈련을 할 때 바르게 듣는 태도를 습관화할 수 있도록 반복해서 지도해야 합니다.

그리고 자연스럽게 발표하기가 숙련되면 문장과 문장을 이어 주는 말을 사용하여 말할 수 있도록 격려합니다. 처음부터 사람들 앞에서 많은 문장을 말한다는 것은 큰 부담이기에 처음에는 짧은 내용의 발표라도 수용해야 합니다. 교사가 학생들이 발표에 대한 두려움이나 공포가 없어질 즈음 발표를 더 길고 자연스럽게 할 수 있도록 권해야 합니다. 학생이 예를 들어 말한다거나, 결론 뒤에 이유나 근거를 말하도록 유도합니다.

### 📝 짧은 글짓기를 이용한 발표 연습

새 학년이 되어 학생들과 세우는 목표 중에 '하루에 한 번 이상 발표하기'가 있습니다. 발표는 학생이 수업에 집중하고 있다는 것을 의미하기도 하고, 교사가 수업을 이끌어 나가면서 학생의 학습 이해 정도를 파악하는 데에도 중요하기 때문입니다. 하지만 목표와는 달리 대부분의 발표는 소수의 학생들에게만 집중되어 있고, 대다수의 학생들은 구경꾼이 되어 지켜보는 것이 일반적인 학급의 모습입니다.

학생들이 발표를 하지 않는 이유는 무엇일까요? 쑥스럽거나 틀릴까 봐 걱정이 되기 때문입니다. 그러므로 자신감을 가지고 발표하는 연습부터 해야 합니다. 발표는 처음 한두 번이 어려울 뿐 일단 경험을 하고 나면 학생들은 두려워하지 않고 쉽게 손을 듭니다. 틀릴까 봐 걱정할 필요가 없는 '짧은 글짓기' 형식의 발표 연습 방법을 소개합니다.

① 교사가 낱말 하나를 제시하면 학생들은 그 단어와 관련된 내용의 문장을 하나씩 생각합니다.
② 발표 순서를 정해 놓고 한 명도 빠짐없이 발표합니다.
③ 미처 생각하지 못한 학생은 다른 학생들이 발표를 다한 후 다시 발표할 기회를 얻습니다.
④ 목소리를 크게 하거나, 내용이 색다를 때에는 적절한 보상을 합니다.
⑤ 학년 초 1~2주 정도는 매일 1회씩 발표하는 시간을 가지고, 차츰 발표에 익숙해지면 국어 시간에만 1회씩 하는 등 횟수를 줄여갑니다.

### 📝 크고 우렁찬 발표를 위하여

목소리가 작거나 수줍음이 많아 발표를 꺼리는 학생들을 위해 울림 마이크를 이용합니다. 울림 마이크는 직접 제작도 가능하고 가까운 문구점에서 쉽게 구입할 수도 있습니다. 울림 마이크는 둥근 플라스틱 통에 용수철이 들어 있어서 작은 목소리도 크게 해 줍니다. 또한 울리는 효과가 재미를 더해 주어 발표에 자신이 없는 학생들에게 유용한 도구가 될 수 있습니다.

'1분 스피치'를 합니다. 1교시 시작 전이나 종례 시간에 하면 좋은데, 발표 주제에 대하여 미리 학생들에게 안내하고 발표를 준비할 수 있도록 합니다. 하루에 한두 명씩 자신들이 관심 있는 주제에 대해 발표하도록 합니다. 처음에는 망설이던 학생들도 발표 경험이 쌓이면서 친구와 이야기하듯이 자연스럽게 하는 모습을 볼 수 있습니다. 영화, 연예인, 친구, 공부, TV 프로그램 등 학생들이 관심 있어 하는 내용이면 무엇이든 좋습니다. 교사는 학생의 발표 중 기발하고 창의적인 내용, 재미있는 내용에 대해 격려하고 칭찬해 줍니다.

거울을 보며 말하는 연습을 하도록 합니다. 자신의 모습을 보면서 이야기하는 가운데 말하는 훈련과 입모양·발음 교정까지 되어 큰 효과를 거둘 수 있습니다.

### 🗒 짧은 시간, 많은 발표

수업을 이끌어 가면서 가능하면 많은 학생들에게 활동 기회, 특히 발표 기회를 주는 것은 매우 중요합니다. 하지만 질문이 어려우면 발표하는 학생이 한정되거나 발표했던 학생이 계속 발표하게 되는 경우가 많습니다. 반대로 질문 내용이 쉽고 답이 단답형인 경우에는 거의 전체 학생들이 손을 들기 때문에 어떤 학생에게 기회를 줘야 할지 갈등이 생기고 때로는 이로 인해 오해가 생기기도 합니다. 이럴 때 학생들에게 똑같은 기회를 줄 수 있는 발표 방법이 있어 소개합니다.

예를 들어, 질문이 '여름' 하면 생각나는 것에 대해 말해 보는 것 일 때 여러 학생들이 동시에 손을 들었습니다. 그러면 손을 든 전체 학생에게 모두 일어서서 발표할 수 있는 기회를 주는 것입니다. 이때 한 사람씩 차례대로 말하게 하는데, 자신이 생각했던 것을 앞에 친구가 발표하면 스스로 자리에 앉거나 다른 내용을 생각해서 발표하게 합니다.

이 발표 방법의 장점은 손을 든 모든 학생에게 기회를 줄 수 있다는 것입니다. 그러면서도 한 명씩 일어났다 앉았다 하는 데 드는 시간을 줄일 수 있습니다. 자신의 생각과 똑같은 내용이 나와 스스로 앉더라도 아예 기회가 없는 것보다는 아쉬움이 적습니다. 또 미리 생각해 놓은 학생들은 다른 답을 생각해서 발표하게 됩니다. 그리고 매일 한 번 이상 발표하는 것을 목표로 정했을 때 일어났던 것만으로도 1회를 인정해 주므로 자신감이 없어 발표를 꺼리는 학생들도 좀 더 적극적인 태도를 보이게 됩니다.

### 📝 말하기·듣기 기본 학습 훈련은 이렇게

교사는 학생들에게 지식을 전달하고 행동을 지시하거나 요구하는 등 여러 가지 언어 수행을 하는데, 이러한 교사의 언어 수행은 학생들의 언어 능력 발달에 직·간접적인 영향을 미칩니다. 그러므로 학생들에게 말하기·듣기 학습 훈련을 시키기에 앞서 교사가 의도적이고 계획적인 언어 수행을 함으로써 의사소통 행위의 모범을 보여 주어야 합니다.

제7차 교육과정 국어과에서 말하기, 듣기, 읽기, 쓰기 순으로 배열하여 말하기 영역을 우선시했던 것을 2007년 개정 교육과정에서는 듣기 영역을 가장 앞에 둠으로써 듣기 영역을 중요시하고 있습니다. 또한 말하기·듣기 능력은 쓰기와 읽기 등의 다른 언어 기능의 발달과 깊은 관련이 있기 때문에 소홀하게 다루어서는 안 됩니다.

듣기 훈련은 우선 말하기 활동과 함께 이루어집니다. 상대방이 말할 때에는 바른 자세로 말하는 사람을 바라보며 듣도록 합니다. 저학년의 경우 말 전하기 놀이나 말 이어가기 놀이를 하면서 상대방의 말을 듣고 정확하게 내용을 전달하는 능력을 기르도록 할 수 있습니다. 고학년은 들으면서 메모하기 활동이 좋습니다. 메모를 할 때에도 처음에는 교사가 메모하는 요령을 시범 보이며 지도를 한 후에 중요한 내용을 조직화하도록 합니다. 그리고 교사나 다른 학생이 말을 하고 있는 경우 중간에 끼어들어 자신의 의견을 말하는 것이나 손드는 것을 제지해야 합니다. 그런 학생에게는 말하는 사람의 의견을 수용하거나 이해하려는 마음이 없다고 보아야 할 것입니다.

말하기 훈련은 학생의 발달 수준에 따라 발화하는 방법을 달리합니다. 예를 들어, 저학년에게는 순서를 지키며 대화하고 대화의 흐름에서 벗어나지 않게 말하는 연습을 시킵니다. 말할 때 적절한 몸짓 사용하기, 정확한 발음으로 말하기, 문장 단위로 생각을 나타내기, 다양한 형태로 말하기, 화제와 주요 내용 생각하면서 말하기, 명료하고 생생한 언어로 표현하기, 감정 표현 방법 알기, 자료를 적극 활용해서 말하기 등을 지도합니다. 또 말하기 전에 자신이 표현하고자 하는 내용을 간단히 적고, 메모한 것을 보고 말한다면 불안감을 다소 줄일 수 있음을 알려 줍니다.

학생들은 대상에 따라 선생님, 아버지, 친구, 어머니 순으로 말하기 불안을 느낀다고 합니다.* 학생들이 많은 시간을 보내는 학교에서 교사에게 말하는 것에 불안을 느낀다는 것은 교사에게 어느

---

* 장윤경(2001). 초등학생 말하기 불안에 관한 연구. 한국교원대학교 대학원 석사학위 논문, p. 10.

정도 책임이 있다고 볼 수 있습니다. 교사는 학생들이 어머니에게 말하듯 자연스럽게 말문을 열 수 있도록 학생들에게 수용적이고 편안한 분위기와 상황을 만들어 주어야 할 것입니다.

# 맛있는 과학 수업

### 과학 수업 준비를 위한 기본 학습 훈련

과학은 안전사고가 많이 일어나는 교과입니다. 그래서 과학 수업은 다른 교과보다 기본 학습 훈련을 철저히 해서 안전사고에 대비해야 합니다.

첫째, 보호장비를 반드시 준비합니다. 보호안경과 보호장갑, 가운 등 보호장비를 착용하고 실험에 들어가야 만약의 사고에 대비할 수 있고 사고가 발생해도 피해를 최소화할 수 있습니다.

둘째, 과학실에서는 교사의 설명이 우선이라는 규칙을 정합니다. 교사의 설명이 끝난 후 실험에 들어갈 수 있고, 이 규칙을 지키지 않을 경우 그 모둠은 실험에 직접적인 참여는 못하고 참관만 할 수 있다는 점을 강조합니다.

셋째, 학생들이 실험을 통해 얻고자 하는 것이 무엇인지에 관심을 갖도록 합니다. 학생들은 실험 그 자체에 흥미를 가지고 접근하지만, 그 실험이 과학 지식과 과학적 태도를 익히기 위한 하나의 수업 과정임을 이해하도록 해야 합니다. 실험이 수업의 목표가 되어서는 안 되고, 수업 목표 달성을 위한 수단과 과정이 되어야 합니다. 예를 들어, 실생활에 쓰이는 여러 용액의 산성과 염기성을 알아보는 실험에서 그 실험 자체보다는 실험을 통해 우리 주변의 여러 용액을 산성과 염기성으로 나눌 수 있으며, 이러한 용액을 구분할 때 여러 가지 지시약이나 리트머스 종이, PH 측정기와 같은 도구를 활용할 수 있음을 알도록 합니다.

넷째, 기본적인 실험 기구 사용법을 올바르게 알도록 지도합니다. 이것은 학기 초 단원의 개관을 학습할 때 집중 지도하며, 차시 수업 시간에 사용법을 상기시키는 것이 좋습니다. 이때 게임 활동을 도입하고, 학생들이 스스로 과학자가 된 것 같은 자부심과 신중함, 자신감을 갖게 하는 것이 중요합니다. 예를 들어, 스포이트를 이용하여 비커에 액체 300밀리미터를 담고 눈금실린더로 확인하기, 알코올램프로 물을 가열하여 60도의 물로 끓이기, 비커에 소금과 물을 넣고 유리막대로 소리 나지 않게 저어 빨리 녹이기 등 두세 가지 기구를 이용하는 실험을 하면서 실험 기구 사용에 대한 거부감을 없애도록 합니다.

다섯째, 학생들이 활동 시간 이외에는 실험 재료나 기구를 만지지 않도록 합니다. 그러기 위해서 실험을 시작하기 직전에 학생들이 실험 준비물을 가져가게 합니다. 이때 이동식 수레를 이용하여 모둠별로 준비물을 준비해 두고 모둠에서 한 사람을 정하여 이동식 수레가 모둠 주위를 지날 때 가져가도록 하면 좋습니다. 또한 실험이 종료된 후에는 준비물을 바구니에 넣어 실험 기구 보관 장소에 정리하도록 합니다. 이것도 학기 초에 미리 지도합니다.

여섯째, 학생들이 실험 물질에 함부로 손대지 않도록 합니다. 초등학교에서 다루는 용액은 별로 위험하지 않아 맛을 보거나 냄새를 맡아도 된다고 생각할지 모르지만 이것은 학생들의 과학적 태도 형성을 방해합니다. 모든 액체는 농도가 진할 때 가스를 발생시키는데, 이 가스는 인체에 해로운 경우가 대부분입니다. 또한 설탕이나 소금을 그냥 맛보게 하면 다른 물질을 구별할 때에도 그러한 행동이 나올 수 있습니다. 그러므로 교사의 지시 없이 함부로 물질을 맛보거나 직접 냄새를 맡지 않도록 하며, 손으로 만지는 일이 없도록 철저하게 지도합니다.

일곱째, 현대의 과학은 환경과 무관하지 않음을 알고 있어야 합니다. 그러므로 환경 보전과 연계하여 지도하고, 생명 존중의 의미도 함께 다루어 학생들이 생명체를 소홀히 다루거나 잘못된 환경 의식을 가지지 않도록 합니다. 그러기 위해서 생명을 다루는 활동을 할 때에는 대상 생물이 얼마나 아픔을 느낄 것인지 생각해 보는 시간을 가지는 것도 좋습니다. 약품 사용을 최소한으로 하고, 사용 후 폐기물 처리 방법을 교육하여 적절하게 처리할 수 있도록 합니다.

여덟째, 수업 준비 과정부터 마지막 정리 과정까지도 과학 시간임을 알아야 합니다. 교사들은 수업을 준비하는 과정과 정리하는 과정을 교사의 일이 아닌 보조 교사의 일이라고 구분지어 생각하는 경향이 있습니다. 그러나 절대로 그렇지 않습니다. 실험 준비 과정에 학생들이 참여하지 않고, 정리도 소홀히 하면 그 과정들이 얼마나 힘들고 내가 그 과정을 소홀히 했을 때 다른 학생들에게 얼마나 피해가 되는지 학생들은 잘 모릅니다. 그러므로 준비에서 정리 과정까지 교사가 학생들과 함께 해야 합니다.

## 안전한 과학 수업을 위한 준비

일반적으로 과학 교과는 안전사고가 많이 발생하는 교과 중 하나입니다. 유리 기구를 가열한 후 맨손으로 만져 화상을 입는 경우,

유리관을 고무마개에 끼우다가 유리관이 부러져 외상을 입는 경우, 불을 붙인 알코올램프가 엎어져 화재가 발생하는 경우 등의 실험실 안전사고는 학교 현장에서 많이 발생합니다. 이러한 사고를 미연에 방지하기 위해서 교사는 과학 수업을 위한 준비를 철저히 해야 합니다.

첫째, 교사는 3월 초에 과학 교과를 미리 분석하여 1년 동안 다루게 될 실험 기구 및 화학 약품, 필요한 안전 용품을 확인하여 발생 가능한 사고를 예상하고 안전 수칙을 세워야 합니다. 예를 들어, 눈금실린더, 뷰렛, 피펫과 같은 유리 기구는 다른 유리 기구와 달리 불로 가열해서는 안 되며, 약품의 냄새를 맡을 때에는 팔 거리 정도에서 손으로 부채질하여 맡아야 한다는 등의 안전 수칙을 학생들에게 철저히 지도합니다.

둘째, 실험 기구 사용법 지도를 철저히 합니다. 예를 들어, 스포이트를 거꾸로 세워 사용하면 시약이나 용액이 고무 부분을 상하게 할 수 있으므로 거꾸로 세우지 않아야 하는 것, 한 개의 스포이트로 두 가지 이상의 용액을 다룰 때에는 물로 잘 씻거나 다른 스포이트를 사용해야 한다는 것을 지도합니다. 그 밖에 눈금실린더 읽는 방법, 거름종이 접는 방법 및 여과하는 방법, 수조 드는 방법, 알코올램프 사용 방법 등 실험 기구들의 정확한 사용 방법을 지도합니다.

또 교사는 교실에 과학 수업 안전 생활 코너를 마련하여 안전 의식을 고취시키고, 과학실 안전 지킴이를 선정하여 모둠 활동에 활용합니다. 이러한 지도는 일회성 지도로 끝내지 말고, 지속적·반복적으로 실시해야 합니다.

# 쉽게 하는 체육 수업

### 📝 체육과 기본 학습 훈련 방법

    체육 수업은 타 교과의 수업과는 다른 특성이 있습니다. 그것은 운동장이라는 개방된 환경에서 학습이 이루어진다는 것과 학습 활동을 위해서는 많은 공간을 사용해야 하며 때로는 공간을 이동해야 한다는 것입니다. 때문에 효과적인 체육과 수업을 위해서는 실내에서 이루어지는 타 교과의 수업과 차별화되는 체육 수업만의 기본 학습 훈련이 필요합니다.

    먼저 실외 환경이라는 불리한 점을 최소화하기 위해서 호각 신호와 수신호를 개발하여 지도하는 것이 필요합니다. 운동장과 같은 개방된 장소에서는 교사의 발문이나 구령 소리가 효과적으로 전달되기 어려우므로 청각과 시각을 동시에 자극하여 학생 활동을 조절하도록 합니다.

| 내 용 | 수신호 | 호각 신호 | 내 용 | 수신호 | 호각 신호 |
|---|---|---|---|---|---|
| 차렷 | | 휙 | 4열<br>종대/<br>횡대 | | 휙 |
| 열중<br>쉬어 | | 휙 | 1, 2, 4<br>줄서기 | | 휙휙 |
| 앞으로<br>나란히 | | 휙 | 전체<br>모이기 | · | 휘~익<br>휙휙휙 |

다음은 대형 연습입니다. 체육 수업은 다른 교과에 비해 학습 내용 이외의 활동을 하는 데 드는 시간이 많습니다. 이런 불필요한 시간을 줄이고, 학생들의 학습 시간을 확보하기 위해 한 장소에서 다른 장소로 이동하는 활동, 집합 및 분산 활동, 소집단 나누기 등의 활동 시간을 최대한 줄이도록 호각 및 수신호를 이용하여 훈련하는 것이 필요합니다.

마지막으로 체육 수업만의 소집단을 구성하는 것입니다. 교실 수업에서는 대체적으로 학생들의 지적 능력, 학습 태도, 교우 관계 등을 고려하여 소집단을 구성합니다. 체육 수업에서의 소집단은 이러한 요소와 더불어 학생의 운동 기능, 학생의 체격을 고려하여 구성합니다. 또한 학습 내용에 따라 소집단 내에서의 역할을 분담하여 학습 참여도를 높이고 개인의 책무성을 높이도록 합니다.

체육 교사의 지도력을 종종 '자기력'에 비유하곤 합니다. 자기력이 강하면 자기력이 미치는 자기장의 범위가 넓듯이 지도력이 있는 체육 교사는 학생들의 학습 활동을 통제할 수 있는 공간의 범위가 넓습니다. 이는 더 넓은 공간에서 더 많은 학생들이 더 많은 활동을 하는 데 도움을 줄 수 있습니다. 이러한 체육 교사의 지도력이 철저한 기본 학습 훈련에서 시작됨을 인식하고 새 학년을 준비해야 합니다.

### 🖊 준비운동할 때 고려할 점

준비운동은 본 차시 운동을 위한 하나의 준비 활동이어야 합니다. 운동하기에 적당한 정도로 근육과 관절을 '워밍업'하는 과정이기에 준비운동 없이 체육 수업을 해서는 안 됩니다.

또 차시 활동이 무엇이냐에 따라 준비운동을 하는 신체 부위도 달라져야 합니다. 예를 들면, 달리기가 그 차시의 주 활동이면 다리 운동 위주의 준비운동을 해야 하고, 물구나무서기 등 체조 활동이 그 차시의 주 활동이면 사용하게 될 신체 부위의 근육과 관절을 충분히 풀어 줄 수 있는 준비운동을 해야 합니다.

준비운동으로 운동장을 뛰려 한다면 조깅을 할 수 있는 몸 상태를 만들어 주어야 합니다. 날씨가 갑자기 추워져서 기온의 변화가 심한 때나 아침 1교시, 추운 겨울철에는 더 조심해야 합니다. 또 준비운동 전에 주머니에 있는 돈이나 물건, 뾰족한 필기 도구 등을 빼놓으라는 말도 잊어서는 안 됩니다.

혼자 하는 준비운동과 짝과 함께 몸을 맞대고 할 수 있는 준비운동을 적절히 조화시키는 것도 학생들 간의 친밀도를 높이는 데 효과가 있습니다. 예를 들면, 등 맞대고 업어 주기, 두 손을 맞잡고 옆으로 돌기, 한 줄로 서서 앞사람 어깨 주물러 주기 등 여러 가지 활동이 있습니다.

프로야구 경기 중에 언제 등판할지 모르는 투수가 불펜에서 계속 공을 던지며 몸을 푸는 모습을 볼 수 있습니다. 언제라도 뛰어나가 경기에 임할 수 있도록 준비하고 있는 것입니다. 교실에 가만히 앉아 있던 학생들은 운동장에 나오면 해방감과 자유를 누리고 싶어하기 때문에 준비운동을 하찮은 활동쯤으로 여기고 대충 하려고 합니다. 그러므로 학년 초에 준비운동의 중요성에 대해 설명하고, 본시 활동에 맞는 다양하고 재미있는 준비운동을 계획한다면 활동적이고 재미있는, 안전한 체육 수업을 할 수 있을 것입니다.

### 🖊️ 체육 수업, 이렇게 해결해요

흔히 초등학교 교사를 탤런트라고 말합니다. 중등 교사는 전공 과목이 있어 해당 교과만 지도하지만, 영어를 포함한 열 개 과목을 모두 가르쳐야 하는 초등학교 교사는 만능 재주꾼이 되어야 하기 때문에 큰 부담감을 가지고 있습니다. 요즘에는 전담 교사가 배치되어 있어 초등 교사들이 조금이나마 어려움을 덜고 있지만 부담감은 여전한 실정입니다.

학교마다 차이는 있겠지만 대체적으로 영어와 음악 교과에 대한 전담 교사 희망은 많으나 체육 전담 교사의 희망은 적은 편입니다. 다른 전담 교과보다 교과 지도에 어려움이 크기 때문일 것입니다. 그러나 몇 가지 방법을 활용하면 보다 쉽게 효과적으로 체육과 수업을 할 수 있습니다.

첫째, 학급의 특성을 파악하고 체육 부장과 체육 부원을 구성합니다. 이때 체육 부장은 성실한 학생, 친구들에게 믿음을 주는 학생, 리더십이 있는 학생, 운동 기능이 우수한 학생 등을 중심으로 선정하는 것이 좋습니다.

둘째, 준비운동은 학생 체육 부장이 하도록 합니다. 교사가 매번 운동장에서 실시하는 준비운동을 주관하기는 어렵습니다. 각 학급 체육 부장이 선출되면 스트레칭 위주의 준비운동을 할 수 있도록 미리 교육시킵니다. 처음에는 운동장에 나가 체육 교사의 구령에 맞춰 체육 부장의 시범으로 준비운동을 하다가 서서히 체육 부장의 구령에 맞춰 준비운동을 하는 것입니다. 이때 전령은 체육 부장이 하고, 후령은 반 전체 학생들이 하도록 지도합니다.

체육 부장 : 하나, 둘, 셋, 넷, 다섯, 여섯, 일곱, 여덟.

반 전체 학생 : 둘, 둘, 셋, 넷, 다섯, 여섯, 일곱, 여덟,

한 달 후에는 운동장에서 각 반 체육 부장의 구령 아래 학생 스스로 준비운동에 참여하는 모습을 볼 수 있을 것입니다.

셋째, 호루라기 신호를 이용하여 학생들을 지도합니다. 운동장에서 매시간 목소리만으로 수업을 진행하는 것에는 무리가 따릅니다. 예를 들어, 호각 신호 '휙'을 힘차게 불면서 오른손으로 'V자'를 그리면 '앞으로 나란히' 하라는 신호입니다. 이때 학생들은 힘차게 '질서'라는 구령과 함께 "앞으로 나란히!"를 합니다. 일사불란하게 '질서'의 '서'라는 구령과 함께 '앞으로 나란히'를 하면서 줄을 맞춥니다. 호각 신호 '휙'과 함께 오른손 'V자'를 '주먹'으로 바꾸면 차렷 자세를 취합니다. 이 방법은 고학년과 저학년 모두에게 줄을 서게 하는 데 매우 적합하며, 나중에는 수신호를 무시하고 호각 신호만으로도 줄을 맞출 수 있습니다. 호루라기를 '휙휙' 두 번 불면, '전체 체조 대형'으로 바꾸라는 신호로 학생들은 "하나, 둘, 야!"하고 함성을 지르며 줄의 간격을 넓혀 준비운동을 합니다. 준비운동을 마치고 다시 호루라기를 '휙휙' 두 번 불면 "하나, 둘, 야!" 하고 함성을 지르며 좁은 간격으로 모입니다. 호루라기를 '휙휙휙' 세 번 불면 앞의 두 줄은 앉고 뒤의 두 줄은 서서 교사의 말을 경청하며 학습 활동을 안내 받습니다.

넷째, 재미있는 게임을 활용합니다. 체육은 다른 교과에 비해 학생들이 흥미 있어 하는 교과입니다. 교육과정 내용 그대로 운영하면 학생들은 금방 싫증을 냅니다. 일주일에 한 번 정도는 교육과정을 재구성하여 재미있고 신나는 게임으로 학생들의 마음을 하나로 만들어 봅니다. 예를 들어, 추운 3월과 11월에는 단체 줄넘기를 이용하면 좋습니다. 열 명을 한 모둠으로 구성하여 두 명은 줄을 돌

리고 나머지 여덟 명이 들어가 줄을 넘는 횟수로 모둠끼리 경쟁하도록 합니다. 방법을 다양하게 변형할 수 있는데, 한 명씩 차례대로 들어가 여덟 명이 되면 차례로 한 명씩 나오게 하는 방법이 있습니다. 또 한 명씩 들어가고 나오면서 연속 달리기 게임, 두 줄 단체 줄넘기, 그 속에서 하는 개인 줄넘기 등 다양한 방법을 활용해서 할 수 있습니다. 그 밖에 대장볼 놀이, 사방치기, 오징어 게임, 달팽이 놀이, 비석치기 등 재미있는 민속놀이를 활용하여 체육 시간을 운영하면 학생들이 좋아합니다. 이때 경쟁이 과열되지 않도록 해야 하며 이를 위반할 때에는 적절한 책임을 묻고 반성할 수 있게 하여 원활한 체육 수업이 이루어지도록 합니다.

마지막으로 운동 기능이 우수한 학생의 도움을 받습니다. 뜀틀 운동, 높이뛰기, 철봉에서 이루어지는 어려운 동작을 처음부터 지도하기는 어렵습니다. 평소에 각 학급에서 운동 기능이 뛰어난 학생이나 체육 특기생들을 방과 후 미리 연습시켜 수업 시간에 시범을 보이도록 합니다. 친구가 훌륭하게 해내는 모습을 보면 다른 학생들도 두려워하지 않고 할 수 있습니다.


## 음악 수업을 위한 기본 학습 훈련

학생들의 손에 뭔가가 들리는 순간, 교실은 아수라장이 되곤 합니다. 특히 음악 시간에 기악 합주를 하는 날이면 여기저기서 악기 떨어뜨리는 소리, 악기 툭툭 치는 소리, 악기가 망가져서 고쳐달라는 말소리 등으로 교사의 목소리가 묻히기 쉽습니다. 학생들의 기악 합주를 좀 더 쉽게 지도하기 위해서 다음과 같은 방법을 활용합니다.

첫째, 악기 보관함을 활용합니다. 음악 수업이 있는 날만 악기를 가져 오게 하면 악기를 가져 오지 않거나 잃어버리는 경우가 있어 수업을 하는 데 어려움이 있습니다. 보통 3월 초에 악기를 수합하여 교실에 놓고 음악 시간에 사용하도록 하지만 보관이 문제입니다. 사물함에 악기를 보관하기도 하는데 학생들이 제대로 정리를 하지 못해 악기가 망가지거나 흐트러지는 경우가 있습니다. 그렇다고 책상 속에 보관하면 공간도 부족하고 악기들이 자꾸 떨어져서 교실 내의 소음 요소가 됩니다. 이때 악기만을 보관하는 개인 바구니를 사용하면 이런 문제점을 해결할 수 있습니다.

둘째, 독서대를 활용합니다. 교과서나 악보를 책상에 펼쳐 놓은 채 노래를 부르거나 악기를 연주하게 되면 자연스럽게 고개가 숙어지므로 수업에 방해가 됩니다. 독서대는 책상을 차지하는 공간이 적고 학생들의 자세가 바르게 되므로 악기 연주와 발성에 효과적입니다.

셋째, 풍금을 사용합니다. 요즘에는 전자 풍금이나 ICT 자료를 반주 자료로 활용하지만 그보다는 풍금의 사용을 권장하고 싶습니다. 기계음보다는 풍금 소리가 학생들의 정서에 더 어울리고 음악적인 맛을 느끼게 하기 때문입니다.

넷째, 리듬 막대를 활용합니다. 리듬 활동을 할 때 손뼉치기, 발구르기 등의 신체 표현을 많이 사용하는데, 제재곡의 일정박 지도나 기본 리듬 치기를 할 때 리듬 막대를 사용하면 학생들에게 정확한 리듬감을 길러 줄 수 있어 효과적입니다.

# 영어과 수업의 감초, Teacher Talk

초등학교 영어과의 목표는 일상생활에서 사용하는 안부묻기나 칭찬하기, 격려하기 등의 기초적인 영어를 이해하고 표현하는 능력을 기르는 데 있습니다. 기초적인 영어 표현 능력을 매 영어 수업 시간마다 길러 주고, 영어 수업을 좀 더 생동감 있게 전개하기 위해 'Teacher Talk'를 활용해 볼 수 있습니다.

Teacher Talk는 Classroom English와 비슷한 것으로 교사가 매끄럽고 원활한 영어 수업을 진행하기 위해 사용하는 영어를 말합니다. 일부에서는 실제 발화 상황과는 달리 학생들이 기계적으로 대답하게 되므로 이를 지양해야 한다고도 하지만, 학생들의 주의 집중 방법으로 실제 발화 상황처럼 보일 수 있도록 자연스럽게 구안한다면 교사와 학생 모두에게 도움이 되는 유익한 활동입니다.

Teacher Talk를 사용하기 위해서는 우선 학년 초에 영어 수업 시간에 가장 많이 쓰이고 꼭 알아야 할 표현들을 골라 둡니다. 이때 학생들의 수준에 맞는 쉬운 말을 고르되 "Hello."나 "Hi." 같은 판에 박힌 표현보다는 될 수 있으면 다른 영어 교사들이 "아, 저런 표현이 있었구나!" 하며 감탄하게 하는 표현이 더 좋습니다.

선택한 표현을 교사-학생 발화로 나누거나, 학생-학생 발화 형식으로 구분할 수 있습니다. 예를 들면, "Ready? Go!"의 경우, "Ready?"는 선생님이, "Go!"는 학생이 말하는 식으로 합니다. 다른 예로 교사가 "Look at me."라고 하면 학생이 "Look at you."라고 응답하도록 할 수 있습니다. 이때 박수치기나 간단한 율동을 함께 하면 더 큰 주의 집중 효과가 있습니다. 즉, "Look at you."라고 말하며 박수를 두 번 친다거나 "Go!"와 함께 한 손을 번쩍 들도록 하면 더 활동적인 수업이 될 수 있습니다.

## 국어사전의 활용

문제를 풀거나 책을 읽을 때 낱말의 뜻을 제대로 알지 못하면 내용을 이해하기 어렵습니다. 모르는 낱말은 그 낱말의 앞뒤를 살펴보고 문맥을 통해 이해할 수 있지만 정확하게 알고 넘어가는 것보다 더 좋은 것은 없습니다. 학생들이 항상 국어사전을 사물함에 두고 수업 중에 활용하도록 합니다.

국어사전은 국어 시간에 낱말 뜻을 조사할 때 활용할 뿐만 아니라 학생들이 모르는 어휘를 물어볼 때 교사가 그냥 설명을 해 주는 것보다 직접 찾아보게 하면 학생들이 자연스럽게 국어사전을 가까이 하는 모습을 볼 수 있습니다. 조사 발표 때에는 사전을 찾아 가며 친구들의 질문에 대한 답변 자료를 스스로 만들기도 합니다.

국어사전은 국어 시간뿐만 아니라 다른 교과 시간에도 도움이 되며, 학생들의 어휘력 향상에 효과적입니다.

## 공책 쓰기 지도, 이렇게 해 보세요

수업 시간에 교과서뿐 아니라 공책을 사용해서 수업의 핵심 내용을 필기하기도 합니다. 그런데 이때 학생들이 공책에 무엇을 적어야 하는지, 어떻게 필기해야 하는지 어려워하는 모습을 볼 수 있습니다. 그러므로 배우는 내용을 기록하는 훈련도 필요하다고 생각합니다.

그럼 어떻게 하는 것이 좋을까요?

첫째, 아침 활동 시간에 오늘의 날짜, 요일, 날씨를 쓰게 합니다. 저학년인 경우 오늘이 무슨 요일인지 모르는 친구들도 많습니다. 또 오늘은 무슨 의미가 있는 날인지를 쓰게 합니다. 예를 들어, 10월 9일에는 날짜, 요일, 날씨를 쓰고 한글날이라고 써 놓는 것이 좋을 것 같습니다. 한글날에 대한 간단한 설명을 써 놓으면 금상첨화입니다.

둘째, 매 수업 시간마다 과목과 차시, 학습 주제를 쓰고 수업을 전개해 나가면 좋습니다. 또 핵심 내용을 간단하게 두세 줄 정도로 정리하는 것도 좋을 것입니다. 저학년일수록 정리하는 것에 익숙하지 않아 그 시간에 배운 내용을 다 쓰거나 핵심 내용을 파악해 쓰지 못하는 경우가 많습니다. 처음에는 교사와 함께 학생들이 그 시간에 배운 내용을 이야기할 수 있도록 하고 그 내용 중 중요한 부분을 다 함께 쓰는 것도 좋습니다. 좀 더 익숙해지면 학생 스스로 그 시간에 배운 내용을 써 보고 짝꿍과 모둠원끼리 생각을 나누는 활동도 의미 있을 것입니다.

셋째, 알림장을 쓸 때 그날의 학교생활을 간단하게 한두 줄 정도 쓰게 합니다. 또한 순번을 정해 자신의 학교생활을 칠판에 써서 소개하는 것도 좋은 방법입니다. 교사가 판서의 내용을 학생에게 제시하고 쓰게 하는 것이 아니라 학생 스스로 공부한 내용이나 자신의 학교생활을 이야기하고 그 내용을 다시 정리해 보는 기회를 제공하는 것이 좋습니다.

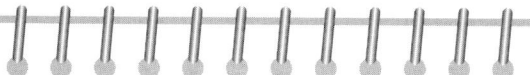
## 희망 1교시, 아침 독서 마라톤

아침 독서 활동은 학생들에게 어릴 때부터 책 읽기 습관을 길러 주고, 미래를 위한 학습의 기초 체력을 길러 준다는 측면에서 매우 의미 있는 활동입니다. 아침 활동으로 창의적인 활동들이 많지만 아침 독서 활동을 적극 추천하고 싶습니다. 우선 아침 독서 활동을 하기 위해서는 학급문고를 정비해야 합니다.

### 학급문고를 정비할 때에는…

첫째, 학생들의 발달 단계에 맞는 책들로 구성되어 있는지 살펴보아야 합니다. 너무 낡았거나, 수준에 맞지 않는 책들은 과감히 버리거나 학교 도서실에 기증하는 것이 좋습니다.

둘째, 학생들로부터 가정에서 읽는 도서를 기증 또는 대여 받아 양질의 도서를 많이 확충합니다. 학생들에게 도서를 기증이나 대여를 받을 때에는 가정통신문을 발송하고 학부모 총회 시에 학부모님에게 충분히 설명합니다. 또한 학교로 가져오는 책들이 집에서도 읽지 않는 것이나 낡은 것들이 대부분이기 때문에 어떤 책들을 가져와야 하는지 반드시 안내합니다.

셋째, 학급문고로 수집된 책 속표지에 '책 이력서'를 붙여 학생들의 독서 경향을 교사가 한눈에 파악할 수 있도록 합니다.

넷째, '아침 독서 마라톤' 활동지를 활용합니다. 아침 독서 후 읽은 날짜, 책의 제목, 쪽수 등을 적는 것인데 학급에서 1년 정도 기록하면 학생의 독서 이력을 기록한 포트폴리오가 될 수 있습니다.

세상에는 책을 좋아하는 아이와 싫어하는 아이가 있는 것이 아니라, 좋은 책을 접해 볼 기회가 많은 아이와 그렇지 않은 아이가 있을 뿐이라고 합니다. 아침 독서 활동을 통해 우리 학생들이 좋은 책들을 많이 접해 볼 수 있었으면 좋겠습니다.

## 아침 독서의 원칙

독서 교육의 열풍 속에 시작된 아침 독서는 많은 학교, 학급에서 보편적으로 실시하고 있습니다. 아침 독서는 학생의 정서적인 안정감과 독서의 습관 형성에 대단히 효과적인 활동입니다. 학교에서 아침 독서 교육을 실시할 때 다음과 같은 원칙을 지키면 좋습니다.

첫째, 교사와 학생이 모두 함께합니다.

둘째, 정해진 시간에 매일 합니다.

셋째, 학생들이 좋아하는 책을 제한 없이 읽도록 합니다.

넷째, 독후 활동은 간단하게 합니다.

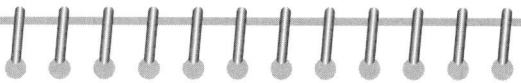

# 일기 쓰기 지도 방법

학생들이 귀찮아하는 일기 쓰기, 어떻게 지도하면 좋을까요? 다음의 일기 쓰기 지도 방법으로 학생들의 일기장에 변화를 주세요.

## 일기 쓰기의 단계

### • 1단계: 중요성 알기

일기 쓰기의 중요성을 깨닫고 보람을 느껴 스스로 정성껏 쓰겠다는 마음을 갖도록 합니다.

### • 2단계: 방법과 태도 알기

눈으로 보고, 귀로 들은 것을 자신의 시각으로 표현하는 방법을 익히도록 합니다. 자세히 묘사하는 공부는 쓰기 시간에 하는 것보다 생활 속에서 관찰, 분석, 비교, 대조 활동을 통해 이루어지게 하는 것이 좋기 때문입니다. 무엇보다 자신의 시각으로 문제를 바라볼 수 있는 능력을 기르는 일이 중요합니다.

### • 3단계: 습관의 형성

시간을 정해 놓고 날마다 정성껏 쓰는 습관을 갖도록 합니다.

## 일기 쓰기의 형식

첫째, 일기는 최소한의 형식을 지키며 쓰는 것이 좋습니다. 제목을 쓰고 내용은 특별한 일, 중요한 일만을 일기로 써야 하는 것이 아니라 사소한 일이라도 사랑의 눈으로 바라보고 다양한 형식으로 글을 씁니다. 일기는 글쓰기 공부나 국어 공부가 아닙니다. 글을 쓰는 힘은 일기를 쓰다 보니 얻어진 결과입니다.

둘째, 학생 입장에서 이해하는 덧붙임 글을 써 주는 것도 좋은 방법입니다. 예를 들어 "너무 재미있었겠구나." "즐거운 하루였겠구나." "참 맛있었겠구나."라고 간단하게 덧붙여 줍니다.

셋째, 일기 끝부분에 다짐을 적게 합니다. "앞으로는 ○○하지 않겠다." "○○하기로 결심했다." 등 지킬 수 있는 끝맺음으로 글과 행동을 일치시켜 자기 글에 책임을 지도록 합니다.

넷째, 글의 길이와 상관없는 무제 공책을 사용합니다.

다섯째, 날씨에 대한 느낌을 쓰도록 지도하면 일기가 더 멋있어집니다.

**예 1** **2008년 5월 29일**
**날씨** 학교에 갈 땐 가을처럼 쌀쌀해서 시원했는데, 점심에는 한여름처럼 햇볕이 따가웠고 저녁엔 선생님하고 친구들과 운동을 해서 시원한 건지 더운 건지 모르겠다.

**예 2** **2008년 9월 1일**
**날씨** 비가 많이 온다. 우리 학교가 비에 둘러싸였다.

**예 3** **2008년 9월 11일**
**날씨** 아 덥다. 지구 온난화를 극복해야 할 텐데……

여섯째, 내용과 길이에 얽매이지 않습니다. 날마다 쓰는 것이 좋지만, 쓸 내용이 없거나 너무 힘들면 그날은 건너뛰고 그다음 날 쓰도록 합니다. 길게 썼으나 알맹이가 없고 읽어도 감동이 없는 일기보다는 분량에 관계없이 생각이 잘 나타나도록 쓰는 것이 좋습니다.

일곱째, 일기를 검사한다는 마음을 갖지 않습니다. 일기에 담긴 기쁨과 슬픔, 학생들의 외침을 읽으며 학생들 편이 되려고 애씁니다. 일기 검사가 아니라 일기를 통해 학생의 생활을 지켜본다는 마음을 가지고 빨간 펜은 내려놓습니다.

## 일기 쓰기 실천 사례

**• 요일별로 쓰기**

월: 한자 일기, 화: 독후 일기, 수: 생활 일기, 목: 영어 일기, 금: 미디어 일기, 토: 효도 일기, 일: 주말 지낸 이야기

**• 다양한 방법으로 쓰기**

독후감, 만화, 편지글, 동시, 그림, NIE 등

**• 테마별로 쓰기**

수학 일기, 독서 일기, 효행 일기, 영어 일기, 학습 일기 등

# 02 학습 내용의 재구성

## 맛있는 수업을 위한 레시피

### 수업의 재구성, 그 맛에 빠져라

교사라면 누구나 수업을 설계할 때 교과서의 재구성에 대한 고민을 하게 됩니다. 그러나 교과서나 지도서의 틀에서 벗어나 한 차시 수업을 이끌어 나간다는 것이 말처럼 쉬운 일은 아닙니다. 수업을 재구성한다는 것은 정도의 차이일 뿐 창조에 가까운 작업이기 때문입니다.

재구성에는 교육과정과 교과서의 철저한 분석이 필요하고 교육과정의 위계에 맞아야 합니다. 재구성을 시도할 때에는 다음과 같은 점들에 유의합니다.

첫째, 수업의 목표를 잊지 않도록 합니다. 재구성의 목적은 학교 및 지역사회, 계절 등 여러 가지 학습 요소들을 재조직하고 구성하여 학생들이 보다 쉽게 학습 목표에 도달하게 하는 데 있습니다. 이러한 재구성 과정에서 교육과정에 포함된 지도 내용과 범위 및 수준을 잊고, 학문적 체계 내지는 계열을 무시한 채 재구성된 내용을 지도하는 경우가 종종 있으나 중요한 것은 학습 목표 도달입니다.

둘째, 학생들의 관심과 흥미를 고려합니다. 학생을 지도하다 보면 어떤 반에서는 반응이 좋았던 수업 자료가 다른 반에서는 그렇지 않은 경우가 있습니다. 지도해야 하는 학생들의 관심, 수준을 고려하지 않은 채 이루어진 재구성은 실패하기 쉽습니다.

셋째, 교과의 특성에 맞게 재구성해야 합니다. 수학과와 같은 경우 학생들의 수준에 맞게 활동 내용을 재구성하고, 도덕과는 교사가 제시하는 자료의 재구성에 초점을 맞춥니다. 그리고 음악과의 기악 중심 학습에서는 학생들의 악기 다루는 수준에 맞게 수업을 재구성하며, 미술과는 학생들의 관심 분야에 따라 재구성합니다. 이렇게 '재구성'이라는 큰 틀은 다르지 않으나 교과의 특성에 따라 재구성의 모습은 달라질 수 있습니다.

또 교사는 수업 후에 재구성한 수업에 대해 반성하는 시간을 가져야 합니다. 재구성으로 인해 수업의 방향이 잘못되지 않았는지, 재구성한 활동이 학생 수준에 맞게 적용되었는지, 더 나은 방법은 없는지, 학습 목표 달성은 되었는지 확인하는 과정을 통해 더 나은 수업으로 발전할 수 있을 것입니다.

### 🖊 재구성하면 더 재미있어요

제7차 교육과정 및 2007년 개정 교육과정의 큰 특징 중 하나는 활동 중심으로 교과서를 구성했다는 점입니다. 그래서 교사의 재량에 따라 교과서를 자유롭게 재구성할 수 있습니다. 교과서는 가장 기본적인 참고서로 학생들은 '교과서'를 공부하는 것이 아니라, '교과서를 활용하여' 공부하게 됩니다. 그럼 교과서의 내용은 언제, 어떻게 재구성하면 더 효과적일까요?

첫째, 교과서 제재보다 더 좋은 자료가 있을 때 재구성합니다. 예를 들어, 3학년 2학기 읽기 교과서의 둘째 마당에 〈콩, 너는 죽었다〉라는 동시가 나옵니다. 그러나 콩 타작을 해 본 경험이 없는 학생들이 이 시를 읽고 시에 담긴 지은이의 마음을 짐작하기란 쉽지 않습니다. 이때 다른 시를 준비하여 수업에 활용하면 학습 목표에 좀 더 쉽게 다가갈 수 있을 것입니다.

둘째, 교과서에 제시된 단원이 학교 및 지역사회의 특성이나 시기에 맞지 않을 경우 재구성합니다. 예를 들어, 5학년 실과 단원 중에 '꽃과 채소 가꾸기' 단원은 꽃과 채소를 가꾸는 방법을 배우고 실제로 키워 보는 단원입니다. 따라서 꽃과 채소를 가꾸기에 적절한 늦봄이나 초여름 즈음에 지도하는 것이 수업 효과를 높일 수 있는 방법입니다.

셋째, 학습 목표에 쉽게 도달할 수 있는 효과적인 활동들로 구성합니다. 산에 오를 때 정상으로 가는 등산로는 다양합니다. 마찬가지로 학습 목표에 도달하기 위해서 활용되는 교수·학습 방법에도 여러 가지가 있습니다. 그러나 많은 교수·학습 방법 중에서도 학습 목표 도달에 가장 효과적인 최적의 방법이 있을 수 있습니다. 교재 연구를 통해 교과의 최적의 활동들로 재구성하면 학생들의 참여도와 학습 효과를 높일 수 있습니다.

# 재구성 장면 엿보기

음악 수업의 재구성에 있어서 가장 먼저 생각해야 할 것은 가창, 기악, 감상, 창작 활동 중 어떤 활동 중심의 수업으로 전개할 것인가입니다. 5학년 1학기 음악 교과서에 실린 제재곡 중에서 〈기차를 타고〉라는 곡은 수업 현장에서 보통 가창 중심 수업 모형으로 수업을 설계합니다. 그러나 이 곡을 기악 중심 수업 모형으로 재구성하려 한다면 무엇을 고려해 봐야 할까요?

먼저 학습 주제를 고민해 봐야 합니다. '셈여림을 살려 제재곡을 연주해 봅시다.'로 정했을 경우에 연주에 익숙하지 않은 학생들이 한 차시 수업 내에 셈여림까지 충분히 살리기란 어려운 일입니다. 이럴 때 재구성이 필요합니다. 아주 간단한 재구성 방법은 셈여림을 살려 연주하고 싶은 부분에 악기 편성을 다르게 하는 것입니다. 세게 연주해야 하는 부분은 큰 소리가 나는 악기 중심으로 연주하고, 여리게 연주해야 하는 부분은 소리가 작게 나는 악기 중심으로 연주하게 합니다. 혹은 연주하는 악기 수의 조절을 통해 셈여림을 살려 연주해도 됩니다.

둘째, 악기 편성에 관한 부분입니다. 리코더만 사용할 것인지, 멜로디언, 실로폰도 사용할 것인지 결정해야 합니다. 또 리듬악기도 함께 연주할 것인지 고민해야 합니다. 큰북, 작은북은 기본 리듬만 쳐도 좋습니다. 그 외에 기차 소리를 위해 기차 소리가 나는 트레인휘슬을 사용하면 학생들이 매우 흥미로워합니다. 학생들이 즐거워할 수 있는 음악 수업을 위해 쉐이커, 우드블럭, 마라카스, 귀로 등과 같은 다양한 리듬악기를 사용하면 좋습니다. 모둠별로 악기를 한 가지씩 정해서 연주하는 것도 좋은 방법입니다.

셋째, 연주 방법에 관해 고민해야 합니다. 첫째 단은 멜로디언, 둘째 단은 오카리나, 셋째 단은 하모니카, 넷째 단은 실로폰 등으로 구성하여 연주를 하면 각 악기의 소리 특징도 비교하며 들을 수 있어 좋고, 끝까지 연주하기 부담스러워하는 학생들의 경우에는 음악 수업에 자신 있게 참여할 수 있어 좋습니다.

넷째, 학생들의 합주 모습을 촬영합니다. 열심히 연주하는 동시에 음색이 어떠한지, 셈여림을 제대로 살렸는지 자신들의 소리를 듣기는 매우 힘듭니다. 이때 마지막 연주 모습을 동영상으로 찍어 학생들에게 보여 주면 잘된 부분과 잘 안 된 부분을 찾아 스스로 반성하고 다음 연주에서 좀 더 노력하는 모습을 볼 수 있습니다.

한 시간에 완벽하게 연주하기는 어렵지만 친구들과 함께 지휘에 맞추어 다양한 악기를 연주해 보는 것만으로도 학생들에게 즐거운 음악 시간이 될 수 있을 것입니다.

### 📝 영어 수업 재구성의 사례

학습 내용을 재구성할 때 중요한 점은 학습 목표 도달을 위해 수업의 시작부터 끝까지 학습 활동이 유기적으로 연계되어야 한다는 것입니다. 영어과의 경우 보통 1시간에 서너 개의 학습 활동을 전개하는데, 이들 학습 활동이 각각의 따로 국밥이 아니라 서로 긴밀하게 연관되어 있어야 합니다. 따라서 교과서의 내용 전개를 그대로 따를 수도 있지만, 학습 목표가 비슷한 다른 차시의 내용이라 하더라도 필요하면 재구성하여 가르칠 수 있습니다. 다음은 6학년 10단원 'I'm Stronger than You'의 한 차시 내용을 재구성해 본 것입니다.

| I'm Stronger than You | | | | |
|---|---|---|---|---|
| | | 재구성 전 | | 재구성 후 |
| 학습 목표 | | 비교하는 표현을 듣고 이해하며 말해 봅시다. | | 비교하는 표현을 읽고 써 봅시다. |
| 활동 구성 | Warm - up | Story Telling (문자 없이 '토끼와 거북이' 이야기 들려주기) | Warm - up | 올림픽 동영상에 비교하는 말을 자막으로 처리하여 보여 주기 |
| | [활동 1] | Look and Listen | [활동 1] | Let's Read (비교하는 말 읽기) |
| | [활동 2] | Listen and Repeat (비교하는 여러 가지 표현을 실물이나 그림을 통해 의미를 이해하면서 듣고 말하기 연습) | [활동 2] | Let's Write (읽은 말 쓰기) |
| | [활동 3] | Let's Play (큰소리로 말 전달하기와 말하기에 집중할 수 있는 게임 선별) | [활동 3] | Let's Play (4컷 만화의 말 주머니에 비교하는 문장을 써 넣어 완성하기 등) |
| | Wrap - up | 마이크 돌리기 (전체 학생이 마이크를 돌려 가면서 배운 내용을 한 문장씩 말하도록 함) | Wrap - up | 그림에 맞게 비교하는 문장 선택하여 읽거나 쓰기 |

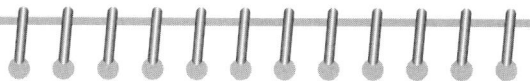

# 정확한 정보를 전달해요

학생들에게 활동 방법을 설명하는 데 너무 많은 시간이 걸려서 힘들 때가 있습니다. 왜 그럴까요? 아마도 교사가 학생들이 필요로 하는 정보를 정확하게 전달하지 못한 결과 이해가 부족한 학생들이 생겨 같은 내용을 두 번, 세 번 반복해서 설명해야 했기 때문일 것입니다.

이때 말뿐만 아니라 프레젠테이션이나 동영상 등을 활용하여 실제의 활동 모습을 보여 주면 학생들이 필요로 하는 정확한 정보를 줄 수 있습니다. 또한 교사가 학생들의 발달 단계에 맞추어 모든 학생들이 쉽게 알아들을 수 있는 용어를 사용하거나 혹은 그것보다 약간 낮은 수준의 용어를 사용하는 것이 좋습니다.

이러한 방법은 국어 수업에서 시범 보이기의 과정에서도 아주 효과적입니다. 이때 정확한 용어의 사용과 정확한 정보의 전달로 다양한 방법을 제시하여 창의적인 자신만의 방법을 찾아낼 수 있도록 해야겠습니다.

 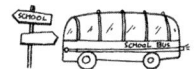

# 03 학습 집단의 조직

시대의 변화에 따라 수업도 교사중심의 전통적 방식에서 벗어나 학생중심으로 바뀌었습니다. 학생중심 교육은 교사의 일방적인 지식 전달이 아니라 학생들의 능동적 학습 참여와 학생들 간의 상호 작용을 통해 학습 지식을 구성하도록 합니다. 이를 위해서는 무엇보다 학습 집단을 효과적으로 조직하는 것이 필요합니다.

## 함께하면 좋아요

소집단 활동은 학생 자신들의 자치 능력을 효과적으로 이용하여 건전한 민주 시민으로 자라도록 하며 원만한 인간관계를 형성하는 데 효과적입니다. 소집단 활동으로 학급의 응집력을 길러 자율적인 학습의 기틀을 마련하고, 학생들의 학습 능력을 향상시킬 수 있습니다. 소집단 활동은 혼자 생각한 바를 타인의 생각과 비교해 볼 때, 개별 학습의 보충 심화가 요구될 때, 전체적으로 토의하기가 어려울 때, 학생의 학습 참여 기회를 확대시키고자 할 때, 두 가지 이상의 의견이 절충되지 않을 때 주로 활용합니다. 소집단 활동을 적절히 사용하면 학생들의 사고력과 민주 시민으로서의 자질을 기를 수 있습니다.*

## 패밀리가 떴다, 우리는 학습 패밀리

### 📝 모둠 활동을 해 보아요

학교에서는 다양한 학생들이 모여 한 학급을 이루고 교실 공동체로 조화를 이루며 생활합니다. 이때 여러 개의 모둠으로 나누어 학급을 운영하면 학생들 스스로 서로의 의견을 수렴해 나가는 과정을 배울 수 있고 공동체 생활의 기쁨을 느끼는 한편 협동심도 기를 수 있습니다.

그렇다면 모둠은 어떻게 조직할 수 있을까요? 일단 학생 스스로 원하는 친구들과 모둠을 구성하는 방법, 제비뽑기 방법, 교사의 의도에 따라 모둠을 구성하는 방법 등이 있습니다.

그러면 이렇게 조직한 모둠을 유지하는 기간은 어느 정도이어야 할까요? 제비뽑기나 우연의 효과에 의해 구성된 모둠인 경우에는 자주 모둠 구성원이 바뀌는 것이 좋습니다. 왜냐하면 학업 능력이 우수하거나 적극적인 성향이 강한 학생들끼리 한 모둠에 집중되면 모둠 활동의 긍정적인 효과를 기대하기 어렵기 때문입니다. 물론

---

* 새교실(2005). 기본학습훈련과 수업기술. 한국교육신문사, p. 17.

그 반대의 경우도 마찬가지입니다. 그러나 교사가 구성한 모둠일 경우에는 문제점이 나타나지 않는 한 다소 오랜 기간 유지해도 괜찮습니다. 모둠을 바꾸는 시기는 딱히 정해져 있는 것이 아니므로 학년 초에 미리 학생들과 모둠을 바꾸는 시기를 정하고, 체계적이고 일관성 있게 바꾸어 주면 학생들에게도 도움이 될 것입니다.

모둠 활동 시 좌석 배치는 어떻게 하는 것이 좋을까요? 학생들이 교사를 편하게 볼 수 있고 모둠원들 간의 거리가 가까우며 마주 앉아 활동할 수 있는 좌석 배치가 효과적입니다.

또한 모둠 활동에서는 개인의 생각보다는 다른 사람의 생각을 존중하고 서로 협동하려는 태도가 중요합니다. 따라서 교사는 학생들이 원만하게 모둠 활동을 할 수 있도록 모둠 조직 및 운영에 이르는 전반적인 과정에 적극 동참해야 합니다.

## 🖼️ 창의적인 모둠 조직 및 운영 방법

모둠 중심의 학습 활동은 수업 시간에 어려움을 겪는 학생들에게 참여의 기회를 주고, 적극적인 태도를 기르며, 친구들과 함께하는 기쁨을 통해 공동체 의식을 함양시킬 수 있습니다.

### 1. 모둠 조직 시기 및 적절한 인원 구성

모둠을 조직하는 시기는 일반적으로 학생들에 대한 파악이 끝나는 3월 말쯤이 적절하며, 이를 위해 담임교사는 3월 동안 개별 상담 및 기초조사서를 통해 학생들에 대한 각각의 정보를 수집해야 합니다.

모둠의 인원 수는 지역과 학교 · 학급 여건에 따라 다르지만 보통 네 명에서 여섯 명 정도가 적당합니다.

## 2. 모둠 조직 방법

모둠을 조직하는 방법과 기준은 교사의 교육관이나 학급 운영의 원칙, 학년 등에 따라 달라질 수 있습니다. 그중에서도 가장 일반적으로 사용되는 이질적 모둠 구성 방법을 몇 가지 소개하겠습니다.

첫째, 담임이 주도하여 조직하는 방법이 있습니다. 이는 학생들의 의사가 반영되지 않는 대신 소외되는 학생이 생기지 않고, 비교적 빠른 시간 내에 조직할 수 있습니다.

둘째, 학생들이 스스로 조직하는 방법이 있습니다. 친밀한 학생들끼리 모둠이 조직되기 때문에 모둠원끼리의 결속력이 강하지만 모둠 간 과도한 경쟁 구도가 될 수 있고, 이른바 '잘하는 아이들'끼리 모이게 되어 수업에서 소외되는 학생이 생길 수 있다는 점에 주의해야 합니다.

셋째, 활동별로 조직하는 방법이 있습니다. 학교 현장에서 흔히 사용하는 방법으로서 학습 내용에 따라 임시적으로 모둠을 조직하는 방법입니다.

## 3. 모둠의 틀 갖추기

모둠장을 선출하고, 모둠 이름, 구호, 노래 등을 정하도록 합니다. 모둠 이름은 창의적으로 학생들이 자율적으로 짓도록 하는 방법도 있고, 교사가 학급경영 목표에 맞게 지어 주는 방법도 있습니다. 예를 들어, 영어 단어, 고사성어 등으로 모둠 이름을 지어 주면 학생들이 모둠 이름을 익히면서 동시에 한자어나 영어를 배울 수 있어 효과적입니다. 교사는 모둠 활동을 위한 규칙은 모둠원들끼리 토론을 하여 정하도록 하되, 모둠원을 때리거나 벌금을 내게 하는 등의 비교육적인 규칙이 정해지지 않도록 사전에 철저히 지도해야 합니다.

### 📝 모둠 학습이 어렵나요? 이렇게 해 보세요

가장 먼저 생각해야 할 것은 모둠의 조직 방법입니다. 예를 들어, 모둠원을 네 명으로 구성할 경우 학습 능력이 상급인 학생 한명, 중급인 학생 두 명, 그 외 도움이 필요한 학생 등으로 구성합니다. 이때 학력 수준과 함께 학생들의 성향도 함께 고려하는 것이 좋습니다. 너무 적극적이고 활발한 학생들끼리만 모여 있으면 효과적인 모둠 학습을 기대하기 어렵습니다.

둘째로 모둠의 운영 방법입니다. 토의 활동 시 사회나 발표 등을 맡게 되는 모둠장은 모둠 내에서 윤번제로 운영합니다. 또 모둠원 각자에게 번호를 부여하여 역할을 배정하는 것이 효과적입니다.

셋째는 모둠 토의 방법에 대해 지도합니다. 다른 모둠에 방해되지 않는 목소리로 말하기, 모둠끼리 학습할 때 모두 참여하기, 의견 말하는 방법 알기 등을 지도해야 합니다. 무임승차자가 없는 모둠 활동을 위해 학기 초부터 다양한 프로그램을 운영합니다.

### 📝 너와 내가 함께 공부해요

"선생님, 혼자 하면 안 돼요?"

"짝이 안 하려고 해요. 그냥 다른 친구랑 할래요."

모둠 활동이나 짝 활동을 할 때 학생들에게서 흔히 들을 수 있는 이야기입니다. 요즘 학생들은 혼자 활동하는 것에 익숙해져 있어서 누군가와 함께하는 활동을 힘들어 합니다. 학생들이 모둠 활동이나 짝 활동에 좀 더 적극적으로 참여하게 하려면 어떻게 해야 할까요?

첫째, 모둠 활동을 할 때 학생들의 집단 구성 인원은 보통 네 명에서 여섯 명이 적당합니다. 학습 내용에 따라 구성 인원의 증감이 있을 수 있겠으나 학생들이 자유롭게 이야기를 나누고 모둠원 전부 적극적으로 과제 수행을 하기에는 그 정도 인원이 적당합니다. 모둠원이 너무 많으면 생각을 모으기도 어렵고, 과제 수행을 하는 데 역할을 맡지 못하고 수업에 무임승차하는 학생이 나타날 수 있기 때문입니다.

둘째, 모둠 활동이나 짝 활동을 할 때 학생들에게 필요한 준비물을 충분히 제공해야 합니다. 예를 들어, 수학 시간에 구체적 조작 활동을 할 때에는 각자의 준비물로 조작 활동을 해야 합니다. 학생들은 자기 것이 아닌 것에는 별 관심을 기울이지 않고, 열심히 참여하지 않기 때문입니다.

셋째, 모둠 활동이나 짝 활동 전에 학습 활동에 대한 시범을 보여 주면 좋습니다. 어떤 문제를 제시하고, 학생들에게 해결 과정의 시범을 보여 준다면 학생들은 부담감 없이 열심히 과제를 수행하려고 할 것입니다.

학생들이 혼자 하는 것도 좋지만 친구들과 함께하는 즐거움을 맛보았으면 좋겠습니다. 나 하나의 생각이 아니라 너의 생각, 우리의 생각을 모으면 더 좋은 해결 방안들이 나올 수 있다는 것을 알게 될 것입니다.

## 📝 1+1>2

3월 초에 학생들의 자리 배치, 기본 학습 훈련이 끝나면 그다음에 중점적으로 지도하는 것이 모둠 조직 운영에 관한 것입니다. 일단 많이 사용하는 방법 중의 하나가 학생들이 앉아 있는 그 자리에서 책상만 돌려 모둠을 조직하는 방법입니다. 학급 전원이 서른 명인 경우 다섯 명씩 조직해서 여섯 개의 모둠을 만들어 운영합니다. 수업 시간에 교과 내용에 따라 모둠을 짓거나 모둠을 풀기에 가장 손쉬우면서도 효과적인 방법입니다.

수업 시간에 모둠 활동을 활용할 때에는 활동 전에 모둠 활동에 대해 자세히 안내를 한 후 실시해야 하고, 지켜야 할 규칙들을 미리 말해 주어야 합니다. 모둠 활동 주제, 활동 시간, 각각의 모둠원들이 해야 할 역할, 모둠 활동의 결과 제시 방법 등을 미리 정확히 제시한 후 시작해야 모둠 활동을 하고자 했던 목표를 달성할 수 있습니다.

저학년의 경우 일일 모둠장 제도를 운영해서 모둠원의 역할을 골고루 할 수 있도록 합니다. 한 모둠에 다섯 명인 경우 한 명씩 돌아가면서 월요일 모둠장, 화요일 모둠장 순으로 운영하면 모둠원 전체가 골고루 역할을 수행할 수 있고, 책임감을 갖고 참여하는 것을 볼 수 있습니다.

모둠의 이름을 정할 때에 고학년의 경우는 스스로 정하도록 하는 것이 좋고, 중·저학년의 경우는 교사가 함께 참여해서 정해 주는 것이 통일감 있으면서 적절하게 모둠명을 지을 수 있는 방법입니다.

그 외에 모둠 단위 보상의 제도를 운영하면 모둠원끼리 자연스럽게 책임감과 협동 정신을 깨닫게 되고, 더 잘하려는 모습을 보입니다. 모둠 보상 제도의 경우는 중·저학년의 경우보다 고학년에 비교적 더 효과적인 경향이 있는데, 너무 남발할 경우에는 반대의 효과를 가져오기도 하므로 주의해야 합니다.

# 짝 활동, 정말 좋아요

짝 활동은 국어 시간과 수학 시간에 많이 활용합니다. 특히 국어 시간은 자신의 생각을 말하는 활동이 많습니다. 발표하는 데 어려움을 느끼는 학생들에게 짝의 생각을 발표하라고 하면 자신 있게 발표하는 모습을 볼 수 있습니다. 예를 들어, 교사가 "짝은 어떠한 생각을 가지고 있었습니까?"라고 발문하면, 학생은 "네, 제 짝 연희는 철수의 행동이 잘못되었다고 했습니다. 그 이유는……."이라고 답변합니다.

학생들이 발표한 내용은 짝의 생각입니다. 학생들은 신기하게도 자신의 생각을 발표하는 것보다 짝이 말한 것을 더 적극적으로 발표하려는 경향이 있습니다. 또 이것은 듣기 학습에도 효과적입니다. 짝이 말한 것을 발표하려면 짝이 하는 이야기를 주의 깊게 들어야 하기 때문입니다.

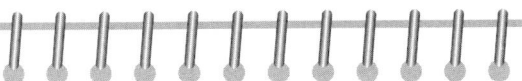

## 모둠 역할에 예쁜 이름을 지어 주세요

　학생들 각자가 가진 능력이 다르고 차이가 있기 때문에 모둠을 조직할 때 각기 다른 능력을 가진 학생들로 구성하되, 모둠 활동이 비슷하게 끝날 수 있도록 수준을 맞추어 주는 것이 가장 좋은 모둠 구성 방법입니다.

　모둠 활동을 할 때 필요한 인원 수에 맞게 4인 1조, 5인 1조, 6인 1조, 10인 1조 등 학습 활동에 따라 모둠의 구성 인원을 달리하는 것도 하나의 방법입니다. 이때 각자의 역할을 정해 놓으면 좋습니다. 이끔이, 나눔이, 점검이, 기록이, 칭찬이, 세움이, 지킴이, 기쁨이, 그리미, 반성이 등 필요한 명칭을 붙이고, 그 역할에 대해 설명해 줍니다.

### 모둠원의 역할 이름

- **이끔이**　모둠의 리더, 문제 해결 전반에 참여, 모둠원의 역할 조정
- **나눔이**　학습 준비물, 교사의 유인물 등을 걷거나 전달
- **점검이**　학습 과제 및 알림장 기록의 점검
- **기록이**　학습 내용, 토의 과정, 관찰 결과 등을 기록
- **칭찬이**　다른 사람의 의견 칭찬
- **세움이**　모둠 활동에 활기 불어넣기
- **지킴이**　모둠원들 고루 참여시키기

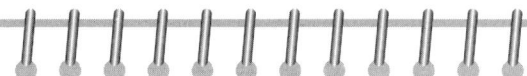

- **기쁨이**  모둠원의 좋은 점을 찾아서 모두에게 알림
- **그리미**  발표 자료, 학습 자료 제작 시 그림으로 표현
- **반성이**  모둠의 활동 내용, 학습 과정에 대한 반성

　이렇게 각각의 모둠원의 역할에 대해 자세히 설명해 주고 모둠 활동을 시작합니다. 예를 들어, 5인 1조 모둠 활동을 할 때, 다섯 명 각자에게 번호를 주고, 1번은 사회자, 2번은 기록이, 3번은 칭찬이, 4번은 준비물 나눔이, 5번은 세움이 등의 역할을 줍니다. 이때 맡은 역할은 고정적이지 않습니다. 국어 토의 시간에 1번이 사회자의 역할을 했으면, 다음 시간에는 2번이 사회자의 역할을 하면 됩니다. 역할을 고정시키지 않는 이유는 다양한 경험을 통해 학생들의 능력을 고루 발전시킬 수 있기 때문입니다.

　모둠 활동을 하다 보면 모둠원 간에 다툼이 생겨 수업 진행이 원활하게 되지 않을 때가 있습니다. 그러므로 모둠 활동 전에 규칙을 미리 안내하는 것도 매우 중요합니다.

제 2 부 **수업 전개**

# **04** 동기 유발

모든 학생이 매 수업 시간마다 학습에 대한 자발적이고 내적인 동기로 충만해 있다면 얼마나 좋을까요? 하지만 그렇지 못한 현실은 교사로 하여금 어떻게 하면 학생들에게 공부에 대한 의욕과 동기를 불러일으킬 것인지를 고민하게 만듭니다. 그래서 한 시간 단위 수업은 동기 유발로 시작되며 이는 준비 상태가 제각각인 학생들이 학습 목표를 달성하도록 이끄는 데 핵심 열쇠가 됩니다. 학습 동기 없이는 유의미한 학습이 일어나지 않습니다.

## 동기 없이 학습 없다

동기 유발은 크게 두 가지 효과가 있습니다. 먼저 학습 태도와 학습 참여에 자발성과 적극성을 띠게 합니다. 이는 쉬는 시간에 놀이와 같은 다양한 상황에 있던 학생들의 관심을 학습의 장으로 집중시키는 역할을 하고, 학습 내용에 대한 호기심을 자극하기 때문입니다. 그리고 학습 목표에 쉽게 도달하도록 도와줍니다. 동기 유발을 통하여 학생들은 학습 목표를 수립하고, 학습의 전개 방향을 인지하며, 유의미한 학습 활동에 스스로 참여합니다. 즉, 동기 유발은 학습 의욕을 북돋우고, 학습 활동을 지속시킬 뿐만 아니라, 학습의 방향을 설정하기 때문에 수업에서 가장 핵심적인 활동인 동시에 교사의 창의성을 발휘할 수 있는 활동입니다.

성공적인 수업을 하기 위해 고민하는 교사는 어떻게 동기 유발을 할 것인가를 고민하게 됩니다. 따라서 동기 유발의 방법, 내용, 적절한 자료 제작 및 활용 등 짧은 시간에 효과적으로 학생들의 학습 동기를 이끌어 낼 수 있는 방법을 연구하는 것으로부터 교재 연구가 시작된다고 해도 과언이 아닐 것입니다.

## ?에서 시작해 !로 끝나는 동기 유발

### 동기 유발 자료와 활용법은 다양해요

자료의 종류는 ICT 자료(소리, 노래, 그림, 사진, UCC, 광고, 애니메이션, 영화, 만화, 플래시 자료, 게임), 구체물, 반구체물로 나눌 수 있습니다. 활용 방법에는 놀이, 율동, 게임, 노래, 퀴즈, 비밀 상자 활용, 마술, 무언극, 인형 놀이, 역할놀이, 동영상 시청하기, 의문점 찾아내기 등으로 매우 다양합니다. 수업의 내용과 교사의 아이디어로 최적의 동기 유발을 생각해야 할 것입니다.

## 🖍️ 흥미 있는 동기 유발을 생각해요

동기 유발은 흥미 유발을 포함합니다. 흥미 유발은 학습 내용과 관계없는 분위기 전환을 위한 일련의 활동입니다. 이 활동은 "와!"라는 감탄사를 이끌어 내고, 학생들을 주목시키는 역할을 합니다. 하지만 동기 유발은 이러한 흥미 유발 외에 수업에서 다루고자 하는 내용으로의 안내가 덧붙여져야 합니다.

동기 유발 활동을 통해 학생들이 '왜, 어떻게, 무엇을, 누가, 어디에서'를 궁금해하고, '알아볼까? 찾아볼까? 탐구해 볼까?' 하는 학습에 대한 의지를 가지게 됐을 때 진정한 동기 유발이 이루어졌다고 볼 수 있습니다.

예를 들어, 산과 염기에 대한 수업에서 마술의 환상적인 요소나 일상생활과 관련된 간단하고 재미있는 콩트, 수업과 관련된 현상으로 학생의 흥미를 이끌고 흥미 있는 현상에 학습의 내용을 담는다면 수월하게 학습 동기를 유발할 수 있을 것입니다.

## 🖍️ 학습 활동에 연계되는 동기 유발이 좋아요

동기 유발은 학습 목표와 학습 활동을 찾는 활동까지도 포함하여야 합니다. 좁은 의미의 동기 유발은 학습 목표를 이끌어 내거나 안내하기 전까지의 활동을 의미합니다. 하지만 넓은 의미로 보았을 때 동기 유발은 학생들이 학습 목표를 찾아내고 학습 목표와 관련된 학습 활동을 계획해 보게 함으로써 학생들의 학습 동기를 재확인하고, 학습 활동의 방향을 명확히 하는 활동입니다. 이와 같은 활동에서는 교사가 일방적으로 안내하는 것보다 학생이 주도적인 활동 전개를 통해 사고하고 탐구하여 학습 목표와 학습 활동을 찾아내는 것이 더 좋습니다.

## 🖍 발상의 전환도 해 볼까요?

동기 유발은 학생들에게 일반적인 생활 모습을 일반적이지 않은 모습으로 가공하여 보여 주거나, 영화와 같은 상황을 학생들의 생활 속에 대입한다면 좋은 효과를 얻을 수 있습니다. 인물, 상황, 장소, 물건, 조건, 방법 등을 바꾸면 학생들은 그 상황을 다시 한 번 살펴보게 되고, 관심을 가지게 되기 때문입니다.

예를 들어, 설탕을 넣어야 하는 음식에 소금을 넣었던 경험을 이용하여 소금과 설탕을 구별하는 방법을 찾아보게 할 수 있고, 여러 가지 주스에 식초가 들어갔을 때의 변화를 통해 산염기의 반응에 대한 학습 목표를 찾을 수도 있으며, 드라마나 영화 속 인물이 처한 문제 상황을 학생들에게 제시하고 그것을 해결해 보게 하는 활동으로 학습 동기를 유발할 수도 있습니다.

## 🖍 학생의 호기심을 자극해요

동기 유발 자료는 제시하는 방법을 달리하여 학생들의 호기심을 자극할 수 있습니다. 예를 들어, 같은 반 친구의 얼굴을 동기 유발 자료로 제시하려고 할 때 학생의 호기심을 자극하기 위해서는 누구의 얼굴인지 가리고 제시하는 것이 좋습니다. 같은 반 친구의 얼굴을 한 번에 보여 주는 것보다는 얼굴 전체를 가리고 눈, 코, 입, 귀 등 얼굴의 일부분을 보여 주어 학생의 궁금증을 유발하는 것이 학생의 학습에 대한 집중도를 높이는 데 도움이 됩니다. 이와 같이 화면의 일부분을 감추고 보여 주는 데는 'Pro-Show' 라는 프로그램도 활용할 만합니다.

| 학습 동기 유발하기 (Pro-Show) | |
| --- | --- |
| • 얼굴 표정이 잘 드러난 사진 자료를 살펴본다.<br>　- 표정에 따라 달라지는 부분 찾아보기 | ➡ ① 사진<br>　인물 표정 (1′) |
| • 화면에 비친 친구의 표정을 살펴보고 표정에 대해 이야기한다.<br>　- 표정 따라하기<br>　- 얼굴 표정에 따라 달라지는 부분 찾아보기<br><br>교사:어떤 얼굴 표정을 짓고 있습니까?<br>　　　얼굴 표정에 따라 달라지는 부분은 어디입니까?<br>학생:눈, 눈썹, 입모양 등입니다. | ➡ ② Pro-Show<br>　학급 학생의 얼굴 (1′) |

또한 학생의 호기심을 자극하는 데에는 '비밀 상자'와 같은 형태의 주머니 활용도 좋습니다.

| 학습 동기 유발하기 (비밀 상자) | |
| --- | --- |
| • '비밀 상자'에서 물건을 꺼내어 학습 동기를 유발한다.<br>　- 교사의 행동 관찰하기 | ➡ 흔들고 두드려서 상자 안에 있는 물건이 무엇인지 유추하게 한다. |
| • 뒤에 일어날 일 상상하여 말하기<br>　- 표정 따라하기<br>　- 얼굴 표정에 따라 달라지는 부분 찾아보기<br><br>교사: 무엇이 들어 있을까요?<br>학생: 공부를 열심히 한 학생들에게 사탕을 나누어 주실 것입니다. | ➡ ① 빈 상자 제시<br>　동기 유발용 상자(1′) |

## 🖍 학년성을 고려해요

효과적인 동기 유발을 위한 방법과 내용은 다양하게 이루어질 수 있으나, 교과·제재에 맞게 계획하고, 학년성을 고려해야 할 것입니다. 특히 저학년의 경우에는 학생들의 입장과 눈높이를 고려하는 것이 중요합니다.

예를 들어, 1학년의 '10의 수 익히기' 수업에서 동기 유발을 위한 구체물 자료로 사탕을 활용하면 학생들이 더 많은 흥미를 보이는 것처럼 학습하는 학생 자신에 대한 동영상이나, 사진 자료, 좋아하는 캐릭터 등을 이용할 때 학생들은 더 큰 호기심과 수업 집중도를 보입니다.


# 쉽게 할 수 있는 동기 유발

## 🖍 동기 유발 자료는 반복해서 활용할 수 있어요

모든 수업에서 그것도 매 차시마다 늘 새롭고 흥미로운 동기 유발로 수업을 시작하는 것은 쉬운 일이 아닙니다. 또 동기 유발은 학생들로 하여금 그 수업의 학습 목표에 자연스럽게 접근한 후 학생들 스스로 그 목표를 찾아낼 수 있도록 하는 데 목적이 있기 때문에 매 차시 달라지는 학습 목표에 알맞은 색다른 동기 유발 자료를 준비하는 일은 교사에게 많은 고민을 하게 합니다. 이러한 짐을 더는 방법 중 하나로 동일한 동기 유발 자료를 다양한 방법으로 활용함으로써 서로 다른 학습 목표에 접근해 보는 것이 있습니다. 국어과를 예로 들어 살펴보겠습니다.

국어과에서 흔히 사용하는 동기 유발 자료 중 하나로 구연동화 또는 인형극이 있습니다. 1분 내외의 간단한 구연동화 또는 인형극을 동기 유발 자료로 제시하고 이를 통해 학생들이 학습 목표에 접근할 수 있도록 이끌어 가는 방법입니다. 인물을 나타내는 간단한 소품 또는 인형(손가락 인형)을 활용하여 교사가 직접 극중 인물의 역할을 하면서 이야기를 들려주면 학생들은 그 이야기에 쏙 빠집니다. 옛날 이야기를 좋아하는 초등학생들의 특성으로 미루어 보면 이야기는 인형 등의 소품이나 자료 없이도 학생들의 흥미를 유발하고 집중시키는 데 아주 효과적입니다. 이런 동기 유발 자료는 유용하고 반복적으로 활용할 수 있으며 학습 목표에 따라 다양한 방법으로 수업을 진행할 수 있습니다.

**학습 문제** 인물에 어울리는 목소리로 실감나게 읽기

"선생님과 산신령 역할이 잘 어울린 점은 무엇인가요?"

"나무꾼 역할을 할 때는 어땠어요?"

"선생님이 진짜 산신령이나 나무꾼 같다는 느낌이 든 까닭은 무엇일까요?"

**학습 문제** 인물의 성격을 파악하기

"나무꾼은 어떤 사람 같아요?"

"또 그런 생각이 든 까닭은 무엇일까요?"

"산신령은요? 산신령은 어떤 분인 것 같아요?"

"산신령이나 나무꾼의 성격은 무엇으로 알 수 있나요?"

"그다음 나무꾼은 어떻게 되었을까요? 그렇게 생각한 까닭은 무엇인가요?"

"선녀는요? 그렇게 생각한 이유를 선생님이 들려준 이야기에서 찾아볼까요?"

학습 문제  이야기를 듣고 떠오르는 장면을 그림으로 나타내기

 "언제 어디서 일어난 일인가요?"

"이야기에 나오는 인물은 누구누구입니까?"

"무슨 일이 벌어졌지요?"

"머릿속에 떠오르는 산신령과 나무꾼의 모습은 어떤가요?"

이와 같은 발문으로 학생들과 상호작용한 후, "오늘 무슨 공부를 하게 될까요?" "오늘 공부할 문제는 무엇일까요?" 등의 발문으로 학습 목표를 이끌어 냅니다. 늘 새롭고 창의적인 동기 유발 자료와 방법으로 수업을 시작하기 어려운 경우, 하나의 동기 유발 자료를 여러 가지 학습 목표에 접근하는 데 반복하여 활용하면 교사의 고민을 줄일 수 있습니다.


### 🖍 동화책을 활용해요

학생들이 많이 읽는 책으로 학습 동기를 유발할 수 있습니다. 예를 들어, 1학년 1학기 '길이 비교하기' 수학 수업에 〈애벌레들의 고민〉이라는 동화를 동기 유발에 활용할 수 있습니다.

"우리 반 학생들에게 애벌레들이 쓴 편지가 도착했습니다. 편지의 내용은 애벌레들의 아빠가 곤충나라의 왕이었는데, 돌아가셔서 길이가 가장 긴 벌레를 왕으로 뽑아야 한다는 것입니다. 그런데 불행하게도 애벌레들은 길이를 비교하지 못해서 왕을 뽑을 수가 없습니다. 친구들이 이 문제를 해결해 주었으면 좋겠습니다."

학생들은 왕을 뽑아 주기 위해 열심히 수업에 참여하고 수업을 끝내면서 애벌레들의 고민을 해결하여 왕관을 직접 씌워 주는 것으로 수업을 마무리할 수 있을 것입니다.

## 인형극도 좋아요

학생들이 좋아하는 인형극을 활용해 동기를 유발하는 것도 좋은 방법입니다. 손 인형을 활용할 수도 있고, 실물 화상기를 이용해 그림자 인형을 활용할 수도 있으며, 캠코더로 미리 찍어 제시할 수도 있습니다. 학생들을 한눈에 사로잡을 수 있는 연기력이 있다면 직접 보여 주는 것이 좋지만, 자신감이 부족한 교사는 녹화 자료로 제시하는 것도 좋습니다. 저학년에게 인형극을 제시할 때에는 학생들에게 익숙한 만화 캐릭터를 이용하거나 학생들이 관심을 가질 만한 동물을 주인공으로 삼는 것이 효과적입니다.

# 동기 유발에서 유의할 점

동기 유발을 계획함에 있어서는 다음과 같은 점을 주의해야 합니다. 간혹 노래와 간단한 게임을 동기 유발 자료로 즐겨 사용하는 경우도 있는데, 단순한 웃음거리나 흥밋거리로 제공해서는 안 됩니다. 이는 오히려 주의를 분산시키고 수업의 집중도를 떨어뜨릴 수 있습니다.

동기 유발의 내용은 수업의 목표와 관련성이 있어야 하며, 학생들이 다른 의미로 파악하지 않도록 복합적인 것은 피하여 간단하고 쉬운 내용으로 제시해야 합니다.

또한 지나치게 강조한 나머지 동기 유발에 너무 많은 시간을 배분하지 않도록 합니다. 동기 유발에 지나치게 많은 시간을 배분하는 것은 식당에서 주요리가 나오기 전에 전채 요리로 배를 채우는 격이 될 수 있습니다. 동기 유발 시간은 최대 5분 이내가 적당합니다. 동기 유발은 학습 목표를 이해하고 학습에 대해 흥미를 갖게 하면 그것으로 충분하며 너무 많은 내용을 담지 않아야 합니다.

# 05 학습 목표

## 수업의 도착점, 학습 목표

수업에서 학생들이 학습 목표를 인지하는 것은 매우 중요합니다. 학습 목표는 왜 이 활동을 해야 하는지, 학습을 통해 얻을 수 있는 교육적 성과는 무엇인지 말해 주는 수업의 도착점이자 핵심이기 때문입니다.

학습 목표의 수립은 교사의 충실한 교재 연구가 선행되어야 합니다. 교육과정의 구성과 요구를 파악하고, 단원의 개관과 차시 활동 내용을 분석하여 무엇을 지향하고 가르쳐야 하는지 생각합니다. 뿐만 아니라 전시 학습과의 관련, 교과 내용으로서의 위계, 학생들의 흥미와 요구, 사회의 요구 및 가치 등도 고려합니다.

### 쉽게 이끌어 내는 방법을 생각해요

학생들에게 학습 목표를 명확하게 인지시키기 위해서 교사의 일방적인 제시가 아니라 학생들에게서 학습 목표를 이끌어 내는 활동으로 수업을 계획합니다. 학생들의 간단한 역할극, 교사의 동화 구연, 목표와 관련된 동영상 시청 등과 같은 다양한 동기 유발 활동을 통해 학생들이 학습 목표를 짐작하게 할 수 있습니다. 학생으로부터 학습 목표를 이끌어 내기 어려운 경우에는 학습 목표의 핵심어와 관련된 그림을 직접 제시하는 방법도 있습니다.

예를 들어, 3학년 음악 수업에서 학습 목표가 '〈청어 엮자〉를 함께 부를 수 있다.' 라면 학생들에게는 다소 낯설게 느껴지는 '청어' 그림을 제시하며 학습 목표를 수립할 수 있습니다.

### 🖍️ 학생과 함께하는 학습 목표

동기 유발, 학습 목표 제시 방법과 함께 생각해야 할 일은 어떻게 학습 목표를 학생들로부터 도출하느냐 하는 것입니다. 학생들이 이번 시간에 학습할 목표와 내용을 자신들의 사고 과정을 통해서 설정하고 제시한다면 학생들의 학습 참여도와 집중도는 그렇지 않은 경우와 많은 차이가 있을 것입니다. 동기 유발과 학습 목표의 설정 그리고 제시 방법은 정확히 구분하기보다는 연속적인 과정을 거쳐서 다양한 방법으로 이루어집니다.

가장 많이 활용하는 것으로 전시 학습 내용을 상기시켜 학습 목표를 유도하는 방법이 있습니다. 또 생활 경험, 사전 과제나 예습 과제를 통해 유도하는 방법도 있습니다. 이는 사전에 제시한 과제의 내용에 대한 질문이나 과제 해결을 하면서 궁금했던 점, 더 알고 싶은 점 등을 발표하면서 학습 목표를 유도하는 것입니다.

두 번째로 관련 자료의 관찰을 통해 학습 목표를 유도하는 방법도 있습니다. 예를 들면, 황산구리 용액을 증발시켜 남는 물질을 알아보는 것이 학습 목표라면 실험 활동에 필요한 황산구리 용액, 알코올램프, 삼발이, 증발 접시, 성냥 등 실험 기구를 제시하고 관찰한 후 어떤 공부를 하게 될지 예상해 보게 하여 수업의 학습 목표를 유도할 수 있습니다.

세 번째는 관련 삽화나 그림, 사진 등을 활용하는 방법입니다. 먼저 관련 자료를 수집하는 과제를 내서 유도합니다. 예를 들면, 학습 목표가 '시장의 기능 알기'일 때, 시장에 관한 자료를 사전에 수집하여 수집된 자료를 분류시키고 분류된 자료 내용을 근거로 학습 목표를 유도하는 방법입니다. 또 교재의 삽화나 그림, 사진 등을 연결지어 보게 한 후 학습 목표를 찾아 발표하게 하고 발표된 내용을 정리하여 학습 목표를 유도할 수도 있습니다.

네 번째는 시청각 자료를 이용하는 방법입니다. 예를 들면, 학습 목표가 '부모님의 고마움을 알고 은혜에 보답하려는 마음을 갖는다.'라고 할 때 관련 VTR 자료를 사전에 준비하여 처음 부분과 끝부분만 보여 주고 가운데 빠진 부분의 내용을 상상해 보게 하여 학습 목표를 유도하는 방법입니다.

마지막으로 형성 평가 문항을 사전에 제시하여 학습 목표를 유도할 수도 있습니다. 학습 목표와 관련된 학습 내용을 평가 문항으로 작성하여 학생들이 정답 풀이 과정을 통해 자연스럽게 학습 목표를 예상하게 하는 방법입니다.

## 다양한 학습 목표 제시 방법

수업에 있어서 학생들이 학습 목표를 어느 정도 인지하고 있느냐에 따라 학습 효과는 달라집니다. 단위 학습 시간에 학생들이 도달하고자 하는 학습 목표를 정확히 알고 있지 못하면 무엇을 학습할지 몰라 우왕좌왕하다가 결국은 수업에 흥미를 잃게 됩니다. 그러므로 교사는 창의적이고 다양한 방법으로 학습 목표를 제시하여 학생들이 관심을 갖고 쉽게 학습 목표를 인지할 수 있도록 해야 합니다.

전통적인 방법으로는 학습 목표를 판서하여 제시합니다. 교사가 먼저 판서를 한 후에 설명하고, 색분필을 사용하여 목표의 중요한 낱말을 강조하여 학습 목표 내용을 인지시키는 방법입니다. 또 학습 목표를 칠판에 미리 쓰고 종이나 소칠판으로 가렸다가 학습 목표를 인지시키는 단계에서 가린 것을 떼고 설명하기도 합니다. TV 프로그램 〈스펀지〉에서처럼 사전에 주요 개념이나 원리 등을 빈칸으로 두어 학생들의 궁금증을 유발하여 집중시키는 방법도 있습니다.

또 관련 삽화나 그림, 사진, 실물 자료 등을 통해서 제시하는 방법이 있습니다. 예를 들면, '각기둥 전개도를 그릴 수 있다.'라는 학습 목표를 제시해야 할 경우 '각기둥'의 모형과 '전개도'의 모형을 실제로 칠판에 게시하여 제시하는 방법입니다.

이 외에도 UCC 자료, VTR 자료, 마술, 구연동화, 콩트, 퀴즈, 녹음 자료 등을 활용해서 동기 유발을 함과 동시에 자연스럽게 학습 목표를 제시할 수 있습니다.


### 📝 학습 목표를 수시로 확인해요

학습 목표는 한 번 제시하는 것으로 끝나지 않고 수업의 핵심에서 벗어나지 않도록 수업의 각 단계에서 확인해야 합니다. 수업의 전개 단계에서 확인하고, 마지막 정리 단계에서도 다시 한 번 확인하여 평가와 연계시키는 것이 좋습니다.

예를 들어, 학습 목표 제시 후 나무 모양의 그림에 과일을 붙이고 사다리 맨 아래에 아이들 그림을 붙여 둡니다. 그리고 [활동 1] [활동 2] [활동 3]이 끝날 때마다 아이들을 한 칸씩 위로 이동시킵니다. [활동 3]까지 끝나면 아이들은 과일 나무의 과일을 따게 됩니다. 과일 나무 모양뿐만 아니라 다양한 미션 그림을 활용하여 활동이 하나씩 끝날 때마다 그 미션에 가까워지도록 수업을 설계하여 학생들에게 학습 목표를 수시로 확인시키는 것입니다.

# 학습 목표 진술의 오류 사례

학습 목표는 단위 수업 시간에 학생들이 학습 후 도달해야 할 최종 도착점 행동으로 교수 · 학습의 방향과 교육 내용의 선정 및 조직의 기초를 제시하는 중요한 역할을 합니다. 또한 동기 부여와 교수 · 학습의 통제 수단으로 학습 효과를 높여 주는 기능을 합니다. 이렇게 학습 목표를 학습의 내용에 따라 효과적인 방법으로 진술해야 하지만 교사들은 간혹 오류를 범하기도 합니다. 다음은 교사들이 자주 범하는 오류들의 예입니다.

## 1. 교사의 활동을 진술하면 곤란해요

수업 중에 하는 교사의 활동을 학습 목표로 진술하는 경우가 있습니다. 교육의 주체는 학습자이기 때문에 학습 목표는 학생의 변화 행동에 초점을 맞추어 진술합니다. 즉, 학습 목표는 교사의 행동이 아닌 학생의 활동으로 진술되어야 합니다.

- 거울에 비친 상을 본래의 물체와 비교하며 관찰시킨다. (×)
- 거울에 비친 상을 본래의 물체와 비교하여 관찰할 수 있다. (○)

## 2. 학습 과정을 진술하면 안 돼요

학습의 과정을 기술하는 것이 아니라 학습 결과로 변화될 학생의 행동을 기술합니다.

- 이야기를 읽고, 내 생각을 말한다. (×)
- 이야기를 읽고, 내 생각을 말할 수 있다. (○)

## 3. 교과서 내용을 나열하지 마세요

차시의 제목이나 주요 단어를 나열하여 학습 목표로 제시하면 안 됩니다.

- 빛과 그림자 (×)
- 그림자가 있으려면 빛이 있어야 함을 말할 수 있다. (○)

## 4. 두 개 이상의 학습 결과를 포함하면 힘들어요

학습 목표는 '(방법, 수단 1)+내용 1+도달점 행동 1'의 형태로 제시합니다. 하나의 학습 목표에 두 가지 이상의 학습 결과를 포함시키면 도달점 행동이 무엇인지 목표가 뚜렷하지 않습니다.

- 도르레의 과학적 원리를 이해하고, 실생활에 적용된 예를 찾아 말할 수 있다. (×)
- 도르레의 과학적 원리가 실생활에 적용된 예를 찾아 말할 수 있다. (○)

### 5. 학습 목표를 지나치게 세분화하면 핵심이 흐려져요

자세하게 진술하면 좋다는 생각에 학습 목표를 지나치게 세분화하면 학생의 학습 목표 집중에 혼란을 줄 수 있습니다. 한 시간의 학습 목표는 한두 개 정도가 적당합니다.

### 6. 학습 제재 제시는 피하세요

국어 수업의 학습 목표를 '생일을 맞은 친구에게 편지를 써 봅시다.' 로 제시했다면 이 경우는 학습 목표라기보다 하나의 학습 제재나 활동을 제시한 것입니다. 물론 저학년의 경우에는 학습 활동이나 학습 제재를 학습 목표로 제시하는 경우도 있을 수 있습니다. 이때 교사는 학습 목표가 무엇인지 분명히 파악하고 학생들이 학습 목표를 인지할 수 있도록 안내하고 유도해야 합니다.

## 쉽게 하는 학습 안내

학생들이 학습 목표라는 목적지에 도착하기 위해서 수업 시간에 하게 될 활동을 안내하는 일은 학생들에게 지도를 주는 것과도 같은 활동입니다. 교사가 아무리 좋은 활동을 구성했다 하더라도 무슨 활동을 하는지 분명하게 이해하지 못했다면 학생들은 길 잃은 아이처럼 이리저리 헤매게 될 것입니다.

특히 영어과의 경우에는 교수 · 학습 용어의 대부분이 영어이기 때문에 활동 안내를 제대로 하지 않으면 수업 시간 동안에 교사는 교사대로, 학생은 학생대로 각자 서로 다른 길을 가게 될 것입니다.

활동 안내를 쉽게 풀어 가기 위한 간단한 방법으로 교과서의 쪽수를 확인하거나 활동을 나타내는 약속된 그림을 사용할 수 있습니다. 교과서에 제시된 활동 그대로 수업을 계획한 경우 즉, 한 차시에 [활동 1] Look and Listen, [활동 2] Listen and Repeat, [활동 3] Let's Play 하는 경우, 쪽수만 짚어 주면 학생들이 이번 수업 시간에 할 활동을 말할 수 있습니다.

교과서를 재구성할 경우에는 그림이나 실물 또는 기호를 만들어 반복 활용하면 좋습니다. 학년 초에 기본 학습 훈련 과정으로 여러 그림, 실물, 기호의 활용이나 쓰임을 알려 주면 학생들이 학습 활동 안내를 쉽게 이해하고 학습 활동에 적극적으로 참여할 수 있습니다.

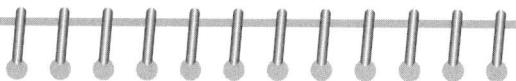

## 이분법이 분류의 전부는 아닙니다

TIP 6

우리는 대개 '분류'라고 하면 기준을 먼저 떠올리고, 이분법을 적용하여 '그렇다/아니다'로 지도하고 있습니다. 하지만 실생활에서는 모든 것이 이분법으로 나누어지는 것은 아닙니다. 삶은 이분법보다 훨씬 더 복잡한 체계를 가지고 있으며, 이분법보다 더 높은 수준의 사고를 필요로 합니다.

예를 들어, 과학과에서는 생물을 동물과 식물로 나누고 동물은 무척추동물과 척추동물로 나눕니다. 여기까지는 이분법에 의한 사고가 맞아 들어갑니다. 하지만 척추동물을 포유류, 조류, 파충류, 양서류, 어류로 나누게 되면 두 부분으로 나누어지지 않아 학생이 당황하게 되는 경우가 생깁니다. 물론 새끼에게 젖을 먹이는가/그렇지 않은가, 날 수 있는가/그렇지 않은가 등으로 단순하게 나눌 수도 있지만, 일반적으로 우리는 항온동물이고, 태생이며, 젖을 먹여 키우는 척추동물의 무리라고 분류하고 있습니다. 즉, 기준이 복합적으로 적용되는 것입니다. 이분법적 사고로만 이루어진 분류보다는 공통분모를 모아 가는 분류가 더 고차원적인 사고입니다. 그러므로 기준을 정하여 분류를 하되, 그 수준을 깨고 올라가 이분법적 사고의 틀을 깰 수 있는 사고를 할 수 있도록 지도해야겠습니다.

또 하나의 예를 든다면 사회과에서 우리나라와 관계를 맺고 있는 나라들을 분류함에 있어 자원을 수출하는 나라, 경제 관계를 맺고 있는

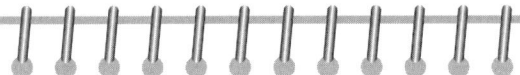

나라 등으로 분류할 수 있습니다. 이때 이분법적인 기준을 강조하다 보면 학습 목표에 도달하기보다는 분류의 미로 안에 갇히게 될 수도 있습니다.

그러므로 학습 내용에 따라서 고차원적인 분류 방법을 지도하여 학생들이 학습 목표에 수월하게 도달하도록 합니다.

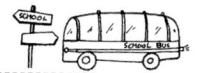

# 06 학습 방법 및 활동

## 교실에서 이루어지는 여러 가지 학습 방법

### 토의·토론 학습

토의·토론은 자유롭게 의사소통을 하며 합리적인 사고를 신장하도록 돕는 좋은 학습 방법입니다. 하지만 실제 토의·토론 수업을 진행할 때 학생들이 적극적으로 참여하도록 이끌지 못하는 경우가 많습니다.

학생들이 토의·토론 학습에 적극적으로 참여하도록 하려면 자신 있게 자기 의견을 말하고 서로 협력하면서 활동할 수 있는 능력을 길러 주어야 하며, 기본적인 말하기·듣기 능력뿐만 아니라 모둠 토의·토론 훈련이 필요합니다. 학생들이 적극적으로 참여하여 자신의 생각을 자유롭게 표현하고, 상대방의 의도를 잘 파악하려면 어떻게 기초를 닦아야 할까요?

## 1. 토의·토론 학습에 대한 자신감 기르기

학기 초에는 낯선 교실에서 낯선 선생님과 친구들을 만나기 때문에 발표에 대한 두려움이 더 클 수 있습니다. 따라서 처음에는 간략하고 사실적인 내용부터 시작하여 점차 자신의 의견이나 느낌, 근거 등이 포함된 내용으로 발표 연습을 하도록 합니다. 즉, 처음에는 틀릴지도 모른다는 불안감이 적게 들도록 자신의 이름이나 좋아하는 색깔 등의 내용을 발표하도록 하고, 차츰 그렇게 생각한 이유나 느낌 등의 내용을 발표할 수 있도록 합니다.

이렇게 기본적인 발표 훈련을 한 후에 토의·토론의 방법을 지도해야 합니다. 학생들에게 토의·토론의 절차, 규칙 등을 지도하여 방법을 모르기 때문에 생길 수 있는 불안감을 덜어 줍니다.

또한 먼저 학생들이 잘 알고 있는 주제에 대해 토의·토론을 하고, 점차 주제를 스스로 탐색하고 조사하여 토의·토론을 하도록 합니다.

## 2. 단계별 활동 지도

토의·토론 학습의 기초를 다지기 위하여 단계별로 토의 활동을 실시합니다.

개인 말하기 연습을 합니다. 한 가지 주제에 대하여 자신의 생각을 말하는 연습을 합니다. 아침 활동 중 1분 말하기 활동 등을 통해서 미리 연습한 내용을 발표해 보도록 합니다.

짝과 함께 말하기·듣기를 연습합니다. 처음에는 주제에 대한 자신의 생각을 짝에게 말하고, 짝의 의견을 들어 보도록 합니다. 다음에는 서로 들을 상대의 의견을 전체에 전달해 보게 합니다. 차츰 상대의 의견에 대해 내 생각을 덧붙여 말하는 연습을 하게 합니다.

4~6인 모둠에서 모둠 토의 방법을 익힙니다. 사회자, 기록자 등 각 모둠원의 역할에 대한 설명을 충분히 해 준 다음, 모둠별로 역할을 나누도록 합니다. 대표 모둠을 세워 시범을 보인 후 모둠별로 연습을 해 보도록 합니다. 토의 방법을 말로만 설명하는 것보다 대표 모둠의 시범을 보는 것이 더 효과적입니다.

### 3. 교사의 역할

하지만 이러한 기본 훈련이 충실히 되었다 하더라도 교사가 토의 과정에 주의를 기울이지 않는다고 느끼면 토의·토론 학습은 실패하기 쉽습니다. 따라서 교사가 궤간 순시를 하며 안내자와 조정자의 역할을 해 주어야 합니다.

학생들이 모둠 토의·토론 활동 중 절차나 의견 조정에 어려움을 겪을 경우 교사의 도움을 요청하는 약속을 정하고, 교사는 궤간 순시를 하면서 어려움을 겪는 모둠에 가서 활동 내용과 방법을 알려 줍니다. 또 소외되거나 참여하지 않는 학생이 있으면 참여할 수 있도록 격려를 해 주어야 합니다. 재량 시간 등 일정한 시간을 내어 꾸준히 토의·토론 학습을 하면 좋겠지만, 그렇게 하지 못할 경우에는 한 달 정도 집중적으로 지도하고 학급회의 시간이나 도덕, 사회 등의 교과 시간 중에 적절한 주제를 미리 선정하여 활동할 수 있는 기회를 최대한 많이 주는 것이 좋습니다.

### ✏️ 창의성 신장을 위한 역할놀이 수업

Shaftel 부부에 의해 맨 처음 개발된 역할놀이는 학급 전체의 학생들이 서로 어떤 문제 상황에 대해 토론하고, 주어진 상황 속의 인물들이 다음 순간에 어떻게 행동을 할 것인가를 직접 해 보는 활동입니다.

역할놀이를 통해 학생들은 구체적 문제 상황을 실제로 경험해 볼 수 있는 기회를 가지게 되고, 학생들 스스로가 지닌 가치나 의견을 좀 더 분명히 깨닫게 되며, 사람들이 어떻게 타인의 행동에 영향을 미치는지를 잘 이해할 수 있게 됩니다. 또한 역할놀이 학습은 학생의 독창성, 정교성, 상상력, 호기심 등과 같은 창의성의 향상을 돕고, 협동성, 도덕적 태도, 의사소통 능력, 문학 작품에 대한 감상 능력 등도 신장시켜 줍니다. 최종적으로 학생들은 역할놀이를 통해 얻은 통찰력을 실제 생활에 적용할 수 있게 됩니다.

역할놀이 방법은 태도와 가치가 주요 목표인 단원에 적용하는 것이 좋지만, 바른생활, 도덕, 사회 등의 가치 체계 형성이 필요한 영역, 그 밖의 교과에도 부분적으로 변용하여 운영할 수 있습니다. 표현 방법에는 역할극, 방송극, 팬터마임, 광고 등이 있습니다. 역할놀이의 절차는 다음과 같습니다.

**1. 상황 설정하기: 배경 지식 활용**
소집단별로 협의하여 시간적·공간적 배경과 사건을 정합니다.

**2. 준비 및 연습하기: 장면 설정, 역할 준비**
사건 순서대로 각자 쓸 부분을 정하고 질문할 것과 궁금한 것을 자세히 씁니다.

**3. 실연하기: 관람자의 참여 독려**
인물의 성격 및 행동이 잘 나타나도록 소집단별로 역할놀이를 시연합니다.

### 4. 정리 및 평가하기

모둠별로 인물의 성격 및 행동이 잘 나타나게 역할놀이를 하였는지 평가하고 친구들의 역할극을 보면서 자신의 생각을 잘 정리할 수 있는지 평가합니다.

교사는 학생 스스로 문제의 확인, 시연, 평가, 재시연 등을 통해 행동을 수정할 수 있도록 보조합니다. 이때 교사의 지나친 간섭은 학생의 동기, 표현 욕구를 제한하여 역할놀이를 정형화된 연극으로 만들 수 있으므로 주의하여야 합니다. 역할놀이 학습의 초점은 '연극'을 학습하는 것이 아니라 역할놀이를 통해 다른 무엇인가(학습 목표나 학습 내용)를 학습하는 데 있습니다. 이 점에 유의하여 학생의 능력에 맞는 역할을 선정하고 역할 분담을 적절히 합니다. 또한 모든 학생들이 역할놀이에 참여할 수 있도록 역할을 균형 있게 배정하는 것도 잊지 말아야 합니다.

### ✏️ Learning How to Learn, Mind Map

마인드맵은 1971년 영국의 Buzan에 의해 개발된 것으로, 객관적이고 과학적인 검증 과정을 거치면서 두뇌 활용을 극대화하고 창의성을 기를 수 있는 자기주도적인 학습 방법입니다. 이미지와 핵심어, 색과 부호를 사용하여 좌·우뇌의 기능을 유기적으로 연결함으로써 두뇌의 기능을 최대한 발휘할 수 있는 '사고력 중심의 두뇌 계발 학습법'입니다. 또한 미국과 유럽에서는 1970년대부터 유아에서부터 초·중·고는 물론 대학과 기업에까지 '학습하는 방법을 배우는(Learning How to Learn)' 효과적인 학습 도구로 널리 보급되어 왔습니다. 옥스퍼드대학교와 케임브리지대학교에서는 마인드맵을 정규 과목으로 두고 있습니다. 우리나라에서도 일반인과 학생들을 대상으로 마인드맵이 소개되기 시작하여 제7차 교육과정에도 마인드맵이 적용되었습니다.

## 1. 마인드맵 준비물

흰 종이와 색펜, 색연필(깎아 쓰는 색연필류)을 준비합니다. 줄이 쳐진 종이는 생각을 펼치는 데 방해가 됩니다. 기초 단계에서는 8절 도화지 또는 8절 스케치북을 사용하고, 맵핑이 익숙해지면 A4 용지를 사용합니다. 색펜과 색연필은 대개 '주가지'의 수만큼 준비하는 것이 보통이지만 다양한 색의 사용을 권장합니다. 단, 창의성을 저해하는 노란색과 검정색의 사용은 자제합니다.

## 2. 기본적인 맵핑 순서

마인드맵의 체계적인 맵핑 순서는 다음과 같습니다.

① 중심 이미지 그리기: 중심 이미지는 글의 내용을 대표할 수 있는 글의 주제를 표현합니다. 중심 이미지는 종이의 중앙에 서너 가지 색을 사용하여 입체적으로 표현합니다. 주제를 강조하여 한눈에 알아볼 수 있도록 하기 위함입니다.

봉사

함께 살아가는 세계

중심 이미지 그리기 예

② 주가지 그리기: 그 다음에는 중심 이미지에서 중심 이미지를 설명하는 내용들을 묶어 낼 수 있는 가지를 굵게 뻗어 나갑니다. 이 가지들 위에 단어를 쓰거나 그림으로 가지의 내용을 표현합니다. 이미지의 중심에서 뻗어 나가는 이 가지들은 주제를 확실하고 두드러지게 드러내도록 선명하고 굵은 선으로 그리고, 각각 다른 색을 사용합니다.

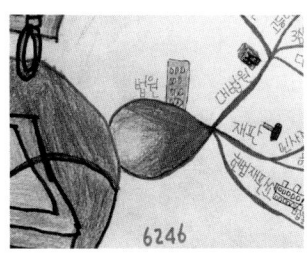
삼권분립

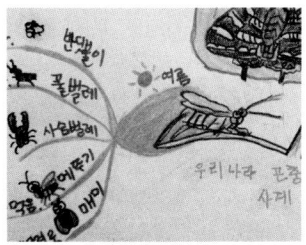
곤충의 사계

주가지 그리기 예

③ 부가지 그리기: 이제 주가지에서 부가지로 뻗어 나갈 차례입니다. 주가지에서 부드럽게 바깥쪽으로 가지를 펼쳐 나갑니다. 이 부가지는 주가지의 내용을 보충·설명해 주는 내용입니다.

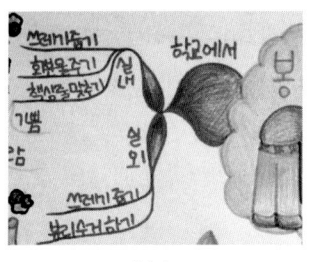
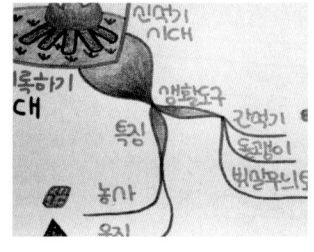

봉사               선사시대

부가지 그리기 예

④ 세부가지 그리기: 부가지를 더 자세히 보충해 주는 세부가지를 만듭니다. 이 가지들은 그림, 글자 혹은 그림과 글자를 혼합해서 써도 됩니다.

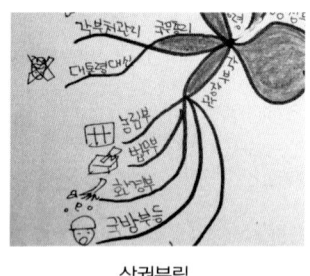
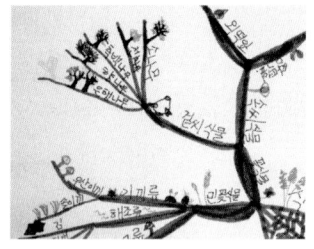

삼권분립               식물

세부가지 그리기 예

### 3. 마인드맵의 다양한 활용 방법

① 교과 마인드맵: 수업 시간에 교과별로 적절하게 활용합니다.

② 동시 마인드맵: 교과 시간과 재량 시간에 활용할 수 있습니다. 동시의 주제가 중심 이미지가 되고, 주가지는 '연'이 되며, 부가지는 '행'이 되고, 세부가지에는 느낀 점이나 적고 싶은 내용을 간략하게 적으면 됩니다.

③ 동화 마인드맵: 독후 활동으로 활용할 수 있습니다. 중심 이미지는 그 책의 주제를 드러낼 수 있는 이미지로 그리고, 부가지는 인물, 사건, 배경 등을 중심으로 자유롭게 그립니다. 단, 너무 길지 않게 적고, 이미지를 적극 활용합니다.

## ✏️ 협동 학습 기술

협동 학습은 학교 현장에서 모둠 활동의 형태로 흔히 이루어지고 있는데 그 외에도 활용할 수 있는 몇 가지 협동 학습 기술을 소개하겠습니다.

### 1. 공 주고받기

교실에 공을 미리 준비해 놓습니다. 맞아도 아프지 않은 고무공이 좋습니다. 학년 초에 학생들의 이름을 모르거나 발표를 자연스럽게 시키고자 할 때 많이 활용합니다. 교사가 발문을 한 후에 공을 던지면 그 공을 받은 학생이 대답을 합니다.

### 2. 릴레이 말하기

교사는 다양한 답이 나올 수 있는 질문을 제시하고 학생들은 정해진 시간 안에 자신의 생각을 돌아가며 말합니다. 학생 모두에게 말할 수 있는 기회를 제공할 수 있고, 타인의 의견을 존중하는 공동체 의식을 기를 수 있습니다.

### 3. 발언 카드

발언 카드는 모둠 토의 과정에서 학생들이 동시에 말하는 것을 막고, 모둠원 모두에게 공평한 발언권을 주기 위한 도구입니다. 모둠원들에게 발언 카드를 정해진 수만큼 주고, 주제에 대해서 말할 때마다 발언 카드를 하나씩 제시하며 말하게 합니다. 모둠원들이 발언 카드를 다 쓸 때까지 이후의 활동을 진행하지 않고 기다리게 합니다. 이런 방법을 통해서 한 학생에게 발언권이 집중되는 것과 무임 승차자가 발생하는 것을 막을 수 있습니다.

### 4. 롤링페이퍼
종이 한 장에 모둠원이 돌아가며 제시된 문제 또는 주제에 대해 글을 씁니다.

### 5. 모둠 퀴즈 대회
① 각 모둠별로 문제 카드를 만듭니다.
② 모둠원 번호 1번 학생이 문제 카드를 제시합니다.
③ 모둠원 번호 2번 학생은 카드를 뽑고, 문제를 큰 소리로 읽은 후 시간을 잽니다.
④ 정해진 시간 안에 모둠원 번호 3번 학생이 답을 합니다.
⑤ 모둠원 번호 4번 학생이 답을 점검합니다. 문제를 맞히면 칭찬해 주고 틀렸으면 정답을 알려 줍니다.
⑥ 역할을 바꾸어서 모둠원 모든 학생이 문제를 해결할 수 있도록 합니다.

### 6. 하얀 거짓말 찾기
어떤 주제에 대해 모둠원들이 한 문장씩을 작성하고 거짓말 문장 하나를 만들어 이것을 글로 완성하여 발표합니다. 다른 모둠원들은 이것을 듣고 거짓말 문장을 찾습니다.

### 7. 카드 게임
① 카드를 만들어 앞면에는 문제를, 뒷면에는 답을 적어 놓습니다.
② 짝 또는 모둠원들이 돌아가며 문제를 뽑아 답합니다.
③ 카드를 뒤집어 답을 확인한 후 맞혔으면 칭찬합니다.


# 읽기 지도는 이렇게

## ✎ 역할을 나누어 읽어요

4학년 2학기 읽기 교과서 58쪽을 보면 〈소쩍새를 사랑한 떡갈나무〉라는 글이 나옵니다. 이 글을 국어 시간에 어떤 방법으로 읽을 수 있을까요?

물론 여러 가지 방법이 있습니다. 교사가 직접 읽을 수도 있고, 발음이 정확하고 목소리가 낭랑한 학생을 지명하여 읽게 할 수도 있으며, 모둠원이 함께 소리 내어 읽을 수도 있고, 눈으로 읽는 묵독의 방법도 있습니다. 또한 학생들이 '빼앗아 읽기'를 할 수 있으며, 한 줄씩 차례로 읽는 방법도 있습니다. 여러 가지 읽기 방법 중 여기에서는 '입체읽기' 방법을 소개합니다.

처음 한 번은 정해진 시간 안에 모두가 정독을 합니다. 그리고 몇 명의 등장인물이 나오는지 파악한 후 학생들에게 그 역할을 나누어 줍니다. 물론 대화글이 아닌 부분을 읽을 해설자도 필요하겠지요. 역할을 나누어 맡은 친구들은 실감나게 감정을 살려서 인물

들이 서로 대화를 주고받는 것처럼 읽습니다. 이러한 입체읽기의
방법은 학생들의 읽기 수업 참여율을 높이고, 학습에 대한 흥미와
관심을 높일 수 있는 활동이 될 것입니다.

### 🖍 극중 인물을 인터뷰해요

국어와 도덕 교과서를 보면 다양한 인물이 등장합니다. 때로는
학생들이 이야기를 정독하여 읽고, 기자가 되어 극중 등장인물을
인터뷰하는 과정의 활동으로 읽기 학습을 할 수 있습니다. 다음은
〈소쩍새를 사랑한 떡갈나무〉를 인터뷰 형식으로 한 책 읽기 방법
입니다.

먼저 소쩍새 역할로 인터뷰할 학생 세 명을 뽑습니다. 소쩍새 1,
2, 3은 실제 등장인물 소쩍새가 되고, 다른 친구들은 기자가 되어
인터뷰를 합니다.

기 자 1  소쩍새 1에게 질문하겠습니다. 왜 남쪽 나라로 날아가지 못
        했습니까?
소쩍새 1  가족을 잃어버려서 가지 못했습니다.
기 자 2  소쩍새 3에게 질문하겠습니다. 왜 가족을 잃어버렸습니까?
소쩍새 3  제가 잠든 사이에 가족들이 남쪽 나라로 떠나 버렸습니다.

이러한 활동은 학생들의 기지와 상상력을 발휘하도록 해 주고,
보다 적극적·분석적·심층적인 태도로 글을 읽는 습관을 형성하
는 데 도움을 줍니다.

이러한 활동은 특히 도덕 교과의 가치 갈등 상황에서 어떻게 하

는 것이 옳은 것인지 가치판단을 내릴 때 유용하게 활용할 수 있습니다. 4학년 2학기 도덕 교과서 60쪽을 보면, 공정이라는 주제로 〈왕자를 감옥에 가둔 왕〉이라는 글이 실려 있습니다. 다음은 그 줄에서 아들을 감옥에 가둔 왕과 왕자를 가두지 않은 신하를 인터뷰한 내용입니다.

기자 　어째서 아들인데도 감옥에 가두었습니까?

왕 　아들이 법을 어겼기 때문입니다.

기자 　아들이 당신을 원망하지 않을까요?

왕 　원망해도 어쩔 수 없습니다. 왕이 법을 지켜야 백성도 지킬 것이라고 생각했습니다.

기자 　당신은 왜 왕자가 법을 어겼는데도, 감옥에 가두지 않았습니까?

신하 　왕자가 자신을 감옥에 가두면 아버지께 말씀드려 혼내겠다고 했습니다.

기자 　그렇다면 당신도 법을 어긴 것이 아닙니까?

신하 　왕자니까 조금 봐주어도 된다고 생각했습니다.

기자 　백성들에게 부끄럽지 않습니까?

신하 　네, 잘못되었다고 생각합니다.

이런 활동은 내용 파악뿐 아니라 학생들의 이해력을 높이는 데 도움이 되며, 등장인물의 입장과 생각을 이해하며 읽기 때문에 학생들의 흥미도 높일 수 있습니다. 또한 학생들 스스로 내용을 파악하고 질문하여 수업 분위기가 고조되고 재미있는 수업으로 진행할 수 있습니다.

## 🔖 교사와 함께 글을 읽어요

흔히 교사는 학생들에게 "○○쪽부터 ○○쪽까지" 혹은 "○○부터 ○○까지 읽어요."라고 글을 읽으라고 한 후, "여러분, 다 읽었죠?"라고 묻습니다. 그러면 학생들은 당연히 "네, 다 읽었어요." 하고 대답합니다. 그렇지만 과연 학생들이 '글'을 읽은 것일까요?

교과서에 제시된 많은 지문들은 행간의 의미를 파악해야 하는 것들이 많고, 글자보다는 문장 중심으로 읽어야 하는 것들이 많습니다. 하지만 독해력이 부족한 학생들은 교육과정에서 요구하는 수준으로 글을 읽을 수가 없습니다.

그럼 어떻게 하면 좋을까요? 바로 교사가 학생들과 글을 읽으며 질문, 설명, 토의를 해야 합니다. 그렇게 하면 학생들은 그 글에 더 많은 관심을 가지게 되고, 더 재미있다고 느끼게 됩니다.

예를 들면, 〈옥계천에서〉라는 글을 학생과 같이 읽으면서 교사가 옛날 이야기하듯 배경 설명도 곁들이고, 간간히 이 문장이 어떤 의미일까 질문도 한다면 학생들은 읽기 수업이 따분하지 않고 재미있는 이야기를 듣는 시간이라고 여기게 될 것입니다.

열두 살 이전까지의 아동은 읽는 것보다 듣는 것을 잘한다고 합니다. 그러므로 초등학교에서는 학생과 함께 글을 읽는 방법으로 글의 내용을 쉽게 파악하고, 재미있는 읽기 시간도 보낼 수 있습니다.

초등학교 고학년에서는 이를 변형하여 교사와 함께 읽었던 방법으로 모둠별로 읽게 할 수도 있습니다. 물론 이때에는 각 모둠에서 읽기 능력이 뛰어난 학생을 활용하는 것이 더 좋습니다.

이와 같이 글을 읽으면 글의 내용을 제대로 파악하지 못하여 물음에 답하지 못하거나 학습 목표에 도달하지 못하는 경우를 많이 줄일 수 있습니다. 또한 학생들은 모르는 단어를 문장 속에서 찾는 습관을 기를 수 있고, 단어의 의미를 잘 몰라 문장 이해를 어려워하는 학생들도 읽은 내용을 바르게 이해할 수 있습니다. 이를 통해 글을 읽고 생각을 나누는 수업에 흥미를 가지고 참여할 수 있습니다.

# 마음 밭을 가꾸는 시 교육

'아름다운 글'에는 사람의 마음을 감동시킬 수 있는 힘이 있습니다. 아름다운 글 중 '시'는 감동이라는 힘을 통해 마음을 움직여서 학생들의 인생 전체에 영향을 줄 수도 있습니다.

시는 순수한 마음을 운율에 담아 낸 글로, 학생들이 자신이 겪은 일을 떠올려 보고 감정이입 활동을 해 봄으로써 맑고 고운 마음을 기르게 해 줍니다. 또한 시는 자신의 생각과 느낌을 자유롭게 표현할 수 있기 때문에 학생들의 창작 능력을 길러 주고 표현력을 향상시켜 줍니다. 그러나 시는 산문과 달리 함축적으로 표현되어 있기 때문에 학생들에게는 매우 어려운 문학 갈래로 느껴질 수 있습니다. 그렇다면 효과적인 시 지도는 어떻게 해야 할까요?

## 효과적인 시 감상 지도 방법

시는 머리가 아닌 마음으로 느껴야 하는 문학 갈래입니다. 그런데 국어 시간에 시를 지도하다 보면 중심 생각 찾기나 비유적 표현 알기 등의 국어 지식적인 측면에 치우치는 경향이 있습니다. 학생들에게 흥미를 주면서도 깊이 있는 감상을 하려면 어떻게 해야 할까요?

**1. 눈을 감고 시와 어울리는 그림을 머릿속으로 그려 봅니다**

학생들의 눈을 감게 하고 교사가 분위기에 맞게 시를 낭독합니다. 그러면서 학생들에게 떠오르는 장면을 상상해 보게 합니다. 그리고 천천히 감정을 담아 시를 다시 들려줍니다. 눈을 감은 상태에서 교사는 학생들에게 무슨 그림을 그렸는지 질문합니다. 학생들이 무엇을 그렸는지 대답하면, 교사는 바로 그것이 '시의 중심 글감'임을 알려 줍니다.

**2. 그림에 색을 입혀 봅니다**

교사가 시를 다시 들려주면서 이번에는 앞에 그린 그림에 색칠해 보게 합니다. 일정한 시간을 준 후 어떤 색으로 칠했는지 물어봅니다. 이때 흰색, 파랑, 연두색, 녹색 등으로 칠했으면 시원한 느낌을 주는 시이고, 노랑, 주황, 분홍색, 황금색 등으로 칠했으면 따뜻하고 밝은 느낌을 주는 시이며, 검정, 갈색, 회색 등으로 칠했으면 어두운 느낌을 주는 시임을 알려 줍니다.

**3. 유사한 분위기의 시를 들려줍니다**

공부했던 시와 중심 글감, 주제, 분위기가 비슷한 시들을 찾아 들려주고 앞에서 살펴본 방법으로 감상하다 보면 학생들은 더 쉽게 시에 접근할 수 있을 것입니다.

**4. 제목을 추측해 보게 합니다**

시를 낭독한 후 제목을 추측해 보게 합니다. 정답이 아니더라도 시의 내용과 어울리거나 주제에 맞는 제목들은 모두 인정해 줍니다.

## ✏️ 시 창작 지도

자신의 생각을 말이나 글로 표현해 낸다는 것은 어려운 일입니다. 언어를 구조화하여 글로 표현하는 것 중에서도 시를 쓴다는 것은 더욱 어려운 일입니다. 초등학생들에게 시 쓰기를 지도하는 방법에는 무엇이 있을까요?

첫째, 시의 형식적인 방법을 지도합니다. 시와 산문의 다른 점 알기, 연과 행을 나누는 방법 알기, 산문의 분량을 줄이고 생략하여 운율 있는 언어로 표현하는 방법 알기, 시의 일부분을 바꾸어 보는 방법 알기 등이 해당됩니다.

둘째, 학생의 생각과 느낌을 표현할 수 있는 방법을 지도합니다. 학생들이 자유롭게 생각과 느낌을 표현할 수 있도록 해야 합니다. 형식에 얽매여 시 쓰기를 어렵다고 느끼게 하면 안 됩니다. 바람직한 시 창작 지도는 형식적인 요소와 독창적인 내용이 유기적으로 녹아드는 기회가 될 수 있도록 하는 것입니다.

그렇다면 좋은 시를 쓰게 하려면 어떤 요소들을 중심으로 지도하는 것이 좋을까요?

첫째, 본보기가 되는 좋은 시들을 많이 읽고 시의 분위기에 빠져 봅니다.

둘째, 시의 글감을 찾아봅니다. 봤던 것, 겪은 일 등을 이야기하면서 글감을 찾아냅니다.

셋째, 시를 쓸 때 의성어, 의태어를 넣어 눈에 보이듯 생동감 있게 씁니다. 또한 운율을 살려 노래하듯이 쓰면 더 좋습니다.

　넷째, 쓴 내용을 간결하게 다듬고 친구들과 생각을 나눕니다.

　끝으로 한 편의 시로 작품화합니다.


## 역할놀이로 도덕 시간을 즐겁게

　교사들이 도덕 수업에서 가장 어려워하는 내용은 도덕적 가치를 학생들에게 이해시키고 내면화하는 과정일 것입니다. 이는 학생들에게 도덕 시간을 재미없고 따분한 시간으로 생각하게 만듭니다. 도덕 수업을 재미있고 즐겁게 하는 방법은 없을까요?

　도덕 수업이 좀 더 흥미롭고 감화를 주는 시간이 되기 위해서는 수업 내용에 맞는 수업 모형을 적용해야 합니다. 우선 도덕 시간에 활용할 수 있는 수업 모형은 학년별로 약간의 차이가 있습니다. 저·중학년의 경우에는 역할놀이 수업 모형이 학생들의 발달 단계상 적합하고, 중·고학년으로 올라갈수록 다양한 가치와 덕목에 대한 이해와 그에 따른 판단이 가능하므로 가치 명료화 수업 모형이나 집단 탐구 수업 모형, 개념 분석 수업 모형 등이 적합합니다.

　교사들이 도덕 시간에 가장 많이 선호할 뿐만 아니라 도덕과 교과서에서 비중이 높은 것은 역할놀이 수업 모형입니다. 역할놀이 수업 모형은 학생들에게 학생들 주변의 여러 가지 상황과 관심 있는 문제를 다루고 있어 그에 대해 생각하게 하는 기회를 제공해 줍니다. 그리고 이에 대한 학생들의 반응을 행동으로 표현하도록 합니다. 학생들에게 주어지는 상황은 가공된 것이기 때문에 학생들은 실제 상황에서 벌어지는 이야기를 여러 가지 방법으로 표현해 보고, 이를 함께 체험할 수 있습니다.

역할놀이와 역할극은 비슷한 듯 보이지만 몇 가지 차이가 있습니다. 가장 큰 차이는 바로 극본의 제공 여부입니다. 역할놀이는 설정된 특정 상황만 주고, 주어진 상황 속에서 인물들이 어떤 행동이나 대화를 할 것인가를 학생이 직접 생각하여 표현해 보도록 하는 데 비해, 역할극은 주어진 상황 속에서 인물들이 행동할 극본을 미리 만들어 제공하고, 그대로 표현해 보도록 하는 것입니다. 따라서 역할놀이는 도덕 수업에서, 역할극은 국어 수업에서 중요하게 다루어지고 있습니다.

도덕 교과서에 제시된 역할놀이 상황 이외에도 예화의 문제 사태나 모범적인 사례들을 약간만 조정하면 역할놀이 상황으로 바꿀 수 있습니다. 교과서는 학생들의 마음에 직접 와닿는 소재가 아닐 수 있기 때문에 현재 이슈가 되고 있는 문제, 영화나 TV 드라마 내용, 현재 학급에서 일어나는 일을 문제 상황으로 제시하는 것이 효과적일 수 있습니다.

역할놀이 수업에서는 역할 연기도 중요하지만 참관하는 태도, 내용에 대한 토의·토론 활동으로 학생들에게 도덕적 판단력을 길러주고 내면화시키는 과정이 중요합니다. '왜 그렇게 행동했을까?' '나라면 어떻게 행동했을까?' '그렇게 했을 때 상대방의 마음은 어땠을까?' 등을 생각해 보고 표현하게 합니다. 또한 역할놀이 후에 재시연 활동도 빼 놓지 말아야 합니다. 재시연 방법에는 여러 가지가 있는데 가장 많이 적용되는 방법은 역할놀이를 참관하면서 역할놀이 결과를 학생과 함께 평가하고 가장 우수한 모둠이 재시연을 하는 것입니다. 이때 문제 상황에 대한 모범적인 행동이나 대안을 삽입하여 표현해 보게 하는 것도 좋습니다.

역할놀이 수업을 학생들이 가장 좋아하는 이유 중 하나는 바로 역할놀이 소품 때문입니다. 이러한 역할놀이 소품은 교실에 항상 비치해 놓는 것이 좋습니다. 대표적인 역할놀이 소품으로는 인물의 특징을 나타낼 수 있는 의상, 액세서리, 안대 및 안경, 붕대, 가발, 모자 등이 있습니다. 소품을 사용하지 않을 경우에는 맡은 역할의 이름을 적은 목걸이와 머리띠를 사용할 수도 있습니다. 역할놀이 수업에 머리띠 하나만 사용해도 학생들의 반응에 큰 차이가 있습니다.

# 재미있는 수학 수업 만들기

### ✏️ 수학 수업, 이런 방법은 어때요?

수학 수업을 진행하면서 단위 수업 시간에 느끼는 몇 가지 공통적인 애로사항이 있습니다. 그중에서 수준이 다른 학생들을 지도하는 방법, 교구 사용 등 교사가 느끼는 불편함을 어떻게 해소하면 좋을지 소개합니다.

### 1. 개념 형성 수업에서는 용어를 직접 제시하지 않습니다

예를 들면, '전개도'라는 용어를 도입하고 개념을 설명할 때 목표나 학습 안내에 전개도라는 용어 대신 도형의 펼친그림을 준비합니다. 그리고 펼친그림을 붙여 놓고 뜻을 설명한 뒤 전개도라는 말을 학생들로부터 이끌어 냅니다. 그러고는 다시 펼친그림을 떼어 내고 그 자리에 전개도라는 용어를 쓰고 개념 설명을 합니다.

이렇게 하면 전개도라는 말을 잊지 않고 아울러 펼친그림이 머릿속에 영상으로 남아 학생들이 더 쉽게 이해하고 잘 기억할 수 있을 것입니다.

### 2. 교구를 찾거나 제작하여 조작 활동을 하게 합니다

수학적 지식은 개념적 지식과 절차적 지식으로 분류되기도 하는데 초등 수학에서 가르치는 대부분의 내용은 절차적 지식에 해당됩니다. 이러한 절차적 지식의 형성은 수학적 원리의 이해가 뒷받침될 때에 효과적이며 이러한 수학적 원리의 대부분은 귀납적 방법으로 이해시키는 것이 효과적이라고 합니다. 이때 원리를 이해하고 탐구하는 데는 구체물 조작 활동이 좋습니다.

**예 1**

직육면체와 정육면체의 겉넓이를 알아볼 때 직접 펼쳐 보면 각 면을 보고 여섯 개의 면이 어떻게 보이는지 알 수 있습니다. 직육면체는 여섯 개의 면이 두 개씩 같아서 세 면만 구하면 된다는 것을 알게 되고 정육면체는 여섯 개의 면이 모두 같으므로 한 면의 넓이만 구하면 쉽게 겉넓이를 구할 수 있다는 것을 알게 됩니다. 이 활동으로 공식을 만들어 내게 됩니다.

**예 2**

원기둥의 전개도를 알아볼 때도 원기둥 상자를 직접 펼쳐 보아야 두 밑면이 합동인 것을 눈으로 보고 잊지 않을 뿐 아니라 옆면의 가로 길이가 밑면의 둘레의 길이의 합이라는 것도 쉽게 이해가 될 것입니다.

### 3. 단위 시간에 평가하고 수준별 학습을 전개합니다

수준별 학습은 공부를 잘하는 학생들에게는 수학 시간을 재미있게 만들며, 학업이 부진한 학생들에게는 학습 결손을 해소하는 방법이 됩니다. 때문에 반드시 수준별 학습을 전개해야 합니다. 간단한 형성 평가로(1~2분 이내에) 부진한 학생과 잘하는 학생들을 판별하여 5분 이내의 수준별 학습으로 학생의 수준에 맞는 맞춤식 수업을 합니다.

### ✎ 생각하고 말로 풀어요

"3+8은 얼마라고 생각합니까?"

"11이라고 생각합니다."

"왜 그렇게 생각했습니까?"

"……."

수학 수업 시간에 학생들과 공부하다 보면 "왜 그렇게 생각했습니까?"라는 말이 자주 나옵니다. 그럴 때 학생들은 대답을 하지 못하기도 하고, "그냥요." 또는 "계산하면 그렇게 돼요."라고 대답하곤 합니다. 또한 어떤 학생들은 이미 알고 있는 내용인데 왜 설명해야 하는지를 의아해하며 의문의 눈빛을 보내기도 합니다. 이런 행동이나 대답은 문제를 풀고 답만 맞히는 데 익숙해져 문제를 해결한 과정을 설명하거나 왜 그렇게 했는지에 대한 이유를 이야기하는 것에 부담을 느끼기 때문입니다.

'초등학교에서 수학은 어떤 방법으로 접근해야 할 것인가?' 라는 의문이 생깁니다. 무조건 공식이나 원리를 외워 문제를 해결하도록 하는 것이 아님은 분명합니다. 구체적으로 어떻게 접근해야 하는지를 알기 위해서 초등학교 수학 교육의 방향을 알아보겠습니다.

초등 수학 교육에서는 실생활의 문제 상황을 수학적 사고로 이해하고, 수학적 문제 해결력을 신장하는 것을 목표로 합니다. 그러므로 학생들이 실생활에서 수학적 사고가 필요한 상황을 이해하고, 수학을 활용하여 문제를 해결하도록 지도해야 합니다. 또한 정형화된 계산만 활용하기보다는 어림셈이나 직관적 풀이 등의 여러 가지 방법을 사용하여 해결하도록 이끌어야 합니다.

앞에서 설명한 초등 수학의 방향으로 나아가기 위해서 다음과 같은 방법을 활용하는 것이 좋습니다.

첫째, 수학 시간에 문제를 푸는 시간보다 생각할 시간을 많이 가져야 합니다. 공식을 외우고 문제를 풀게 하는 것에 수학 교육의 무게중심을 둔다면 문제가 있습니다. 무조건 공식을 암기하고 기계적으로 문제를 푸는 것이 수학 시험 답안지 작성에는 도움이 될지라도 수학적 문제 해결력 신장에는 도움이 되지 않기 때문입니다. 학생들에게 생각할 기회를 주고 한 가지 방법만이 아닌 다양한 방법으로 문제를 해결하도록 하는 것이 수학적 문제 해결력 신장에 바람직합니다.

둘째, 해결 과정을 말로 설명해 봅니다. 학생 자신이 어떤 과정으로 문제를 해결했는지, 왜 그렇게 생각했는지를 말로 표현하는 활동을 통해 학생들은 문제 해결 과정이 어떻게 되는지와 논리적으로 생각하면 수학이 어렵지 않다는 사실을 알게 됩니다. 또한 자신의 생각을 말하면서 문제 해결 과정을 정리할 수 있고, 다른 친구의 해결 방법을 들으며 다른 관점으로 문제를 생각할 수 있음을 알게 됩니다.

수학 시간에는 문제의 답이 맞고 틀림을 알아보거나 주어진 시간 내에 많은 문제를 해결하는 활동보다는 문제를 해결하기 위해서 깊게 생각하고 다양하게 문제를 해결하는 방법을 알아 가는 데 초점을 두어야 할 것입니다.

### ✏️ 분수 개념 지도

학생들이 어려워하는 분수의 개념은 학생들의 실생활과 관련하여 지도할 때 보다 쉽게 접근할 수 있습니다. 물론 1보다 작은 수를 나타내기 위한 수단으로 분수를 사용한다는 것은 교사가 알고 있어야 합니다.

먼저 교사는 학생들이 분수란 똑같은 크기로 나누어진 여러 개의 부분들임을 알게 합니다. 학생들이 전체를 하나의 단위 혹은 세트 안에 들어 있는 개별적인 사물로 이해할 수 있도록 하기 위해서는 여러 가지 방법을 사용해 볼 수 있습니다.

분수가 여러 개의 똑같은 크기로 나누어진 부분이라는 것을 강조하고, 실물을 똑같이 나누어 갖는 활동에 학생을 참여시킵니다. 예를 들어, 크기와 모양이 똑같이 나누어질 수 있는 장난감이나 과자를 학생들이 스스로 똑같이 나누어 갖도록 하거나 피자나 사과 등을 똑같이 나누어 먹도록 합니다.

학생들이 분수가 여러 개의 똑같은 크기로 나누어진 부분이라는 사실을 이해하면 부분을 나타내는 수학적 기호, 즉 $\frac{1}{2}$, $\frac{1}{3}$ 등으로 소개합니다. 부분들을 눈으로 비교하면서 학생들은 '$\frac{1}{2}$'이 '$\frac{1}{3}$'보다 크다는 사실을 알게 됩니다.

# 함께하는 체육 수업

## 🖍 모둠 활동으로 체육 수업을

요즘 학생들을 보면 체격에 비해 체력이 많이 약합니다. 준비운동 후, 운동장 한 바퀴를 도는 것도 힘들어하며, 무섭거나 어려운 활동은 쉽게 포기하는 경향이 많습니다. 어떻게 하면 자신감을 갖고 운동량을 늘려 체력을 향상시킬 수 있을까요? 모둠 활동을 통한 체육 수업을 소개합니다.

모둠은 서로의 얼굴을 익힐 수 있는 네 명에서 여섯 명 정도의 학생으로 구성하며 모둠 활동은 서로 협동하면서 다른 집단과 경쟁하며 놀이하는 학습 방법입니다. 체육 수업을 하다 보면 운동 기능과 체력이 약한 학생들은 게임 활동에서 소외되는 경우가 종종 있습니다. 그래서 모둠으로 활동을 하면 서로 부족한 부분을 도와주고 보완해 줄 수 있습니다.

예를 들어, 저학년 공놀이에서는 여러 가지 신체 특성상 정교한 동작보다는 초보적인 공놀이 기능을 익히는 데 주안점을 두고 지도합니다. 간단한 규칙을 정하여 놀이를 함으로써 구기의 기초를 맛보게 하며 특히 공을 두려워하지 않고 공과 친해지는 데 목표가 있기 때문에 개인적인 기능보다는 소집단의 공놀이 게임을 통해서 공과 친해지면 공놀이 기능도 습득하게 됩니다.

# 국악과 함께 하는 음악 수업

## ♬ 단소 지도는 끈기 있게

단소 지도는 5, 6학년의 음악 교육과정에 나옵니다. 5학년 때부터 단소를 배웠다고 하지만 6학년 2학기가 되도록 단소 소리 내기조차 어려워하는 학생들도 있습니다. 가르치는 교사도 소리를 제대로 내지 못해 어려워하는 경우도 있습니다.

단소를 음악 시간 한 시간 내에 배워서 불기는 어렵습니다. 쉬지 않고 계속 연습하면 힘들고 어지럽기 때문에 포기하는 학생들도 있습니다. 학생들이 단소에 흥미를 가지고 연습할 수 있도록 교사의 끈기 있는 지도가 필요합니다.

### 1. 체크리스트를 활용합니다

체크리스트를 통해 교사에게 검사를 맡도록 하는 것이 좋습니다. 수업 시간에만 단체로 단소 지도를 하면 계속 소리를 내지 못하고 단소에 대한 흥미를 잃는 학생들이 있습니다. 소리가 안 나더라도 검사를 맡도록 하는 것이 좋습니다. 교사가 소리가 안 나는 원인을 찾아줄 수 있기 때문입니다.

### 2. 유리병과 거울을 활용합니다

유리병을 사용해서 소리를 내 보게 하는 것도 좋은 방법입니다. 유리병은 소리 내는 구멍이 크고 단소와 부는 방법이 비슷하여 단소를 불기 전에 연습할 수 있는 좋은 도구가 될 수 있습니다. 또 거울을 사용해 보는 것도 좋습니다. 자신의 입술 모양과 취구의 위치가 정확한지 확인하며 연습할 수 있기 때문입니다. 또한 친구들의 소리 내는 자세와 입술 모양을 자신의 모습과 비교하여 자세를 교정하도록 지도하면 좋습니다. 바르고 안정된 자세에서 맑고 고운 소리가 나오기 때문입니다.

### 3. 바른 자세와 소리 내기 방법을 점검합니다

우선 입술을 자연스럽게 다물게 합니다. 입술에 힘이 너무 많이 들어가도 소리가 안 나기 때문입니다. 둘째, 단소 연주를 관찰해 보면 대부분의 학생들이 바람을 세게 불어서 소리가 안 나는 경우가 많습니다. 단소는 순취악기이기 때문에 세게 불면 소리가 안 납니다. 부드럽게 불도록 지도해야 합니다. 셋째, 단소와 입술과의 각도를 찾습니다. 바람을 불게 하면서 천천히 위아래로 조절해 소리가 잘 나는 각도를 찾도록 합니다. 소리가 나는 학생들 중에도 바람 소리가 많이 섞여 나는 경우가 많습니다. 바람의 세기와 각도를 조절해서 바람 소리가 나지 않을 때까지 연습을 하게 합니다. 넷째, 소리가 계속 고르고 맑게 나기 위해서는 먼저 '태, 황, 무, 임, 중'을 높은 음부터 하나씩 불되 최대한 길고 맑은 소리가 나도록 연습을 하게 합니다. 소리가 잘 나면 〈비행기〉 〈학교종〉 〈무궁화〉 〈고드름〉 등 짧고 쉬운 곡 먼저 연습하게 합니다.

### 4. 재질에 따른 단소의 차이점을 압니다

재질에 따라 소리가 잘 나는 단소가 있습니다. 계속 소리가 나지 않는 학생들은 단소를 바꾸어서 소리를 내 보게 하는 것도 좋습니다. 대나무 단소는 플라스틱 단소보다 바람을 부드럽게 불어야 합

니다. 단소를 떨어뜨리거나 책상에 부딪히거나 하면 소리가 잘 안
나게 되는 경우도 있습니다. 단소를 조심해서 다루는 것도 소리를
잘 내는 데 도움이 됩니다.

### 4. 교사의 시범 연주는 좋은 학습 자료입니다

무엇보다 교사의 멋진 시범이 학생들에게 단소 사랑에 대한 열정
을 불러일으킬 수 있습니다. 전문연주자의 연주 동영상도 학생들에
게 도전이 될 수 있으나 나와는 거리가 멀다고 생각하는 학생들이
많습니다. 단소 수업 전 교사가 열심히 연습하여 〈아리랑〉 〈도라지〉
뿐 아니라 최신 가요 연주를 학생들에게 들려주면 학생들이 단소
에 더 큰 관심을 보일 것입니다. 그것이 어렵다면 단소를 잘 연주
하는 학생들에게 미리 연습을 해 오라고 해서 친구들에게 멋진 연
주를 들려주는 것도 좋은 지도 방법입니다. 교사가 먼저 맑고 고운
단소의 매력에 빠진다면 학생들도 단소 연주에 대한 열정을 가지
게 되지 않을까요? 그리고 끝까지 포기하지 않고 한 사람도 빠짐없
이 소리 내게 하겠다는 다짐으로 단소 지도에 임해야 한다는 사실
도 잊지 말아야 합니다.

### 🖍 우리 가락, 장단에 몸을 싣고

서양 음악의 박은 심장박동 수를 기준으로 하며 피아노로 반주
합니다. 국악의 박은 호흡 수를 기준으로 하며 장구로 반주합니다.
장구는 치는 위치에 따라, 북편과 채편에 따라 소리가 다양하게 납
니다. 이는 서양 음악의 화음과 같은 역할을 합니다.

장구를 지도할 때 단순히 학생들이 장단의 기호와 구음을 익히

고 정확하게 장단을 칠 줄 알게 되면 그것으로 지도가 다 되었다고 생각해서는 안 됩니다. 무엇보다 먼저 국악의 박과 호흡을 이해하고 몸짓으로 느끼는 것이 중요합니다.

현재 고학년의 음악 시간은 64시간 중 22시간이 국악 수업이며 2007년 개정 교육과정에서는 국악 수업의 비중이 음악 수업의 50%가 된다고 합니다. 그러므로 교사는 국악에 대한 기본적인 소양을 갖추고 있어야 하고, 국악에 대한 깊이 있는 이해가 필요합니다.

교과서에 민요가 나올 때마다 항상 나오는 것이 '장단을 치며 노래 부르기'입니다. 음악실에 장구가 있다면 용기 있게 시도해 보라고 말하고 싶습니다. 학생들이 쉽게 국악의 박을 이해하며 장구를 연주하도록 하는 장구 지도 방법을 소개합니다.

| 하 | 나 | 아 | 두 | 우 | 울 | 세 | 에 | 엣 | 네 | 에 | 엣 |
|---|---|---|---|---|---|---|---|---|---|---|---|
| △ | | | △ | | | △ | | | △ | | |
| 덩 | | 기덕 | 쿵 | 더러러러 | | 쿵 | | 기덕 | 쿵 | 더러러러 | |

〈굿거리장단 지도 방법의 예〉

첫째, 오른손으로 세모를 그리며 입으로 "하나아, 두우울, 세에엣, 네에엣"을 천천히 같은 박자로 반복해서 말합니다. 정간보 한 칸에 세모 변 하나씩 그리고, 빨라지지 않도록 연습합니다.

둘째, '하' '두' '세' '네'를 좀 더 크게 소리 내고 나머지는 작게 소리 냅니다. 이런 활동을 통해 강약을 살립니다.

셋째, 장단과 몸의 움직임이 하나되는 과정입니다. "하나아"에 몸을 위아래로 부드럽게, 약간 둥글게 한 번 움직입니다. 굿거리장단의 경우 위아래 몸을 네 번 움직이는 것입니다. 목의 움직임도 몸의 움직임에 따라 자연스럽게 움직여 줍니다. 몸의 움직임과 호흡의 구음이 하나가 되도록 계속 반복합니다.

넷째, 오른손으로 세모를 그리며 굿거리장단의 구음을 입으로 말합니다. 구음을 입안에서 웅얼거리지 말고 배에 힘을 주고 크게 말합니다. 이때 "기덕"이 빨라지기 쉽습니다. 세모 변을 그릴 때 두 번째 세모 변을 그리며 "기"가 나오는 경우가 대부분입니다. 정확하게 세 번째 세모 변을 그리며 기덕이 입으로 나와야 합니다. 그렇지 않으면 나중에 장구 장단을 치면 점점 박자가 빨라지게 됩니다. 처음부터 장구를 가지고 연습하면 중요한 부분을 놓치기가 쉽습니다. 손으로 기본박을 그리며 구음으로 장단이 익숙해질 때까지 먼저 연습하는 것이 필요합니다.

다섯째, 몸을 위아래로 흔들며 굿거리장단의 구음을 말합니다. 먼저 교사가 호흡의 구음을 선창해 주는 것이 좋습니다. 장구를 직접 치는 것도 중요하지만 구음 연습도 중요합니다.

여섯째, 손으로 무릎을 치며 장단 연습을 합니다. 티슈통이나 빈 상자로 연습을 하는 것도 좋은 방법입니다. 항상 몸을 움직이며 구음과 함께 천천히 연습합니다.

일곱째, 장구를 가지고 연습합니다. 먼저 "덕"만 계속 반복해서 연습합니다. 맑고 정확한 소리가 나도록 해야 합니다. 음악 수업 한 시간 동안 "덕"을 연습해도 모자랄 것입니다. 덕이 자신 있게 잘 되면 "쿵" 그리고 "기덕"을 하나씩 연습합니다. 교사가 장구 지도를 꾸준히 하기를 원한다면 학생들에게 장구채를 하나씩 구입하도록 해서 계속 장단을 연습하는 것도 좋습니다.

장단 하나를 정확하게 치는 데 많은 시간이 필요합니다. 천천히,

정확하게, 구음과 몸짓이 하나가 되도록 연습을 시켜야 합니다. 음악 시간마다 대충 장단의 흉내만 내지 말고 한 번쯤은 학생들에게 정확한 장구의 연주법을 가르치는 것이 필요합니다. 이렇게 차근차근 연습을 시키면 학생들이 장구로 장단 치는 것을 두려워하지 않고 자신감 있고 재미있게 연주할 수 있을 것입니다. 또 국악에 대한 관심도 자연스럽게 생기겠지요?

# 미술 수업을 위한 팁

### 🖍 미적 체험이 필요해요

미술 수업에서 부족한 영역은 다양한 미적 체험입니다. 아무것도 모르는 상태에서 그림을 그리거나 만들기 등을 하면 학생들에게 다양한 작품을 기대할 수가 없습니다.

일반적으로 표현 활동은 자유롭고 즐거운 수업으로 하고 학생들도 자기가 원하는 학습을 하기 때문에 흥미를 보이는 영역입니다. 그러나 미적 체험은 여러 가지 자료를 보여 주는 선에 그칩니다. 처음에는 흥미 있어 하지만 금방 싫증을 냅니다.

미술 시간에 충분한 미적 체험을 경험하기 위해서는 예습 과제로 구상 카드를 줍니다. 미술 과제로 구상 카드를 제시하는 것이 다소 생소할 듯한데, 잘 생각해 보면 그리기에 흥미를 느끼는 학생은 미술 시간뿐 아니라 평소에도 그리기를 자주 합니다. 이는 욕구가 생기거나 미적 체험을 통한 발상이 바로 그리기로 연결되어 더욱 발전된 표현으로 나타납니다.

과제로 제시된 구상 카드에 자신의 작품을 미리 구상하게 되면 미술 시간이 즐거워지고 작품의 완성도와 속도가 빨라집니다.

## ✏️ 크로키 표현 활동

학교 현장에서 미술 지도, 특히 회화 영역을 지도하다 보면 일부 학생들이 자신이 그리고자 하는 내용을 정확하게 표현하지 못하여 미술을 싫어하는 경우가 있습니다. 이러한 학생들에게 좀 더 자신감을 길러 줄 수 있는 방법으로 크로키 지도를 생각해 볼 수 있습니다. 크로키 표현 지도는 다음의 과정을 통해 할 수 있습니다.

첫째, 크로키 연습장을 준비합니다. 연습장은 가격이 싸고 장 수가 많은 스케치북을 권장합니다.

둘째, 연필은 3B나 4B가 적당하나 크로키를 처음 시작하는 학생들은 틀리면 자꾸 지우려고 하기 때문에 처음엔 종이를 벗겨서 쓰는 색연필을 사용하고, 익숙해진 후에 4B 연필, 싸인펜, 붓펜 등 다양한 재료를 사용합니다.

셋째, 크로키의 기초가 되는 선 긋는 요령을 지도합니다. 상하로 움직이기, 좌우로 움직이기, 손에 힘을 주는 정도에 따른 선 긋기, 직선에 변화를 넣어 선 긋기, 곡선에 강약을 넣어 선 긋기 등을 시간나는 대로 많이 연습합니다.

넷째, 크로키는 시간 약속이 중요합니다. 처음 20분 정도에서 조금씩 줄여 나가는데, 2분까지를 목표로 정합니다.

다섯째, 크로키 활동 시간에는 대상을 자세히 관찰하고 끝까지 성실하게 표현합니다. 세 번 보고 한 번 긋기, 잘 보되 손은 자유롭게, 직선을 가진 물체 외에는 직선 긋지 않기 등으로 표현하도록 지도합니다. 또한 위에서부터 아래로 그려 나가는 것을 원칙으로 합니다. 틀렸거나 어색하더라도 지우지 않고 그대로 고쳐서 긋도록 합니다.

크로키를 하면서 학생들이 잘 지키지 못하는 것이 한 번 그은 선을 지우지 않는 것입니다. 가급적 지우지 않고 그 위에 다시 원하는 선을 긋도록 지도하는 것이 좋습니다. 지우개를 아예 올려놓지 않도록 하는 것도 또 다른 방법입니다.

### ✏️ 미술과 서예 지도 방법

미술 수업에서 학생들이 어려움을 느끼는 영역 중의 하나는 서예입니다. 여러 가지 서예 용구를 갖추는 것도 힘들지만 서예를 하기 위한 기초 지도가 안 되어 있어 어려움이 많습니다. 먹물이 옷에 튀고 교실과 복도는 먹물 자국으로 엉망이 됩니다. 또 붓을 학교 화장실에서 빨지 말고 집에 가져가서 빨아 오라고 하면 그다음 미술 시간에 학생들이 지난 시간에 빨지 않아 딱딱해진 붓을 그냥 가져와서 간신히 붓 끝으로 글씨를 쓰는 불상사도 생깁니다. 학생들을 쉽게 지도할 수 있는 방법이 없을까요?

#### 1. 문방사우에 대한 사용법을 지도합니다

① 종이: 먹의 흡수가 잘 되며 쉽게 찢어지지 않는 한지가 좋습니다. 글씨는 종이의 앞뒷면을 구분하여 쓰도록 지도하는데 앞면이 거칠지 않고 매끈한 쪽입니다. 뒷면에 쓰면 먹물이 번져서 연습하기가 어렵습니다. 종이 구입을 학생 각자에게 맡기기보다 학교에서 학습 준비물로 일괄 구매하되, 적절한 크기를 지정해서 주문

하면 서예 지도를 수월하게 할 수 있습니다.

② 붓: 털의 길이에 따라 장봉, 중봉, 단봉이 있으며 털에 탄력이 있는 것이 좋습니다. 학교 앞 문구점에서 쉽게 구입할 수 있는데 너무 저가의 붓은 털이 쉽게 빠져 적절하지 않습니다. 사용 후에는 반드시 물에 빨아서 통풍이 잘 되는 곳에서 말려 보관하도록 하고, 붓말이를 사용하도록 지도합니다.

③ 먹: 먹은 세워서 부드럽게 갑니다. 학교 서예 시간에 먹을 갈아서 사용하기에는 시간이 부족하므로 판매되는 먹물을 사용하는 것도 좋습니다. 먹물은 오랫동안 세워서 보관하면 아래쪽에 침전물이 생기므로 사용 전에 충분히 흔들어서 사용합니다.

④ 벼루: 벼루는 먹을 사용할 때 벼루 전체를 사용하도록 합니다. 사용 후에는 벼루에 먹물이 남지 않도록 깨끗이 닦아서 보관해야 합니다.

⑤ 모포: 서예 연습을 할 때 먹의 흔적이 책상에 남을 수 있으므로 모포를 깔고 하는 것이 좋습니다. 서예 시간에 갖춰야 할 준비물로, 때에 따라서 신문지와 파지를 서예 용지 밑에 깔기도 하지만 굴곡이 생기고 종이에 있는 먹물이 번져서 좋지 않습니다. 반드시 모포를 사용합니다.

### 2. 단계적으로 서예를 지도합니다

첫째, 서예 용구의 특징을 지도합니다. 서예 용구의 특징을 알고 사용하는 것은 좋은 용구를 선택하는 기준이 되며, 서예 학습에 대한 지적인 동기 부여가 됩니다.

둘째, 운필법, 집필법에 대한 지도가 이루어져야 합니다. 바른 자세에서 바른 서체가 형성됩니다. VTR 자료, 사진 자료, 교사의 시범을 통하여 전체적인 지도를 하고, 개인 지도를 통하여 바른 자세를 완성합니다.

셋째, 선 긋기입니다. 좌에서 우로 긋기, 위에서 아래로 긋기, 동그라미 긋기를 지도하되, 중봉의 사용법을 익힙니다. 많은 연습이 필요한 단계이며 충분한 연습이 이루어지면 서예의 기본이 튼튼해집니다.

넷째, 자형에 대한 지도입니다. 서체의 완성을 위하여 접필과 자형에 대한 인지 후에 연습합니다.

다섯째, 본뜨거나 대고 쓰기 지도입니다. 임서를 통하여 바른 서체를 가질 수 있습니다.

여섯째, 작품을 제작하기 위한 단계입니다. 연습을 통하여 완성된 서체를 작품으로 승화하여 아름다움을 느낍니다. 멋지게 완성된 작품은 서예의 매력을 느끼게 합니다.


## 영어와 함께 Step 1, 2, 3

동료 교사들과 영어 수업에 관해 이야기를 나누어 보면 대부분 가장 어려워하는 부분이 '영어 수업을 어떻게 설계해야 할까?' 였습니다. 많은 교사들이 초등 영어 수업이라 하여도 분명 다른 과목과 같은 수업 단계가 있음에도 이것을 실제에 적용하여 수업을 설계하는 것을 어려워합니다. 초등 영어 수업에서 학생들의 흥미를 유발시키기 위해 노래, 놀이, 게임, 역할놀이 등을 다양한 활동을 접목시키는 것은 좋으나 이러한 활동들을 단순하게 나열하여 수업을 구성하는 것에는 무리가 있습니다.

그러면 어떻게 영어 수업을 전개하는 것이 좋을까요? 해결 방법은 다른 교과와 마찬가지로 수업 단계에 맞게 수업을 전개하는 것입니다. '제시-연습-표현'으로 수업을 설계하고 전개하는 것입니다. 그럼 한 걸음씩 전개되는 영어 수업의 구체적인 방법을 알아볼까요?

'Step 1-제시 단계'에서는 학생에게 새 언어 자료를 상황 맥락 속에서 제공하여 언어 자료를 이해하게 합니다. 교사가 언어 요소의 의미나 용법을 그 맥락이나 상황 속에서 제시해 주면, 학생은 제시된 언어 요소를 보고 들으면서 어떤 원칙이나 원리 혹은 주요 개념 등을 정하고 이해할 수 있는 기회를 갖게 됩니다. 언어 자료는 상황을 알 수 있는 대화체로 된 동영상이나 오디오 자료, 교사의 구두 표현 등을 활용하는 것이 바람직합니다. 학생들이 이 단계에서 충분히 언어 자료를 제시 받아야만 다음 단계의 활동을 잘 할 수 있게 됩니다.

'Step 2-연습 단계'에서는 제시된 언어 자료를 학생들이 정확하게 반복하도록 합니다. 교사는 자신의 발화를 최소한으로 줄이고 학생에게 유의적인 다양한 말하기 학습 활동을 구안하여 최대한의 연습량을 제공해 줍니다. 이 단계는 교사의 통제하에 제시된 언어를 반복적으로 따라하거나 말하는 연습을 하는 단계이므로 처음에는 교사가 반 전체 학생들에게 따라 말하게 하고, 그 다음에는 짝 활동, 모둠 활동을 통해 연습할 수 있도록 유도하는 것이 바람직합니다. 그런데 실제 수업에서는 연습 단계를 소홀히 하는 경향이 있습니다. 연습을 충분히 하지 않으면 표현 단계에서의 활동을 제대로 할 수 없으므로 다양한 방법으로 연습 단계를 알차게 전개합니다.

'Step 3-표현 단계'는 새로 제시된 언어들을 사용하여 학생들이 표현하는 단계입니다. 따라서 실생활과 관련된 다양한 활동들로 구성하여 말하고 싶은 욕구가 생기도록 합니다. 예를 들어, 학생들이 배운 내용을 활용한 놀이, 게임, 역할놀이, 챈트, 노래 등은 표현 단계에서 유용한 활동들입니다. 이러한 활동들은 언어를 내재화시켜 유창한 영어를 구사하는 데 도움을 줍니다. 또한 언어 사용에 대한 자신감도 가질 수 있습니다.

이처럼 영어 수업을 전개할 때는 세 가지 활동을 유기적으로 연결하여 수업을 설계합니다. 다양한 표현 활동의 나열이 아닌, 표현 활동을 위해 처음부터 차근차근 새로운 언어 자료를 제시합니다. 그리고 그 언어 자료를 충분히 연습하여 표현 활동을 한다면 학생들의 영어 의사소통 능력이 향상될 것입니다.

# 연산 능력을 키워요

수학에서 더하기와 빼기는 가장 기초적인 학습 능력이지만 연산 능력이 부족하여 손가락을 접었다 폈다 하는 학생들을 종종 보게 됩니다. 연산 능력이 부족한 학생들은 다른 학생들에 비해 계산하는 속도가 느리므로 상대적으로 열등감을 느끼고, 수학에 흥미를 잃게 되기 쉽습니다. 이러한 학생들을 효과적으로 지도하는 아주 간단한 방법이 있어 소개합니다.

1. 처음에는 받아내림과 받아올림이 없는 더하기와 빼기부터 시작하여 점점 단계를 높여 갑니다.

2. 처음에는 약 5분 정도 하다가 훈련이 되면 3분 정도로 줄일 수도 있습니다.

3. 학생들은 바른 자세로 앉아 눈을 감고 교사가 불러 주는 것을 암산합니다.

4. 정답은 쪽지를 준비하여 암산 후 답이 나올 때마다 차례대로 기록했다가 다 끝나면 교사가 불러 주는 답을 듣고 확인합니다.

5. 뒤처지는 학생들이 무리 없이 잘 따라올 수 있도록 처음에는 속도를 천천히 하고, 그 학생들이 익숙해질 즈음 속도를 빠르게 합니다. 처음부터 빠르게 진행하거나 어려운 수를 셈하면 부진한 학생들이 포기할 수 있습니다.

이 방법의 좋은 점은 교사나 학생 모두 특별한 준비 없이 간편하게 언제 어디서나 연습할 수 있다는 점입니다. 수업 중 학생들의 주의 집중이 잘 안 되고 소란스러울 때 주의 집중을 위해 활용해도 효과가 좋으며, 잘 운영하면 부진한 학생들이 수학에 자신감을 가지도록 돕는 유익한 활동이 될 수 있습니다.

# 수업 전개는 대나무 기법으로

교사는 매시간 여러 교과와 과목별 제재에 맞는 학습 방법과 수업 전개를 위한 효과적인 방법을 적용하기 위해 연구에 연구를 거듭합니다.

단위 시간의 학습 목표 달성을 위해 동기 유발은 어떻게 할 것인가, 학습 교구 활용은 무엇으로 할 것인가, 어떠한 수업 모형을 적용할 것인가 등도 매우 중요하다고 할 수 있습니다. 그렇지만 활동 위주의 수업 전개를 할 때에는 무엇보다 '마디 수업'이 이루어지도록 해야 합니다.

'마디 수업'이란, 대나무의 마디처럼 정리가 이루어지면서도 연결이 되는 학습 활동의 전개를 의미합니다. 특히 저학년에서의 활동 전개는 '마디 수업'이 더욱 강조되어야 합니다. 저학년의 특성상 학습 내용의 정확한 마무리와 정리가 이루어질 때 학습 목표 도달이 쉽기 때문입니다. 그러기 위해서는 학습 활동이 덩어리(과도한 학습 분량)로 주어지지 않고, 학생들의 수준에 맞는 적절한 학습 내용과 분량으로 쪼개져서 주어지도록 수업을 설계합니다.

 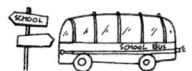

# 07 발문

## 좋은 발문을 위한 조건

효과적인 발문은 학생의 사고를 촉진시키고 수업에 대한 흥미를 높이지만, 그렇지 못한 발문은 오히려 학생들에게 혼란을 줄 수 있습니다. 때문에 성공적인 수업을 위해서는 교사의 발문이 무엇보다 중요합니다. 다음은 효과적인 발문을 위한 조건입니다.

### 1. 명료한 발문

수업을 진행하다 보면 학생들이 발표를 하지 않아 곤혹스러울 때가 종종 있습니다. 발문 내용이 어려워서 답하지 못하거나, 발문 내용 자체를 이해하기 어려워 어떤 답을 해야 할지 망설이는 경우가 있습니다.

교사의 발문은 간결하고 명료해야 합니다. 발문 내용이 막연하고 모호하거나, 발문 내용이 너무 길어 학생들이 어떻게 답해야 할지 망설인다면 좋은 발문이라고 할 수 없습니다.

## 2. 구체적인 발문

국어과 읽기 수업에서 글을 읽고 난 후 교사가 "이 글을 읽고 어떤 생각이 들었나요?"라고 발문했다면 학생들은 어떤 답을 할 수 있을까요? 이처럼 너무 추상적이거나 막연한 발문은 학생들에게 사고의 방향을 잡지 못하게 해서 명확한 답을 기대하기 어렵게 만듭니다. 이 발문이 "글 속의 주인공이 ○○을 위해 한 일은 무엇인가요?" "주인공이 ○○일을 하는 것을 보고 어떤 생각이 들었나요?" 등과 같이 구체적으로 변형된다면 학생들이 좀 더 명료하게 답할 수 있고, 교사는 학생들로부터 원하는 답을 얻을 수 있을 것입니다.

## 3. 개방적인 발문

학생들의 확산적 사고를 자극할 수 있도록 개방적인 발문을 하는 것이 좋습니다. 물론 저학년이나 낮은 수준의 학생에게는 어려울 수 있지만, 점차 높은 수준의 발문(개방적 발문)으로 높여 가는 것이 중요합니다.

개방적 발문의 유형으로는 '가치판단을 묻는 발문' '학생들의 의견이나 해석을 구하는 발문' '자신의 의견에 대한 예나 근거를 묻는 발문' '일에 대한 인과관계를 묻는 발문' 등이 있습니다.

## 4. 수준차를 고려한 발문

학생들은 학년에 따른 차이뿐만 아니라 같은 학년 내에도 수준차가 있습니다. 그러한 학생들의 차이를 생각하지 않고 발문한다면 어떤 학생들은 너무 어려워서 답을 못할 수 있고 어떤 학생들은 너무 쉬워서 흥미를 잃을 수 있을 것입니다. 따라서 교사는 학생들의 수준차를 고려하여 다양한 유형의 발문으로 수업을 이끌어 가는 것이 중요합니다.

### 5. 생각할 틈을 주는 발문

교사들은 발문을 한 후 즉각적으로 학생들이 답하기를 요구하는 실수를 범하기 쉽습니다. 교사가 발문을 하고 3~5초 정도의 시간을 기다리는 것이 필요합니다. 그 시간 동안 학생들은 자신의 답을 생각하고 조직할 수 있습니다.

### 6. 학생의 답에 대한 피드백

학생들이 발표할 때 교사는 학생의 발표를 주의 깊게 들어야 하고, 발표 내용에 대해 칭찬을 많이 하여 학생들에게 발표에 대한 자신감을 주는 것이 중요합니다.

# 좋은 발문 요령

발문은 수업에서 학생들의 사고를 자극하는 가장 중요한 수단입니다. 또한 학생들이 공부하고 싶은 의욕을 심어 주며 학습 방법의 훈련에 도움이 되기도 합니다.

발문은 교과의 특성과 학습 목표에 맞아야 하며, 발문에 사용되는 용어는 직접적이고 명료해야 합니다. 또한 학생들에게 잘 알려진 어휘와 익숙한 문형을 사용하고, 학생 개인의 수준을 고려한 다양한 수준의 발문을 합니다. 다음은 좋은 발문을 위한 요령입니다.

• 단답형 발문은 좋지 않습니다.

- 묻고자 하는 내용을 한 가지씩만 발문합니다.
- 쉬운 내용에서 점차 어려운 내용으로 발문합니다.
- "왜일까?"보다 "무엇일까?"로 묻는 것이 학생들이 답하기에 쉽습니다.
- 발문 후에 학생들이 답할 수 있는 충분한 시간을 줍니다.
- 모든 학생들에게 공평한 기회를 줍니다.
- 발문 목적을 생각하여 발문 내용을 구조화합니다.
- 학생이 응답한 모든 내용에 대하여 따로 정리해 주지 않습니다(늘 교사가 학생 응답을 정리해 주면 학생들의 듣는 태도가 나빠지게 됩니다.).
- 본질을 묻지 말고 현상을 묻습니다.
- 교실 정중앙에서 학생들의 시선을 집중시킨 후 발문합니다.
- 때로는 정답과 반대되는 발문으로 정답을 찾게 합니다.
- 교사가 발문하고 교사가 답하는 자문자답의 발문은 하지 않습니다.
- 묻고자 하는 내용을 구체적으로 묻습니다.

이 외에도 다양한 발표 방법을 사용하여 학생들의 흥미는 물론 수업의 집중도도 높일 수 있습니다. 단순히 손을 든 학생들 위주의 지명 발표가 아니라 발문 내용에 따라서 하고 싶은 사람이 자율적으로 일어나서 발표하기, 앉은 상태에서 모두 대답하기, 모둠원끼리 순서대로 일어나서 발표하기, 각 모둠에서 해당되는 번호의 학생들만 순서대로 발표하기, 줄 발표하기 등 다양한 방법이 있습니다. 물론 이때는 발문의 내용과 수준에 맞게 전개해야 합니다. 예를 들면, 누구나 답을 아는 "우리 학교의 이름은 무엇입니까?"라고 발문하는 데 굳이 누군가를 지명해서 대답하게 할 필요는 없겠죠. 단순한 발문은 모든 학생들이 앉아서 대답해도 문제가 되지 않습니다.

반면에 비효율적인 발문에는 예상한 해답을 강조하는 발문이나 여러 차례에 걸쳐 반복하는 발문, 교과서대로 대답하게 하는 발문, 상대편을 곤란하게 하는 발문 등이 있습니다. 이에 덧붙여 학생의 응답에 귀 기울여 듣기는 교사가 반드시 지켜야 할 기본 자세입니다.

# 좋은 발문을 위한 제언

### 쉽게 답할 수 있는 발문을 생각해요

발문에 대한 중요성은 백 번을 강조해도 지나치지 않습니다. 발문을 통해 학생들의 사고를 유도함으로써 학습 목표에 도달할 수 있기 때문입니다.

흔히 좋은 발문은 단순히 기억의 재생을 요하는 발문보다 확산적·창의적 사고를 요하는 발문이나 추론적 발문 또는 적용적 발문이라고 합니다. 그러나 발문에 대한 지당하고 원론적인 이야기에도 불구하고 효과적인 발문을 하는 것은 결코 쉬운 일이 아닙니다. 어떤 발문이 좋은 발문일까요? 우선 좋은 발문은 학생들이 쉽게 답할 수 있는 발문이어야 할 것입니다. 학생들이 쉽게 답할 수 있는 발문이라고 해서 단순 기억 재생 발문이라고 오해해서는 안 됩니다. 다음 예를 살펴보겠습니다.

가창중심 학습 유형에 따라 즐거운 생활 교과의 단원 1차시 '노래 부르기'라는 주제로 수업을 할 때, 교사는 보통 첫 번째 활동으로 제재곡을 들려준 다음 제재곡의 분위기를 파악하는 활동을 합니다. 이때 학생들에게 던지는 발문 두 가지 유형을 살펴보겠습니다.

| 발문 A | 발문 B |
|---|---|
| 이 노래를 들어 보니 느낌이 어때요? | 이 노래를 들어 보고 무엇이 하고 싶어졌나요? |
| 이 노래는 어떤가요? | 이 노래를 들으니까 떠오르는 장면은 무엇인가요? |
| | 이 노래를 들으니까 어디 가고 싶어요? |

발문 A와 발문 B 중에서 어느 발문에 학생들이 대답하기 쉬울까요? 물론 발문 B에 응답하는 것이 쉬울 것입니다. 또한 발문 B는 노래의 분위기나 느낌을 말하는 것에서 끝나지 않고, 노래와 함께 어떤 활동으로 이어지는지 암시하거나 확인할 수 있다는 장점도 가지고 있습니다. 특히 저학년 통합 교과의 경우에는 '노래 부르기'가 다른 활동(신체 활동 및 표현 활동)과 연계되는 경우가 많아서 이런 발문이 단원 전체의 학습 효과를 높이는 데 도움을 줄 수 있습니다.

'생각이 잘 드러나게 말하기'라는 주제의 수업에서, 이유를 들어 말하기의 중요성을 강조할 때에도 "왜 이유를 들어가며 말해야 할까요?"보다 "이유를 들어가며 말하면 좋은 점은 무엇일까요?"라고 발문하는 것이 더 효과적입니다. '왜'에 대한 발문보다는 '무엇'에 대한 후자의 발문에 학생들은 더 활발하고 다양한 응답을 보이기 때문입니다.

대답하기 쉬우면서도 다양한 사고 활동을 유도함과 동시에 단위 차시 수업의 핵심 내용에 접근할 수 있는 발문이라면 그것보다 좋은 발문은 없습니다. 우리는 보통 확산적·창의적·추론적·적용적 발문의 중요성을 강조하지만, 이에 더해서 쉽게 대답할 수 있는 발문이 무엇인지를 함께 고민한다면 수업의 성공을 예견할 수 있을 것입니다.

### ✏️ 발문도 구조화할 수 있어요

모든 발문이 확산적·창의적·추론적·적용적 발문이어야 할까요? 단순 기억 재생 발문은 부적절한 것이거나 지양해야만 하는 것일까요? 이를 '발문의 구조화'라는 관점에서 교사가 학생에게 던지는 발문의 순서와 내용 및 수준을 중심으로 생각해 보겠습니다.

다음은 2학년 2학기 수학과의 4단원 5차시 '받아내림이 있는 (세 자리 수)−(세 자리 수)의 계산'* 이라는 주제로 수업할 때, '[활동 1] 어림셈을 해 나가기'의 과정으로 교사의 발문과 학생의 응답이 이어지는 모습입니다.

발문 1  246 빼기 127은 몇 백 몇 십쯤 될까요?

학생들  (학생들은 금방 계산이 되지 않는지 얼른 답을 하지 못합니다.)

발문 2  246 빼기 127이 얼마쯤 되는지 알아보려면 어떻게 해야 할까?

학생 1  어림셈을 합니다.

　　　　(이미 전 시간에 어림셈을 해 보아서 쉽게 답합니다.)

발문 3  어림셈을 하려면 어떻게 해야 하지요?

학생들  (학생들이 선뜻 대답하지 못한다.)

발문 4  어림셈을 하려면 무엇을 알아보아야 할까요?

학생 2  246이 어느 수에 가까운지 알아보아야 합니다.

---

* 학년, 단원, 차시, 주제는 제7차 교육과정에 해당됨.

| 학생 3 | 127도 어디에 가까운 수인지 알아보아야 합니다. |
|---|---|
| 발문 5 | 아주 잘 알고 있네요. 그럼, 246이 어디에 가까운 수인지 수직선으로 알아볼까요? 자, 여기 수직선을 보세요. |

(교사는 왼쪽 끝엔 240, 가운데에는 245, 오른쪽 끝엔 250이 표시되어 있는 수직선을 보여 줍니다.)

| 발문 6 | 여기 수직선에서 246은 어디쯤일까요? 누가 한 번 나와서 표시해 볼까요? |
|---|---|

(학생들은 전 차시에 이미 해 본 것이라 너도 나도 손을 듭니다. 한 학생이 지명 받아 나와서 지시봉으로 245 약간 오른쪽을 가리킵니다.)

| 발문 7 | 진아가 가리킨 곳이 맞나요? |
|---|---|
| 학생들 | 예, 맞아요! |

(일제히 답하지만, 교사는 그냥 넘어가지 않습니다.)

| 발문 8 | 진아가 가리킨 곳이 정말 맞아요? 다르게 생각하는 친구도 있나요? |
|---|---|

(아무도 손을 드는 학생이 없습니다.)

| 발문 9 | 그럼, 246은 어디에 가깝다고 할 수 있을까요? |
|---|---|
| 학생 4 | 250입니다. |
| 발문 10 | 아주 잘 말했어요. 그러면 246은 얼마쯤 된다고 할 수 있을까요? |
| 학생 5 | 250쯤 된다고 할 수 있습니다. |

(250을 칠판에 쓰고 나서 교사는 127도 같은 방법으로 130이라는 어림수를 찾아내 칠판에 씁니다.)

| 발문 11 | 어림수를 찾아냈는데 그 다음에는 무엇을 해야 할까요? |
|---|---|
| 학생 6 | 뺄셈을 합니다. |

발문 12  모두 그렇게 생각하나요?

학생들  예!

발문 13  그럼 누가 뺄셈식을 말해 볼까요?

학생 7  250 빼기 130입니다.

발문 14  250 빼기 130? 맞습니까?

학생들  예, 맞아요!

발문 15  그럼, 지금 각자 골든벨 판을 꺼내어 계산해 보세요.

(학생들은 각자 골든벨 판을 꺼내 계산을 한 후, 답을 확인하고 골든벨 판을 엎어놓은 다음 저마다 손을 듭니다. 받아내림이 없는 계산이라 모두 쉽게 계산합니다.)

발문 16  이제 답을 알아볼까요? 누가 답을 말해 볼까요?

학생 8  예, 120입니다.

발문 17  120? 맞습니까?

학생들  예, 맞아요!

발문 18  혹시 다른 답 없을까요?

학생들  없어요!

발문 19  그렇구나. 난 120인 줄 몰랐어요.

(교사가 유머를 섞어 재미를 더 합니다.)

그럼, 우리가 지금까지 무엇을 했죠?

학생 9  어림셈이요.

발문 20  맞아요. 어림셈했더니 120이 나왔어요. 그럼, 어림셈을 하지 않고 246 빼기 127을 계산하면 얼마가 될까요?

학생 10  119입니다.

발문 21  119! 광한이가 119라고 했는데, 맞나요?

학생들  예, 맞아요.

발문 22   그럼, 광한이가 대답한 119가 정말 맞는지 [활동 2]를 하면서
          알아봅시다.
          (칠판의 [활동 2]로 표시를 옮깁니다.)
          [활동 2]에서는 수 모형을 사용해서 246 빼기 127 계산을 해
          보도록 할 거예요.
          (교사는 수 모형을 어떻게 놓아야 하는지에 대하여 발문을 던지
          며 [활동 2]를 시작합니다.)

   이 수업 장면에서 교사는 다양한 발문을 던졌습니다. 교사가 던
지는 발문들 중에는 단순히 확인하거나 사실을 묻는 발문에서부터
사고가 필요한 발문까지 다양합니다. 이 수업 장면에서 볼 수 있는
발문 중에 발문 7, 발문 12, 발문 14, 발문 17 등과 같은 발문들은
모두 대답을 이끌어 낸 발문들입니다. 이런 발문들은 지양해야 하
는 것일까요? 모두 답을 요하는 이런 발문들을 빼 버리면 더 좋은
것일까요? 꼭 그렇지만은 않습니다. 수업의 자연스러운 흐름을 위
해 이런 발문 또한 적절하게 활용될 필요가 있습니다. 그러므로 어
떤 발문이 좋은 발문인가, 그렇지 않은가 하는 것은 발문 그 자체
만 놓고 판단하기보다 하나의 활동에서 이루어지는 여러 가지 발
문들이 적재적소에 배치되어 있는지를 보는 것이 더 중요합니다.
   단순히 기억을 재생시키는 발문에서부터 추론적·확산적 발문에
이르기까지 수업의 흐름 속에서 필요한 역할을 할 수 있도록 구조
화한다면 일제 답을 요하는 발문이나 단순 기억 재생 발문도 수업
의 효과를 높이는 데 꼭 필요합니다. 단순히 발문 하나를 놓고 효과
적인 발문인지 아닌지 판단하기보다 구체적이고 명확한 발문이 활
동에 따라 적절하게 구조화되어 있는지 판단해야 할 것입니다.

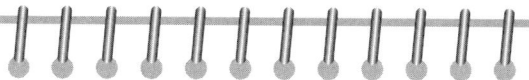

## 학생들의 대답과 시선에 속지 말자

수업을 하며 때로는 학생들의 대답과 시선에 속을 때가 있습니다. 학생들이 안다고 하는 것이 모두 아는 것이 아니며, 바라보고 있다고 실제로 보고 있는 것도 아닙니다.

수업 중에 학생 활동이나 친구들의 발표, 교사의 설명을 다 들은 후 학생들에게 "이해했습니까?" "알겠습니까?"라고 물어봤을 때 백 명이면 백 명 모두 "예."라고 대답합니다. 하지만 학생들에게 다시 설명해 보라고 하면 제대로 설명하지 못하거나, 들은 내용을 다시 말하지 못하는 학생들이 많습니다. 또는 교사가 말했던 것을 그대로 말할 수는 있으나 전혀 다른 의미로 해석하고 있는 경우도 있습니다. 다시 말해서 학생들은 정확히 모르고 있는 것입니다. 심지어는 교사의 설명을 집중하여 들은 것 같은데도 전혀 이해하지 못한 경우도 있습니다. 겉으로는 교사의 설명을 집중하며 듣는 듯 보였지만, 머릿속으로는 다른 생각을 했던 것입니다.

이런 경우에 어떻게 해야 할까요?

우선 친구의 발표나 교사의 설명을 들은 후에 다른 말로 그 내용을 다시 설명하게 하는 방법이 있습니다. 물론 이때 학생들에게 메모를 병행하게 하되, 메모하는 기술도 가르쳐 주어야 합니다. 잘못하면 받아 적기만 하고 듣지 못하는 경우도 발생하기 때문입니다. 그렇게 하면 학생들이 무엇을 모르는지, 혹은 교사가 설명할 때 잘못 사용한 용어는 무엇인지 등을 찾을 수 있고, 다시 한 번 반복해서 설명함으로써 학습 부진을 예방할 수 있습니다.

다른 방법으로는 학생들이 서로 다른 말로 설명하도록 하는 방법이 있습니다. 친구가 설명한 내용을 다른 학생이 다른 용어로 설명하도록 합니다. 이럴 경우 학생들의 어휘 실력도 많이 향상되며, 특히 학습 내용의 의미를 정확하게 알게 하는 데 효과가 있습니다. 그리고 학생들이 가지게 될 오개념을 예방하는 데에도 도움이 됩니다.

마지막으로 잘못 알아들었을 경우에 절대로 꾸짖어서는 안 됩니다. 학생들은 수업의 내용을 잘못 알아들었거나 못 알아들었을 때에도 질문 없이 그냥 넘어가려고 하는 경우가 많습니다. 이것은 선생님에게 수업 내용을 제대로 안 들었다고 혼날 거라고 생각하거나 친구들에게 창피를 당한 거라고 생각하기 때문입니다. 따라서 교사는 수업 중 학생들이 모르는 것은 다시 한 번 설명해 달라고 당당하게 부탁하는 학습 분위기를 조성하도록 노력해야 합니다.

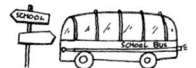

# 08 학습 자료

　1학년 수학 시간에 '5까지의 수' 단원 중 순서수를 지도할 때였습니다. 학생들에게 자기가 가장 받고 싶은 선물을 순서대로 다섯 가지를 적으라고 했습니다. 대부분의 학생들은 게임기를 첫 번째로 받고 싶다고 답했습니다. 받고 싶은 이유는 참으로 간단명료했습니다.

　"게임을 하면 재미있기 때문에 게임기를 갖고 싶습니다."

　"게임을 하면 좋잖아요. 생일 선물로 받고 싶어요."

　"신나고 즐거워요. 갖고 싶어요."

　교사가 수업을 할 때도 이렇게 학생들이 신나고 재미있게 공부하면 얼마나 좋을까요? 재미있게 지도할 수 있는 학습 자료를 적절하게 활용하면 '맨손 수업' 보다 학습 목표에 도달하기가 수월할 것입니다.

# 학습 자료 만들기, 어렵지 않아요

## 🖍 교과서도 훌륭한 학습 자료

교육과정을 가르치는 것이지 교과서를 가르치는 것이 아니라고 이야기합니다. 교과서는 하나의 표준화된 학습 자료일 뿐이고, 학생들의 능력 수준에 따라 학생들의 경험 등을 재구성하여 활용할 수 있는 도구이기 때문입니다. 하지만 교과서를 불신한다든지, 교과서를 많이 사용하면 실력이 없다든지 하는 생각이 과연 옳을까 생각해 봐야 합니다. 학습 내용이 가장 잘 정리되어 있고, 학생들의 수준까지도 고려된, 학습 목표에 도달함에 있어 무엇보다 유용한 교구는 교과서가 아닐까요? 교과서의 글, 삽화나 사진, 도표의 내용은 교사가 직접 수집할 수 있는 자료보다 훨씬 유용한 것이 많으며, 가장 기초적이고 기본적인 학습 내용을 담고 있습니다. 또한 교사가 가르쳐야 할 교육과정을 가장 잘 다루고 있다고 할 수 있습니다.

그러므로 교사는 우선적으로 교과서에 실린 글과 그림이 어떤 핵심적인 정보를 담고 있는지 살펴봐야 합니다. 예를 들어, 과학 교과서에 나와 있는 암석 그림은 암석 종류에서 가장 대표적인 암석을 나타내며, 태양의 고도 관련 삽화는 시간에 따른 태양의 움직임을 통해 그 삽화만 가지고도 태양의 고도를 절기별로 측정할 수 있게 해 주는 유용한 정보를 담고 있습니다. 또한 사회 교과서에 나와 있는 여러 사회 현상을 기술한 용어들은 시민으로 살아가는 데 필요한 가장 기본적이고, 핵심적인 용어들입니다. 읽기 교과서에는 읽기 전 활동에 활용할 수 있는 그림이 수록되어 있어 학생들이 글의 내용 파악을 더 쉽게 할 수 있도록 해 주며, 수학 교과서에 제시되어 있는 여러 문제 상황들은 그 차시 내용을 학습함에 있어 가장 기본적인 내용, 필수적인 내용을 담고 있다고 할 수 있습니다.

따라서 교사는 교과서에 나와 있는 그림과 글을 소홀히 해서는 안 되며, 교과서의 글과 그림이 담고 있는 핵심적인 정보를 충실히 파악한 후에 그것을 학습 목표에 도달하기 위한 도구로 효과적으로 활용해야 합니다.

## 교과서의 자료도 보관만 잘 하면 보물

수학 교과서와 수학 익힘책 그리고 영어 교과서의 뒷부분에는 수업에 활용할 수 있도록 각종 카드를 비롯한 학습 자료가 준비되어 있습니다. 이것들은 대개 교육과정 활동에 따라 한 번 이용하고 버리게 됩니다. 그러나 교사가 이런 자료들을 조금만 신경 써서 보관하고 활용하면 유용한 학습 자료가 될 수 있습니다.

수학 수업에 많이 활용되는 숫자 카드는 학년별로 반복하여 제시되고 있습니다. 이것을 코팅하여 사용하면 교사가 시간을 들여 만들 필요가 없는 재활용이 가능한 자료가 됩니다. 숫자 카드뿐 아니라 칠교놀이, 각종 도형 등의 자료도 코팅해서 보관하면 유용합니다.

또한 여러 수업이나 게임에 많이 활용되는 주사위도 힘들여 만들거나 살 필요 없이 수학 교과서에 실린 자료를 활용하면 좋습니다. 잘 오려서 투명 테이프로 깔끔하게 붙이면 아무리 세게 던져도 소리가 나지 않는 종이 주사위가 됩니다. 플라스틱이나 천으로 만든 것보다 훨씬 작은 크기라 학생들이 쓰고 나서 교사가 보관하기 수월하며, 필요할 때 꺼내 쓸 수 있습니다.

## 막대기 하나도 유용해요

1, 2학년 교과 중 즐거운 생활은 음악, 미술, 체육 영역의 통합교과인데, 게임이나 신체적 표현 활동 위주의 학습을 전개하기 위해서 운동장에 나가 수업을 하게 되는 경우가 있습니다. 운동장 수업에서 1, 2학년을 교사 혼자서 통제하며 학생들의 안전과 질서를 신경 쓰기란 대단히 어려운 일입니다.

이때 효과적인 학습 전개를 위해 긴 막대기 한 자루가 매우 유용하게 쓰일 수 있습니다. 수업 전에 미리 선을 표시해 놓아야 하겠지만, 그렇게 하지 못했을 경우에 막대기로 기준점을 표시하거나, 학생들이 정렬해야 할 대형을 표시하거나, 줄을 그려 놓습니다. 그러면 자연스럽게 정렬이 이루어져 교사가 바라는 대로 학생 통제가 쉽게 이루어집니다.

또한 운동장에 막대기로 그린 조그만 원을 활용하면 통제가 어려운 학생도 쉽게 질서를 유지하게 할 수 있습니다. 조그만 원 하나를 막대기로 그린 후 1분 동안 원 안에서 나오지 않기로 약속합니다. 학생이 질서를 지키지 않았을 때 원 안에 1분간 세워놓았다가 시간이 되면 원의 일부분을 지워 출입문을 만들어 그 학생을 나오게 해 줍니다. 이런 과정을 통해 그 학생뿐 아니라 나머지 학생들도 질서를 지켜야 함을 배우게 됩니다.

이처럼 주변에서 쉽게 구할 수 있는 막대기 한 개도 활용 방법에 따라 매우 유용한 학습 자료가 될 수 있습니다.

# 학습 자료를 만들어 봐요

## ✏️ 학습 자료 만들 때 고려할 점

다음과 같은 사항을 고려해야만 목표와 때에 맞게 활용할 수 있는 학습 자료를 만들 수 있습니다.

첫째, 학생들이 조작하기가 쉬워야 합니다. 학습 자료는 학생들이 사용하는 것이므로 학생들의 눈높이에 맞게 만들어야 합니다. 만약 학습 자료를 사용하는 데 어려움이 있다거나 조작 시간이 많이 필요하다면 학습 자료가 수업을 방해할 수도 있습니다. 예를 들어, 놀이판을 만들 때에는 내용과 활용 방법을 간단하게 만들어야 하는데, 학생의 수준을 고려하지 않고 놀이판에 함정을 많이 만들어 놓는다거나 놀이 방법을 어렵게 고안한다면 학습 자료를 가지고 즐겁게 공부하기가 어려울 것입니다.

둘째, 수업과 연관된 내용으로 구성해야 합니다. 학습 자료는 본시 학습 목표를 달성하는 데 효과적으로 사용되어야 하므로 그 수업과 연관된 내용이어야 합니다. 단지 재미만 추구하여 수업과 연관 없는 내용으로 구성한 학습 자료는 의미가 없습니다. 예를 들어, 주사위를 만든다면 본시 수업과 관련된 그림 자료를 활용하여 만들어야지, 단지 수업 시간의 구색만 갖추자는 식으로 놀이 활동을 위한 주사위를 만드는 것은 바람직하지 않습니다.

셋째, 학생의 흥미를 유발시킬 수 있어야 합니다. 학생의 특성이나 관심 분야를 파악하여 눈길을 끌 수 있는 소재나 방법을 선택해 학습 자료로 만듭니다. 예를 들어, 요즘 학생들에게 인기 있는 캐릭터나 책의 주인공을 소재로 학습 자료를 제작한다든지, TV 프로그램이나 영화 내용을 패러디하여 학습 자료를 제작한다면 학생들의 학습 동기를 북돋아 주는 효과를 기대할 수 있을 것입니다.

## 🖍 프레젠테이션 자료 제작하기

교과의 종류에 관계없이 가장 많이 사용되는 학습 자료 중 하나는 프레젠테이션 자료입니다. 인터넷상에 있는 여러 자료들은 활용할 수는 있지만 교사의 의도를 100% 표현하기에는 부족합니다. 학습 목표에 적합한 학습 자료가 되기 위해서는 적절한 구성과 가공 과정을 거쳐야 합니다. 이때 프레젠테이션 자료 구성 방법에 관한 몇 가지 팁을 알고 있다면 학습 자료를 만드는 데 유용합니다.

첫째, 프레젠테이션의 기본 자료인 교과서의 그림이나 국어의 듣기 자료, 음악의 반주 자료 등은 edunet(http://www.edunet4u.net/)에서 쉽게 찾을 수 있습니다. 이들 중 그림 자료는 되도록 큰 것을 찾아 제작 시 그림이 깨지는 현상을 줄이도록 합니다.

둘째, 프레젠테이션에 다양한 종류의 자료를 삽입합니다. 동영상, 그림 파일, 소리 파일을 적절하게 넣어 수업 의도에 알맞은 순서로 사용할 수 있다는 점은 교사가 프레젠테이션을 제작하는 데 드는 여러 가지 수고를 잊게 합니다. 수업에 활용되는 자료는 되도록 모두 프레젠테이션에 삽입하여, 각기 다른 프로그램을 사용할 때 생기는 시간 낭비 때문에 생기는 주의 분산을 막도록 합니다.

셋째, 수업을 하다 보면 활동과 활동 사이에 프레젠테이션 자료가 필요 없는 경우가 있습니다. 만약 동기 유발에 활용할 내용을 담은 프레젠테이션 자료를 사용하고 나서 공부할 문제와 학습 활동을 안내할 때에도 그대로 두면 학습에 방해가 됩니다. 그렇기 때문에 TV를 껐다가 다음 활동에 프레젠테이션이 필요할 때 다시 켜야 하는데, TV 기종에 따라 시간이 지체되기도 합니다. 이때 프레젠테이션 자료와 자료 사이에 슬라이드를 삽입하고 화면 전체 크기의 검은 사각형을 넣어 실제로는 TV를 끄지 않지만 텔레비전을 끈 것과 같은 효과를 얻을 수 있습니다.

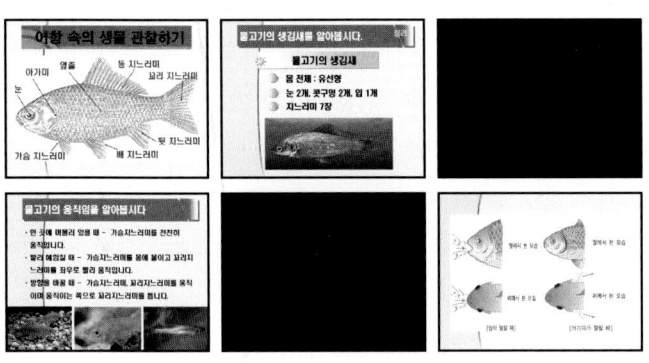

## 🖍️ 수업에 활용할 자료 만들기

앞에서도 언급하였듯이 학습 목표를 달성하기 위해서는 '맨손 수업' 보다 적절한 학습 자료를 이용하는 것이 더 효과적입니다. 그런데 학습 자료를 만드는 데 시간과 노력이 너무 많이 들면 그다음부터는 자료를 만들고자 하는 의욕이 줄어들 수 있습니다. 최소한의 노력으로 학습 자료를 만들어 최대한 활용할 수 있다면 교사 입장에서 이상적이고, 학생 입장에서도 유익할 것입니다.

영어 수업에 많이 쓰이는 학습 자료인 주사위, 퍼즐, 동영상 제작을 예로 교사의 1%의 노력으로 200% 활용도를 낼 수 있는 몇 가지 방법을 소개합니다.

## 1. 주사위 만들기

단원마다 주사위를 달리 만들면 번거로울 뿐만 아니라 주사위 개수도 많아야 합니다. 우유팩을 이용해 주사위를 모둠 수대로 여섯 개에서 여덟 개 정도 만듭니다. 그리고 벨크로를 주사위 각 면에 붙이고 단원이 바뀔 때마다 주사위에 붙일 그림 카드만 달리 준비하여 사용합니다. 주사위에 'Bomb!' 'One more chance!' 를 붙여 놓으면 흥미를 더할 수 있습니다. 또한 주사위판은 따로 만들지 않고 점수판을 모둠원의 수대로 만들어 단원에 상관없이 쓸 수 있도록 하는 것도 좋습니다.

## 2. 퍼즐 만들기

어휘 학습을 하는 데 유용한 퍼즐을 손쉽게 만들려면 인터넷에서 무료로 제공 받을 수 있는 퍼즐 만들기 프로그램을 이용합니다.

예를 들면, 'puzzle maker(http://www.puzzle-maker.com/)' 에서 교사가 원하는 단어를 입력하여 cross word puzzle이나 word search puzzle을 만들 수 있어 쉽게 활용할 수 있습니다.

## 3. 동영상 제작하기

캠코더가 있다면 동영상 촬영 후 프리미어나 윈도우 무비메이커를 이용해 편집하여 제작하면 됩니다. 그러나 필요한 동영상 촬영을 할 수 없다면 인터넷 사이트에서 필요한 동영상을 검색해 찾은 다음 캠타시아 프로그램을 이용하여 캡처하고 필요한 만큼을 자르거나 붙여 원하는 자료를 만들도록 합니다. 단, 저작권상의 문제가 있는지 주의해야 합니다. 널리 알려져 있는 관련 사이트로는 'youtube (http://kr.youtube.com/)'가 있는데, 영어 자막이나 영어 음성을 원할 경우, 검색창에서 검색해서 필요한 자료를 찾습니다. 노래 가사가 들어 있는 동영상이 필요할 때는 'lyrics+영어 노래 제목'으로 검색합니다. EBS 영어 방송(http://www.ebse.co.kr/)도 유용한 사이트입니다. 그 밖에 아리랑TV(http://www.arirang.co.kr/)를 통해 한국 문화와 역사에 관련된 동영상도 얻을 수 있습니다.

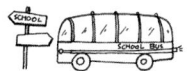

# 09 주의 환기

## 재미있는 수업을 위한 놀이 활동

### 학생의 눈과 귀를 모아요

수업에서 학생의 주의 집중 정도는 학업 성취와 밀접한 관련이 있습니다. 학생들이 교사의 말이나 또는 다른 학생의 말에 주의를 기울이게 하는 것은 아주 중요한 일이면서도 어려운 일입니다. 특히, 주의 집중 시간이 짧은 초등학생들을 40분 동안 수업에 빠지게 하기는 어렵습니다.

수업을 시작하거나 마무리할 때, 학생들의 주의를 집중시킬 수 있는 놀이로 다음과 같은 방법을 활용하면 자연스럽게 수업으로 연결시킬 수 있습니다.

### 1. 침묵 신호

침묵 신호는 학생들이 교사의 행동을 똑같이 따라하도록 해서 교사에게 집중하게 하는 방법으로, 학생들을 조용하게 하고 집중하게 하는 데 소비하는 시간과 에너지를 줄이는 간단한 방법입니다. 학생들을 주의 집중시켜야 할 때 또는 모둠 활동 중에 발생한 소란스러움을 조절할 때 사용하면 효과적입니다. 주의 집중이 필요한 순간에 교사가 손을 들면 가까이 있는 학생들이 손을 들고 이어서 다른 학생들도 따라하게 합니다. 마치 연못에 돌을 던졌을 때 조용히 파문이 이는 것과 같습니다. 손을 들어 신호를 보내는 것 말고도 여러 가지 신호를 변형하여 사용할 수도 있습니다.

- 손 신호: 손을 수평 또는 수직으로 움직여 시끄러운 소리를 줄어들게 합니다.
- 소음 온도계: 교실의 소음이 올라갈 때마다 온도를 높여 나가 학생들이 스스로 인식하도록 합니다.
- 소리 조절 카드: 소리를 조금 줄여야 하는 모둠에는 옐로우 카드를 주고, 너무 소란스러운 모둠에는 레드 카드를 제시하여 학생들이 반성하도록 합니다. 조용히 모둠 활동을 열심히 하는 모둠에는 칭찬 카드를 제시하여 격려합니다.

## 2. 종소리 횟수 맞히기

교사가 종을 1초에 한 번씩 세 번 정도 치고 "몇 번?" 하고 묻습니다. 학생들은 "세 번이요."라고 대답합니다. 그 다음에는 2초 간격으로 세 번 치고 10초 정도 쉬었다가 마지막으로 한 번 더 칩니다. 교사가 "몇 번?" 하고 물으면 학생들은 "네 번이요."라고 대답할 것입니다. 하지만 네 번이 아니라 여덟 번이라고 답하면서 치지 않은 숫자까지 더해서 세라고 알려 줍니다. 이번에는 3초 간격으로 세 번 치고 15초 정도 있다가 교탁을 한 번 더 치고 묻습니다. 답을 가르쳐 주고 이번에는 5초 간격으로 치고 1분간 기다렸다가 치면 학생들이 쉬고 있는 동안의 박자를 세느라 차분해집니다. 이렇게 집중시킨 후 수업에 들어가면 좋습니다.

### 3. 땅 따당 게임
교사가 '땅' 하면 학생들은 '따당'을 하고, 교사가 '따당' 하면 학생들은 '땅'을 합니다. 만약 교사가 '땅 따당' 하면 학생들은 '따당 땅'이라고 말합니다. 소리 없이 입 모양과 손 모양으로만 하는 것도 학생들의 주의 집중 효과를 높일 수 있습니다.

### 4. ○모둠 짝짝짝
모둠별로 차례대로 돌아가며 '○모둠 짝짝짝(♪ ♪♩ ♪ ♪ ♪)' 하며 박수를 칩니다. 한 모둠이 끝나면 이어서 다음 모둠이 같은 방법으로 박수를 칩니다. 이 놀이가 익숙해지면 좀 더 복잡한 박수 리듬을 만들어 사용합니다. 학급뿐만 아니라 학년 전체를 주의 집중시킬 때에도 효과적입니다.

### 5. 눈 감고 시간 재기
교사의 신호에 따라 학생들이 일정 시간 동안 눈을 감게 하고 그 시간을 재어 보는 놀이입니다. 시간은 30초에서 1분 사이가 적당합니다. 갑자기 소란스러워졌을 때 효과적인 방법입니다.

### 6. 허수아비
일반적으로 알고 있는 '얼음 땡' 놀이와 비슷한 방법입니다. 교사가 '허수아비'라고 하면 학생들은 움직이지 말아야 합니다. 정해진 시간이 지나면 교사는 학생을 등지고 서서 '허-수-아-비'라고 말하면서 천천히 뒤를 돌아봅니다. 그동안 학생들은 자기의 자리에서 바른 자세를 취해야 합니다.

### 🖍 운동장 놀이는 재미있어요

학생들은 놀이를 통해 또래 집단끼리의 친밀감을 높이고, 집단 내에서의 여러 가지 상호작용을 통해 사회성을 기르기도 합니다. 학교 교육을 통해 학생들에게 여러 가지 놀이에 대한 정보를 제공하고, 학생들 스스로 놀이를 할 수 있는 분위기를 조성하는 것이 필요합니다. 다음은 학교에서 할 수 있는 놀이의 방법입니다. 체육 시간이나 재량 활동 시간을 이용하면 학생들이 정말 즐거워합니다.

#### 1. 통일 놀이
① 두 편으로 나누고 공격과 수비를 정합니다.
② 공격은 한라 지역에서, 수비는 공격 지역의 사이에서 수비합니다.
③ 공격자는 수비를 피해 백두 지역까지 가서 돌아옵니다.

④ 수비는 공격자가 건너지 못하게 공격자를 손으로 쳐서 막
   니다.
⑤ 공격자가 수비자를 밀어 수비 지역에서 벗어나게 하면 수비
   자도 아웃됩니다. 이때 놀이가 너무 과열되어 다치는 학생이
   발생하지 않도록 주의해야 합니다.
⑥ 공격자와 수비자 모두 선을 밟으면 아웃됩니다.

**2. 달팽이 놀이**

① 운동장에 다음과 같은 그
   림을 그리고 편을 나누어 한
   편은 바깥쪽에, 다른 한 편
   은 안쪽에 줄을 맞춰 앉아
   있습니다.
② 출발과 동시에 달려 나가서
   상대편을 만나면 가위 바위
   보를 합니다.
③ 이긴 편은 계속 달리고, 진
   편에서는 다음 사람이 달려 나옵니다.
④ 계속 가위 바위 보에서 이겨서 상대편 진을 밟으면 1점을 획득
   합니다.

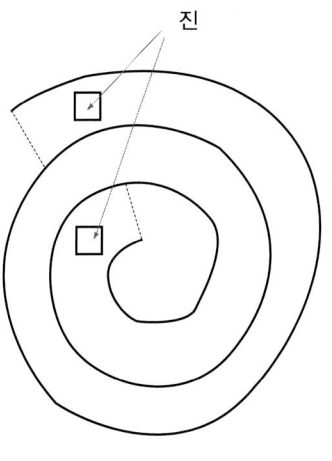

놀이에 익숙해지면 변형하여 게임을 할 수 있습니다. 학생들
이 가장 좋아하는 것은 쌍달팽이 놀이입니다. 양쪽에 두 개의 달
팽이를 그리고 양쪽 달팽이 안쪽에서 출발하여 그림과 같은 방
법으로 놀이를 진행합니다.

## 3. 망줍기

① ⓐ ⓑ, ⓓ ⓔ, ⓖ ⓗ는 두 발을 벌려서 딛고 ⓒ와 ⓕ는 각각 한 발로 딛습니다.

② 망은 ⓐ 칸부터 던지고 시작합니다.

③ 망이 있는 칸은 들어가지 못하고 다음 칸부터 들어갑니다.

④ 망은 돌아오다가 바로 전 칸에서 줍습니다. 예를 들어, ⓐ에 있는 망은 ⓑ에서, ⓗ에 있는 망은 ⓖ에서 줍습니다.

⑤ ⓒ에서 아웃이 되었다면 다음에는 ⓒ부터 시작합니다.

⑥ ⓗ까지 성공하면 하늘로 던집니다. 하늘까지 가서는 망을 발등 위에 올려놓고 위로 차 올려 손으로 잡고 다시 돌아오면 성공입니다.

⑦ 하늘까지 성공하면 뒤돌아서서 망을 던집니다.

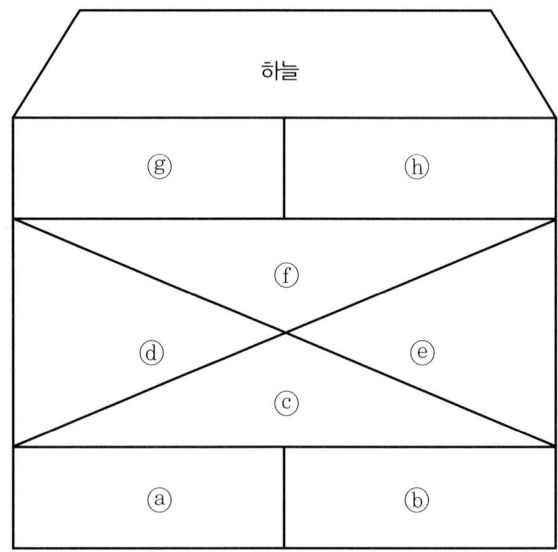

⑧ 땅이 들어간 칸이 자기 땅이 됩니다. 자기 땅에는 표시를 하고 두 발로 디딜 수 있습니다.

⑨ 다른 사람의 땅에는 들어갈 수 없으므로 건너뜁니다.

⑩ 땅을 많이 따거나 상대방이 뛰어넘을 수 없어 포기하면 놀이에서 이깁니다.

이 외에도 땅따먹기, 진놀이, 8자놀이, 십자놀이 등이 있습니다.

## 🖍 수업에 빠져들게 하는 영어과 학습 놀이

학습 목표를 보다 재미있게 달성하기 위해 많은 교과에서 게임을 활용합니다. 특히 영어과 수업에서는 교과서의 매 차시마다 거의 게임이 제시되어 있는데, 영어를 사용하게 할 수 있기 때문에 게임 활동을 많이 활용합니다. 이처럼 게임을 활용한 수업은 설명식 수업에 비해 학생들이 보다 즐겁고 능동적으로 학습에 참여합니다.

분위기를 환기시켜 학습에 집중하게 하고, 동시에 재미있게 학습 목표를 달성하게 하는 영어과 게임에는 무엇이 있을까요? 게임을 준비하는 데 많은 노력이 소요되지 않고, 학습 내용만 바꿔 여러 단원에서 응용할 수 있는 영어과 게임을 소개합니다.

### 1. Fruit Cocktail

'당신은 당신의 이웃을 사랑하십니까?' 놀이와 비슷한 게임으로, 한 가지 질문에 대해 여러 가지 답을 익혀야 하는 경우에 유용하게 활용할 수 있습니다.

우선 모든 학생들이 각자의 의자를 들고 교실 뒤나 여유 공간에 하나의 원 형태를 만들어 앉습니다. 한 명의 학생(시작이므로 잘하는 학생을 지목하는 것이 좋습니다)을 원의 중심에 세우고, 그 학생의 의자는 원에서 치웁니다. 교사는 그 시간에 익혀야 할 문장을 세 개 정도 선정하여 각 학생에게 한 문장씩 부여해 줍니다. 예를 들어, 5학년 13단원의 'What did you do yesterday?'에 대한 대답을 아래의 ①번부터 ③번까지 순서대로 정해 줍니다.

① I played soccer.
② I went shopping.
③ I studied English.

교사의 신호에 따라 학생들이 "What did you do yesterday?"라고 질문을 하면 원 안의 학생이 세 가지 답 중에서 한 가지를 선택하여 말을 합니다. 자신의 문장이 선택된 학생들은 모두 일어나 새로운 자리를 찾아 갑니다. 게임에 익숙해지면 두 개 이상의 문장을 말하게 하여 더 많은 학생들이 움직일 수 있도록 합니다. 이때 주의할 점은 원 가운데에 있는 학생의 말이 끝날 때까지 나머지 학생들을 기다리게 하는 것입니다.

## 2. One-line Bingo

많이 하는 게임 중 하나인 Bingo 놀이는 쉽고 재미있지만, 학생마다 Bingo를 완성하는 시간차가 크기 때문에 통제가 어렵다는 단점이 있습니다. 이러한 단점을 보완해 주는 One-line Bingo는 Bingo 놀이를 보다 재미있고 특별하게 즐길 수 있는 방법입니다.

다음과 같이 한 줄로 된 빙고판을 학생들에게 나눠 줍니다.

| | | | | | | |
|---|---|---|---|---|---|---|
| | | | | | | |

빈칸을 학습한 표현으로 채웁니다.

**예**

What' s your favorite class?

| P.E. | English | Music | Math | Korean | Art | Science |
|---|---|---|---|---|---|---|

규칙은 다음과 같습니다. 친구가 말한 것이 내 빙고판의 맨 가장 자리에 있을 때만 해당 칸을 찢어낼 수 있습니다. 마지막에 가운데 한 칸만 남은 학생이 "Bingo"를 외치면 승자가 됩니다.

이 놀이는 종이를 찢어야 하므로 바구니나 종이컵과 같이 쓰레기를 담을 수 있는 것을 게임 전에 준비하면 놀이 후 정리정돈이 쉽습니다.

### 3. 서명 받기 놀이

이 놀이는 해결해야 할 task, 예를 들어, '수학을 좋아하는 학생 찾아 서명 받기'를 프레젠테이션 등으로 제시하고, 일정한 시간(30초 또는 1분) 안에 학생들이 주어진 과제를 하게 하는 것입니다. 학생들은 서로에게 서명해 주는 것을 좋아하기 때문에 목표 언어를 사용하며 즐겁게 게임에 참여하게 됩니다. 또한 교사는 프레젠테이션 외에는 달리 준비할 것이 없기 때문에 수월하게 여러 단원에서 이 놀이를 활용할 수 있습니다. 매번 똑같은 과제를 제시하지 말고 '~하고 악수하기' '~하고 절하기'와 같이 변화를 주면 재미를 더할 수 있습니다.

### 4. Simon says 놀이

이 놀이는 다양한 교과에서 얼마든지 활용할 수 있는 주의 집중 놀이입니다. 교사의 이야기 가운데 'Simon says'가 들어갈 경우에만 교사의 지시대로 따라하는 놀이입니다. 'Simon says'라는 말이 없는데 따라하면 틀리기 때문에 학생들은 긴장하고 집중하게 됩니다. 학생들이 속기 쉬운 함정을 넣어 자연스럽게 이끌어 내면 재미있고, 유익한 게임이 될 수 있습니다.

영어 시간에 명령문을 학습한 뒤, 학습 마무리 활동으로 활용할 수 있으며 수업 중 집중이 흐트러졌을 경우에 주의를 환기시키고 교사의 말에 집중하게 하는 데 활용할 수도 있습니다.

게임 시작 전에 게임 방법을 알려 줍니다.

교사　　Simon says, Raise your hands.
교사　　You are very smart.
　　　　(처음이라 학생들이 잘합니다.)
교사　　Raise your right hand.
　　　　(조금씩 헷갈리기 시작합니다.)

다음과 같이 말할 수 있습니다.

교사　　Please be quiet. 철수, Stand up!
　　　　(함정에 빠진 철수는 놀라서 일어났다가 자리에 앉습니다.)

| 교사 | Simon says, Clap your hands. |
|---|---|
| 교사 | OK, very good. |
| | (좀 과장된 몸짓으로 칭찬해야 재미가 있습니다.) |
| 교사 | Simon says, Clap your hands. |
| | (간단한 문장이므로 잘합니다.) |
| 교사 | Clap your hands two times. |
| | (좀 더 심화된 방법으로, 교사가 손가락을 한 개 들면서 입으로는 'two times' 라고 말합니다. 학생들은 더 집중해야만 틀리지 않게 됩니다. 이번에도 물론 'Simon says' 가 들어가지 않았으므로 함정입니다.) |
| 교사 | Clap your hands faster. |
| | (비교급을 배우지 않았어도 교사가 동작과 함께 시범을 보이면서 하면 곧잘 따라합니다.) |

마지막에 한 번 더 함정을 주고 게임을 마무리합니다.

| 교사 | Today you did a great job. Time is up. Sit down. |
|---|---|
| | (교사가 두 손으로 앉으라는 손짓을 해 자리에 앉게 합니다. "Time is up." 이라는 말에 학생들은 게임이 끝난 줄 알고 방심합니다.) |

## ✏️ 함께하는 즐거운 놀이 활동

수업 시간에 자투리 시간이 생겼다면 어떤 활동을 하면 좋을까요? 많은 교사들은 주로 독서 활동을 선택합니다. 하지만 독서 활동이 매번, 모든 학생에게 유익한 활동이 될 수 있을지를 고민해 봐야 합니다. 처음에는 조용히 독서에 열중하던 학생들도 그런 시간이 한두 번 반복되면 점점 흥미를 잃을 것입니다. 교실은 소란스러워지고, 학생들은 야단을 맞게 되는 일이 많아지게 될 것입니다. 이런 식의 독서 활동은 책 읽는 습관을 들이기는커녕 독서에 대한 부정적인 이미지를 심어 주고 학생들에게 스트레스만 주게 됩니다.

자투리 시간, 쉬는 시간, 점심시간 등의 남는 시간을 효율적으로 운영하면서 동시에 학생들에게 재미와 흥미를 줄 수 있는 활동에는 무엇이 있을까요?

놀이 활동을 통한 자투리 시간 활용은 효율적인 시간 운영뿐 아니라 다음과 같은 여러 가지 효과를 얻을 수 있습니다. 첫째, 반복되는 학습에 지친 학생들의 스트레스를 해소시켜 주고 정서를 순화시켜 학급 분위기를 보다 유연하고 밝게 만들어 줍니다. 둘째, 친구들과 함께하는 즐겁고 흥미로운 놀이 활동은 친구들 간의 공감대를 형성하고, 대화의 장을 만들어 교우 관계를 돈독하게 해 주는 계기를 제공합니다. 셋째, 학생의 욕구를 충족시켜 줌으로써 다음 수업 시간의 학습 의욕을 고취시킵니다. 다음에 소개되는 여러 놀이 활동들은 수업 후 시간뿐 아니라 수업 중간에도 분위기를 바꾸고 주의 집중을 시키고 싶을 때 활용할 수 있습니다.

### 1. 스무 고개 놀이

우선 문제를 낼 학생을 정합니다. 그 학생은 정해진 판에 다른 학생들이 알지 못하도록 자신이 생각한 단어 하나를 적습니다. 나머지 학생들은 스무 번의 질문을 통하여 알아맞히기 시작합니다. 질문을 할 때는 반드시 '예'와 '아니요'라는 답이 나올 수 있도록 질문합니다. 질문하는 학생이 "교실에 있습니까?"라고 물었을 때 답하는 학생이 "예."라고 하면, 질문한 학생은 '이것은 교실에 있는 것이구나.' 라고 이해합니다. 스무 고개에 근접할수록 학생들의 관심과 흥미는 고조됩니다. 마지막 스무 번째에 무엇이라고 썼는지 알아맞히고, 알아맞힌 학생이 다시 나와서 앞과 같은 순서로 다시 합니다.

## 2. 야구 게임

이 게임은 짝과 하는 게임입니다. 1부터 9까지의 수를 한 번만 사용해서 세 자리 수를 만듭니다. 서로 무작위로 세 자리 수를 맞춰 보고 틀리면 경우의 수를 따져 서로의 숫자를 맞추는 게임입니다. 이 게임은 5, 6학년 학생에게 적절한 게임으로, 수학과의 '여러 가지 방법으로 문제 풀기'에서 '예상하고 확인하기'와 관련이 있습니다.

## 3. 펜토미노 게임

학년 초에 하드보드지를 이용하여 펜토미노 조각(열두 개)을 만듭니다. 이때 조각별로 색깔을 달리하는 것도 좋습니다. 교사가 나누어 주는 문제에 따라 펜토미노 조각을 맞춰 보도록 합니다. 처음에는 어려워하지만 점점 게임의 매력에 빠져드는 학생들이 많아집니다. 한 문제를 해결하기 위해 며칠씩 고민하는 학생들도 있습니다. 도형 감각을 키우는 데 도움이 되며, 고학년 학생들에게 적용하기 좋은 게임입니다.

## 4. 종이접기

재량 활동 시간을 이용하여 삼각 접기, 사각 접기, 아이스크림

접기, 대문 접기, 쌍배 접기 등의 기본적인 종이접기 방법을 지도합니다. 종이접기 자료를 개인별로 나누어 주고, 자투리 시간에 하나씩 접도록 합니다. 학년 말쯤 되면 종이접기 작품을 만들어 보는 것도 좋습니다. 학생들을 차분해지게 하는 데 효과적입니다.

### 5. 공기 놀이

수업 중 자투리 시간에는 짝끼리 활동하도록 합니다. 수업이 끝나고 쉬는 시간이나 점심시간에는 친구들끼리 모여 편을 갈라 게임하도록 해도 좋습니다. 중학년, 고학년 학생 모두 재미있게 활동할 수 있으며, 특히 쉬는 시간의 소란스러움을 잠재울 수 있는 좋은 놀이입니다.

### 6. 자음 퀴즈

주제를 정해 주제에 맞는 내용을 자음만 제시하여 맞추는 놀이입니다. 짝끼리 해도 좋고, 교사가 문제를 내고 학생들이 맞히거나, 학생들이 문제를 내고 교사가 맞혀 보도록 해도 좋습니다. 방법이 간단하기 때문에 주로 저학년 학생들에게 사용합니다.

### 7. 선생님과 함께하는 '가위 바위 보'

손을 머리 위로 올려 교사와 학생 전체가 동시에 '가위 바위 보'를 합니다. 교사에게 지거나 비긴 학생은 손을 내리고, 이긴 학생들은 교사와 또 가위 바위 보를 합니다. 한 명이 남을 때까지 계속해서 가위 바위 보를 합니다. 이때 신나는 음악을 틀어 주거나 가위 바위 보를 하면서 이긴 학생들을 의자 위나 책상 위에 올라가게 하면 지금까지 해 보지 못했던 경험을 하면서 학생이 자신감을 가질 수 있고, 더 흥미롭게 하는 것을 볼 수 있습니다.


### 8. 말 놀이(거꾸로 해도 똑같은 말)

거꾸로 해도 똑같은 문장을 몇 가지 들려주고, 빠른 시간 안에 가장 길고 내용이 통하는 문장을 만들어 내는 모둠이 이기는 놀이입니다.

**예**
- 다들 잠들다
- 건조한 조건
- 다 가져가다
- 짐 사이에 이사짐

# 놀이로 배우는 경제 교육

경제에 관한 수업을 할 때, 학생들의 생활과 밀접하게 관련된 놀이를 활용하면 학생들의 이해를 높이는 데 도움이 됩니다. 그래서 중요한 학습 내용과 관련된 간단한 놀이를 생각해 보는 것이 필요합니다. 만들어진 놀이가 수업의 준비 단계에 반영되기도 하지만, 수업 전개 단계에서 놀이가 시행되는 경우도 있고, 정리 단계에서 활용되기도 합니다.

## 1. 동기 유발에서 할 수 있는 놀이

• 학생들과 인터뷰하기 • 알아맞히기 놀이하기 • UCC 보여 주기

## 2. 전개 활동에서 할 수 있는 놀이

• 생각 모으기 • 빙고 놀이 • 컴퓨터 검색 놀이 • 타임머신 타기

## 3. 정리 단계에서 할 수 있는 놀이

• 관계 있는 직업 이름 대기 놀이 • 친구 음성 녹음 놀이

경제 수업에 놀이는 개념 이해에 대한 높은 효과를 볼 수 있는 방법입니다. 이는 놀이가 개념 이해뿐만 아니라 학습자의 몰입 과정을 통하여 사고의 유연성을 기르면서 동시에 함께 살아가는 민주 사회의 의미를 깨닫는 계기를 만들어 주기 때문입니다.

## 수업 시간, 설명이 다는 아니지요

학생들이 재미있게 학습 목표에 도달하게 하기 위해서 게임 활동을 많이 활용합니다. 이때, 가장 우선으로 하는 일이 게임 방법 안내인데, 시간이 만만치 않습니다. 게임을 위하여 배정한 시간이 15분인데 게임 설명으로 5분을 쓴다면, 아무리 재미있는 게임이라 해도 학생들은 게임이 시작하기도 전에 벌써 지쳐 버리고 말 것입니다.

특히 영어과의 경우, 교사가 영어로 열심히 게임 방법을 설명하고 난 후 "Let's start a game." 이라고 했는데, 학생들이 눈을 멀뚱멀뚱 뜨고 교사만 쳐다보는 일이 생깁니다. 어떻게 하면 게임을 지루하지 않게, 쉽고 분명하게 설명할 수 있을까요?

### 도우미 학생을 둡니다

수업 전에 게임에 대해 몇 명의 학생에게 미리 설명을 해 줍니다. 수업 시간에 교사의 게임 설명이 끝난 후 도우미 학생을 나오게 하여 시범을 보이게 합니다. 수업 전에 짬이 안 난다면 수업 시간에 교사의 설명을 먼저 이해한 학생들에게 도움을 요청할 수 있습니다.

### 동영상을 활용합니다

교사가 하려는 학습 게임 동영상을 인터넷(youtube나 edunet 등)에서 찾을 수 있다면 설명을 하는 대신 동영상을 보여 줍니다. 듣는 것보

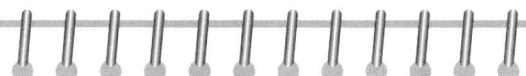

다 보는 것이 훨씬 더 이해가 빠릅니다.

## 매체(실물 화상기, 캠코더 등)를 최대한 활용합니다

주사위 게임 같은 경우 실물 화상기를 이용해 게임 설명을 하면서 주사위를 직접 던지는 모습을 보여 주면 학생들이 더 쉽게 이해합니다.

## 게임 자료를 미리 주면 안 돼요

마지막으로 유의해야 할 점은 게임에 대한 설명을 끝낸 뒤에 비로소 학생들에게 게임에 필요한 자료를 나눠 줘야 한다는 것입니다. 학생들이 일단 게임에 필요한 자료를 받고 난 뒤에는 주사위를 굴리거나 학습지에 그림을 그리는 등 주의가 분산되기 쉽습니다. 아주 작은 부분까지 세심하게 고려해야 게임을 효과적으로 수업에 활용할 수 있습니다.

 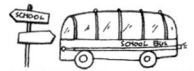

# 10 평가와 수준별 학습

## 여러 가지 평가 방법

### 내가 잘했는지 알아보아요

평가는 학생들이 수업 활동을 통해 학습 목표에 얼마나 도달했는지를 알아보기 위해 실시하는 것입니다. 또한 교육과 관련하여 학생들의 장점, 특징, 가치 등을 판단하고 교사와 학생 자신의 피드백을 위한 중요 척도로 사용합니다. 따라서 평가는 교육 활동의 일환이며 다양한 방법으로 실시할 수 있습니다.

평가는 단순히 평가지로만 실시되지 않습니다. 학생들의 전인적 발달을 평가하기 위한 참평가, 학습 과정을 중시하는 과정 평가가 이루어지기 위해서는 수행 평가가 필요합니다.

수행 평가란 평가자가 학생의 학습 과제, 수행 과정이나 결과를 직접 관찰하고, 관찰 결과를 전문적으로 판단하는 평가 방식을 의미합니다. 이는 '교사가 학생이 학습 과제를 수행하는 과정이나 그 결과를 보고, 그 학생의 지식, 기능, 태도 등에 대해 전문적으로 판단하는 평가 방식', 즉 '학생 스스로가 자신의 지식, 기능, 태도를 나타낼 수 있도록 답을 작성하게 하거나, 발표 및 산출물, 행동으로 나타내도록 요구하는 평가 방식'이라고 정의합니다. 따라서 수행 평가는 지필 평가 형태뿐 아니라 서술형, 실기시험, 구술시험, 논술형, 관찰, 실험·실습, 면접, 포트폴리오 등 다양한 유형의 형태로 실시됩니다.

### 1. 캠코더를 활용한 수행 평가

예를 들어, 3학년 1학기 음악 교과의 〈바둑이 방울〉을 기악 합주하는 경우, 학생들의 연주 모습을 촬영하여 보여 주고 잘한 점이나 보충이 필요한 점을 스스로 평가해 보게 할 수 있습니다. 또한 국어 수업 시간에 역할극을 시연한 경우, 역할극을 준비하는 과정부터 시연하는 과정까지 동영상을 촬영하여 학생들에게 보여 줌으로써 과정 평가를 할 수 있습니다.

### 2. 작품집 평가를 통한 수행 평가

학급 경영 목표와 관련하여 1년 동안 학생들이 수행한 과정 전체를 평가하기 위해서는 수행 평가지를 파일에 차곡차곡 모아 두도록 합니다. 교사에게는 학생의 발달 정도를 한눈에 파악할 수 있는 자료가 되고, 학생에게는 자신의 노력과 성장 과정을 모아 둔 자료가 되기 때문에 모두에게 의미 있는 자료가 될 수 있습니다.

### 3. 녹음기를 활용한 수행 평가

예를 들어, 3학년 1학기 사회 교과의 '고장 사람들이 하는 일'

단원에서 부모님께서 하시는 일을 인터뷰하고 mp3나 핸드폰을 이용하여 녹음하도록 가정 학습 과제를 제시해 주면, 이 녹음 자료를 통해 수행 평가를 할 수 있습니다.

## 서로서로 평가해요

학생들은 다양한 수업에서 각자의 활동을 통해 소산물을 생산합니다. 시를 바꾸어 쓴 것, 미술 시간에 그린 그림도 모두 소산물입니다. 학생들은 자신이 한 활동을 여러 사람 앞에서 발표하고 평가를 받고 싶어하지만, 정해진 수업 시간 안에 모든 학생의 발표 욕구를 충족시켜 주기는 어렵습니다. 이럴 때 다음과 같은 방법을 활용하면 학생들의 발표 욕구를 충족시켜 줄 수도 있고, 다른 친구의 활동 결과를 내 것과 비교해 봄으로써 상호 평가도 할 수 있습니다.

### 1. 돌려 보기

돌려 보기는 개인이 만든 작품을 모둠 친구들에게 보여 주는 것으로, 모둠 또는 분단 활동으로 적합합니다. 학생들이 작품을 돌려 볼 수 있는 자리 배치를 만든 다음, 일정한 순서로 자신들의 작품을 한 방향으로 돌려 보는 것입니다. 자신의 작품이 다시 자신의 손으로 돌아오면 발표가 끝나게 됩니다.

이때 첫 번째 돌려 보기에서는 모둠 또는 분단 친구들의 작품을 고루 살펴보며 비교해 보도록 합니다. 이 활동을 할 때, 평가가 목적이라면 평가의 관점을 학생들에게 미리 제시하는 것이 좋습니다. 예를 들어, 소리나 모양을 사용하여 글을 짓는 것이 수업의 목표였다면 이것을 기준으로 학생들에게 작품을 보게 하거나, 내용

중 재미있게 표현된 부분을 찾아보게 합니다.

두 번째 돌려 보기에서는 학생들에게 스티커를 나누어 주고 마음에 들거나 잘 표현되었다고 생각되는 작품에 스티커를 붙이게 함으로써 상호 평가를 할 수도 있습니다. 두 번째 돌려 보기를 끝낸 후에는 학생들에게 어떤 작품이 우수했는지, 어떤 점이 좋았는지 발표하게 함으로써 관찰 평가를 할 수도 있습니다.

### 2. 갤러리 만들기

돌려 보기가 앉아서 하는 활동이라면 갤러리 만들기는 학생들이 미술관을 관람하듯 직접 서서 작품을 감상하고 평가하는 활동입니다. 모둠이 준비해 놓은 자료를 다른 모둠원들이 기차처럼 줄지어 다니며 봅니다. 이때 모둠원 중 한 명은 자리에 남아 미술관의 안내자 역할을 하고 다른 모둠 학생들이 궁금한 점을 질문하면 답하도록 합니다. 사회와 과학 시간의 조사 자료 발표나 미술 공동 작품을 만들었을 때 사용하면 매우 유용합니다.

이 활동은 교실 안에서 안내자 역할을 하는 학생만 앉아 있고 모두 관람을 하는 형태이기 때문에 규칙을 엄격하게 지키는 것이 필요합니다. 사뿐히 걷기, 이동하는 방향과 앞 사람과의 거리 유지하기, 장난치지 않기, 만들어 놓은 자료나 작품에 절대로 손대지 않기 등의 약속을 분명히 지키도록 지도합니다. 또한 관람을 할 때에는 어떤 점을 유의해서 봐야 하는지 관점을 분명히 제시하여 학생들 스스로 보고 느끼고 배우는 활동이 될 수 있도록 합니다.

## 🖍 수학과 수준별 학습을 위한 형성 평가 방법

수학은 어떤 교과보다 수준별 학습이 필요한 교과입니다. 교육 과정은 단원별로 한 차시씩 수준별 학습을 하도록 구성되어 있지만 그렇게 지도해서는 학습 부진아에게 실질적인 도움이 되지 않습니다. 학습 부진아를 돕기 위해서는 매 차시 수준별 학습을 해야만 하는데 무엇보다 문제가 되는 것이 단위 수업 시간의 부족입니다. 더구나 기본 활동을 마친 후 심화 및 보충 활동으로 넘어가기 전에 반드시 거쳐야만 하는 형성 평가 역시 시간을 부족하게 하는 데 결정적인 역할을 합니다. 어떻게 하면 짧은 시간 안에 형성 평가를 효율적으로 준비하고 채점하여 시간 부족의 문제를 극복할 수 있을까요?

첫째, 수학 교과서의 익히기 문제를 활용합니다. 수학 교과서는 대부분 '생활에서 알아보기-활동-익히기' 문제의 순으로 구성되어 있습니다. 따라서 기본 활동 후 익히기 문제를 형성 평가 자료로 활용하면 형성 평가지를 마련해 나누어 주는 것보다 훨씬 간편하여 준비하는 시간과 실제 평가하는 시간을 줄일 수 있습니다.

둘째, 수학 익힘책을 활용합니다. 수학 교과서에 익히기 문제가 제시되어 있지 않거나 차시 수업 내용과 적합하지 않을 경우에는 수학 익힘책을 활용합니다. 단, 교사가 사전에 난이도를 충분히 파악하여 기본 학습 내용을 평가하기에 적합한 문항을 선정해 놓는 과정이 반드시 필요합니다.

셋째, 프레젠테이션 자료나 구체물을 이용합니다. 평가 문제를 프레젠테이션 자료로 준비해 놓거나 구체물 등을 활용하면 평가 시간을 절약할 수가 있습니다.

넷째, 정답 확인이 쉬운 답안을 제시합니다. 채점 시간을 줄이는 것도 평가 시간을 줄이는 데 매우 중요합니다. 예를 들어, 시계보기 단원에서는 실제 시계 보여 주기, 도형 단원에서는 OHP 정답지로 비교해 보기를 활용할 수 있으며, 이 외에도 숫자판 들기, 점수판 활용하기 등도 좋은 방법입니다.

다섯째, 개별 채점이나 모둠장을 활용하여 채점합니다. 저학년의 경우는 정답을 보고 채점하는 것도 쉽지 않습니다. 비교적 쉬운 문제는 개별 채점을 하고, 채점이 다소 까다로운 경우에는 성취도가 우수한 학생을 모둠장으로 선정하여 모둠 내 다른 학생들의 평가지를 채점하도록 합니다.


# 따로 또 같이 배우자


## 효율적인 수준별 지도

개별화 교육이 강조되고 있는 시점에서 단계형 수준별 교육과정이 매우 중요하다는 사실은 누구나 알고 있지만 중요한 것은 실제 수준별 지도가 그렇게 쉽지 않다는 것입니다. 한 교실에서 우등생과 열등생을 구분지어 지도하게 되는 것은 아닌지, 매 차시 수준별 지도를 해야 하는지, 심화·보충 수준을 어떻게 결정할 것인지 등 교사가 세심하게 고려해야 할 것들이 많습니다. 효과적으로 수준별 지도를 할 수 있는 방법은 없을까요?

## 1. 자율적 선택을 통한 수준별 학습

교사가 수준별 수업을 한다고 문항 통과 정도를 확인한 후 하위권 학생들에게 보충 학습지를 나눠 주는 경우가 있는데 이것은 지양해야 합니다. 지도한 내용을 확인하는 형성 평가 문제를 통해서 학생 스스로 자기 수준을 결정하게 하면 한 교실에서 우등생과 열등생으로 낙인찍힐 일이 없습니다. 또는 학습지의 한 면은 심화 또는 기본형 문제를, 다른 면은 보충형 문제 또 과제를 제시하고, 학생들이 스스로 자신의 수준을 판단한 후 자기 수준에 맞는 활동을 선택하여 활동하게 하면 학습 의욕을 높이고 자신감을 길러 줄 수 있으며, 위화감 조성도 막을 수 있습니다.

특이한 점은 보충 과정을 해야 할 학생을 교사가 일일이 지목하지 않아도 대개의 경우에 교사가 예상한 대로 학생들이 나누어진다는 것입니다. 이때 교사는 보충 과정을 선택한 학생들과 함께 활동을 하는 것이 좋으며, 보충 학습을 선택했던 학생일지라도 보충 학습을 무난히 해결한다면 보다 심화된 수준의 학습을 선택하여 공부할 수 있는 기회를 주어야 합니다.

## 2. 또래 선생님 활용하기

교사가 단위 시간 안에 수십 명의 학생들과 함께 수준별 수업을 하기는 어렵습니다. 그래서 학급에서 수학 학습 능력이 우수한 몇 명의 학생들을 또래 선생님으로 활용하여 보충 학습이 필요한 학생들을 지도하는 방법이 있습니다.

지도하는 학생은 친구의 학습을 도와줌으로써 학습 능력을 더 향상시킬 수 있고, 배우는 학생은 눈높이가 같은 친구의 설명을 통해 더 쉽게 이해할 수 있습니다.

### 3. 보충 시간 확보하기

단위 시간에 못한 것을 쉬는 시간 또는 방과 후에 집중적으로 지도하는 것입니다. 단위 시간에 필수 요소를 이수하지 못했을 경우 시간이 그리 오래 걸리지 않더라도 그 학생만 필수 요소에 관해 지도하는 방법입니다. 이 방법은 방과 후에 하는 것이라 조금 부담스럽지만 이러한 교사의 관심과 노력이 학습 부진으로 어려움을 겪는 학생들에게 큰 도움이 될 것입니다.

### 4. 사이버 가정 학습 활용하기

시·공간을 초월하여 개별 학습을 할 수 있는 사이버 가정 학습을 적극 활용하는 것도 좋습니다. 사이버 가정 학습에는 다양하고 질 좋은 학습 자료 및 평가 콘텐츠가 차시별로 잘 구성되어 있어 개별적으로 공부하기 좋습니다. 부족한 부분은 사이버 가정 학습을 통해 개별적으로 심화·보충하도록 교사가 자세하게 안내하고 피드백해 주도록 합니다.

## 🖍 수준별 학습 시 집단 편성 방법

어떤 교과든지 수준별 학습에서의 학습 흐름은 기본 학습 활동을 마친 후 형성 평가를 하고 그 결과에 따라 보충 집단과 심화 집단으로 나누어 수준별 학습을 하는 과정으로 흘러갑니다. 이때 대부분의 학생들은 심화 집단에 해당되지만 보충 집단의 학생도 몇 명 있는 것이 대부분인데 이 학생들의 자리 배치를 보면 여기저기 섞여 있는 것이 보통입니다. 특별히 보충 집단의 학생들은 개별 지도가 필요한데 여러 명인 경우 교사가 정해진 시간 내에 학생들의 자리를 돌면서 지도한다는 것은 불가능합니다. 그래서 이 학생들을 한 자리로 모아서 집단을 구성하여 지도하는 것이 필요합니다. 이때 다음과 같은 방법을 활용하면 짧은 시간 내에 수준별 집단 편성을 쉽게 할 수 있습니다.

첫째, 심화 집단과 보충 집단 학생들의 자리를 맞바꿉니다. 보충 집단을 교사와 가장 가까운 앞쪽 모둠으로 정합니다. 수준별 학습이 시작되면 그 모둠에 소속된 심화 학습 대상자는 자리를 비워 주고 보충 학습 대상자의 자리로 옮겨가서 학습하고 보충 학습 대상자는 정해진 자리로 와서 학습합니다. 고학년의 경우 몇 번의 연습으로 쉽게 따라하지만 저학년의 경우는 쉽지 않아 보충 집단 자리에 번호를 붙이고 번호표를 주어 이동하게 하기도 합니다. 이 방법은 보충 집단이 두 모둠일 때 활용하는 것이 좋습니다.

둘째, 보충 집단의 자리를 별도의 공간에 마련합니다. 이 방법은 저학년의 경우와 보충 학습 대상자가 한 모둠 이내(네 명 이하)일 때 활용하면 좋습니다. 교실의 전면 한쪽이나 형편에 따라 측면이나 후면 공간이 있는 곳에 자리를 마련하고 테이블을 준비하여 그곳으로 나오게 하여 지도합니다.

셋째, 교사가 학생 자리로 이동하여 개별 지도를 합니다. 이 방법은 보충 학습 대상자가 한두 명일 때 활용하는 방법입니다. 보충 학습 대상자가 한두 명이라면 굳이 학생들의 자리를 바꾸지 않아도 시간 내에 지도가 가능하기 때문에 교사가 학생들의 자리로 다니면서 지도하는 것이 좋습니다.

# 🖍 보충 학습 대상자의 소외감 줄이기

수준별 학습을 지속적으로 적용하다 보면 매 차시 학생들의 학습 목표 도달 정도가 정확하게 파악되고, 그에 맞춰 심화 및 보충 학습을 실시하게 됨으로써 학습 부진을 최소화하게 됩니다. 이 학습 방법을 적용할 때 특별히 주의할 점은 보충 학습 대상자가 가질 소외감을 줄이는 것입니다. 여기서는 이 학생들이 느낄 소외감을 줄이는 방법에 대해 고민하고 연구했던 것들을 나눕니다.

보충 학생들이 모이는 모둠을 '선생님 방'이라고 이름 붙이고 학생들에게는 '초대권'을 줍니다. 보충 학습 집단이 모여서 공부하게 되는 장소가 교탁에서 가장 가까운 한 모둠이든, 별도의 지정된 장소이든 그곳을 '선생님 방'이라고 이름 붙입니다. 형성 평가 후 보충 학습 대상자로 선정된 학생들에게는 '선생님 방 초대권'을 나누어 주며 특별히 선생님이 함께 공부하고 싶어서 초대권을 주는 것이라고 말합니다. 그러면 소외감이 아닌 선택되었다는 생각으로 집단에 와서 더 집중하며 공부하는 것을 볼 수 있습니다.

수준별 학습이 끝나고 학습 정리를 할 때 보충 집단의 학생들에게 먼저 발표할 수 있는 기회를 줍니다. 발표를 한 후에 인정과 칭찬을 해 주면 잠시 느꼈을 수도 있는 소외감을 털어 버리는 데 도움이 됩니다. 그러기 위해서는 질문의 내용을 보충 학습을 했던 학생들의 수준에 맞출 필요가 있습니다.

보충 학습 대상자라고 해도 보충 학습 내용을 빨리 마치면 심화 학습 내용을 공부할 수 있는 기회를 줍니다. 보충 학습 대상자라고 해서 보충 학습만 하는 것이 아니고 짧은 시간에 보충 학습 내용을 소화하면 심화 학습에 도전할 수 있는 기회를 주는 것입니다. 그러면 잠시 위축되었다가도 자신도 다른 친구들처럼 심화 학습을 해야 겠다는 마음에 적극성을 보이므로 학습 효과가 큽니다.

학습 집단의 이름을 붙일 때는 차이가 느껴지지 않는 동물 이름이나 과일 이름, 꽃 이름 등을 사용하는 것이 기본 원칙입니다. 그리고 그 이름은 다른 학습지에도 동일하게 붙이도록 합니다.

## '수학 동화' 만들어 봤니?

학생들이 즐겁게 참여하면서 시험에 대한 부담을 줄일 수 있는 즐거운 수행 평가 방법에는 무엇이 있을까요?

학생들이 작가가 되어 학습한 내용을 동화로 만들어 봅니다. 예를 들어, 4학년 2학기 수학 교과의 '사각형과 도형 만들기' 단원을 학습한 후 직사각형, 정사각형, 마름모가 나오는 한 편의 이야기를 꾸며 보게 합니다. 독서 지도에서 독후 활동으로 많이 쓰이는 작은 책 만들기의 아이디어를 끌어와 책을 접은 다음, 모둠 활동으로 역할을 나누어 꾸며 보게 합니다.

학생들은 그림을 그리고 이야기를 만들면서 자신이 배운 지식을 종합하고, 현실 세계와 관련해서 적용해 보며 자신의 학습을 되돌아보게 됩니다. 또한 동료 학생들과의 협동 정신을 배우게 되고, 함께 하나의 작품을 만들어 가는 성취감을 맛볼 수 있는 좋은 기회가 되기도 합니다.

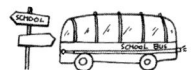

# 11 보상

## 학생의 성장을 돕는 효과적인 보상

### 효과적인 보상 방법과 종류

　해마다 3월이 되면 그해 학급경영을 어떻게 할 것인가 고민을 하게 됩니다. 지난해보다 더 나은 학급경영을 위해서 이것저것 계획을 세우는데, 그중에서도 학생들의 학습 효과를 높이고 생활 태도를 변화시킬 수 있는 보상 체계에 대해서는 많은 고민을 해야 합니다. 어떤 대가를 바라지 않고 순수한 마음으로 활동에 참여하여 그 뜻을 이룬다면 그것처럼 의미 있는 일도 없을 것입니다. 그러나 목표를 이루기 위해 더 열심히 참여할 수 있도록 교사가 적절한 보상을 제공해 주는 것도 의미가 있다고 봅니다. 그렇다면 어떤 보상을, 어떻게 제시해 주어야 학생들에게 효과적일까요?

　우선은 학생 개개인의 학습 태도 및 생활 태도에 대한 보상 체계가 필요합니다. 보상 체계는 학생 스스로 열심히 활동에 임하고자 하는 의욕을 북돋워 주고 바른 생활 태도를 유지하고자 하는 마음을 다져 주기 위해서 활용합니다.

두 번째로는 모둠 활동에 대한 보상 체계가 필요합니다. 개인의 활동도 중요하지만, 다른 사람과 서로 협동하고 양보하는 태도를 통해 성장하게 하는 모둠 활동도 매우 중요합니다. 간혹 개인 활동은 매우 열심히 하고 그 수준도 매우 높지만 다른 사람과 함께하는 활동은 소홀히 하는 학생들이 있습니다. 따라서 여러 사람과 함께하는 활동을 더욱 강화해 주어 더불어 살아가는 태도를 길러 줄 수 있는 보상 체계를 제공해 줄 필요가 있습니다.

세 번째로는 학급 전체에 대한 보상 체계가 필요합니다. 학생 개개인의 바람직한 행동이 학급 전체의 활동에 영향을 줄 수 있다는 것을 알려 주는 보상 체계로 개인보다는 공동체를 생각하는 마음을 길러 줄 수 있고 개인이나 모둠에서 보상을 못 받은 학생들에게도 기회를 제공해 줄 수 있어 좋습니다.

어떻게 보상을 할 것인지 계획을 세웠다면, 어떤 보상을 줄 것인지도 생각해 봐야 합니다. 보상의 종류로는 조그만 선물이나 저축식 스티커 등을 주는 물질적 보상과 친구들 앞에서 칭찬해 주고 격려해 주는 심리적·사회적 보상이 있습니다. 이 중에서도 가장 큰 보상은 '교사의 따뜻한 말, 따뜻한 포옹'일 것입니다. 학생의 올바른 태도에 대해 구체적으로 칭찬을 해 주는 것, 따뜻하게 포옹해 주는 것, 학생의 말을 들어 주고 이해하는 것은 학생의 태도를 변화시키는 데 크게 작용할 것입니다.

## 🖍 사람을 변화시키는 위대한 힘, 칭찬

학생들의 마음을 움직이는 것은 물질적 보상이 아니라 교사의 세심한 관심과 따스한 말 한마디입니다. 학생들이 좋아하는 사탕보다 칭찬의 말이 더 효과적입니다. 그러나 칭찬에도 방법이 있습니다. 교사가 효과적인 칭찬 방법을 알고 실천하면 학생들은 긍정적인 변화를 보입니다. 교육 현장에서 유용하게 사용할 수 있는 몇 가지 칭찬 방법을 소개합니다.

### 1. 구체적으로 칭찬합니다

예를 들어, 미술 시간에 학생이 그린 그림을 보고 그냥 "잘했구나."라고 하는 것보다는 "진짜 꽃처럼 예쁘게 그렸구나. 은경이는 화가 같아."라고 칭찬하는 것이 좋습니다.

### 2. 학생들이 많은 곳에서 칭찬합니다

"재관이는 수업 시간에 발표도 열심히 하고, 모둠 활동도 참 잘하는구나."라고 칭찬을 합니다. 칭찬 받은 학생은 스스로 자부심을 느끼고 더 잘하고자 노력하는 모습을 보입니다.

### 3. 너무 길게 칭찬하지 않습니다

칭찬을 할 때, 말이 너무 길어지면 오히려 역효과가 날 수 있습니다. 진지하되 간결하게 칭찬하는 것이 더 좋습니다.

### 4. 과정과 행동을 칭찬합니다

학생이 무엇인가를 열심히 할 때 그 행동에 대해 칭찬을 하면 학생들은 더 잘하려고 노력하는 모습을 보입니다.

### 5. 목소리와 표정도 중요합니다

칭찬에 효과를 더해 주기 위해 환한 표정과 밝은 목소리는 필수적입니다. 밝은 목소리와 표정은 칭찬 받는 사람에게 큰 기쁨과 행동에 대한 보람을 느끼게 해 주기 때문입니다.

### 6. 사소한 것도 잘하면 칭찬합니다

교사는 학생들의 사소한 부분이라도 잘한 행동을 찾아서 칭찬하려고 노력해야 합니다.

### 7. 올바른 행동에 대해 즉시 칭찬합니다

칭찬 받을 만한 행동을 했을 때 곧바로 칭찬해야 더욱 효과적입니다. 시간이 지나면 그 행동에 대한 보상의 효과가 떨어지기 때문입니다.

### 8. 학생 수준에 맞게 칭찬합니다

저학년, 중학년, 고학년의 학년성에 맞게 칭찬해야 하고, 학생의 상태, 성격을 고려해서 칭찬하는 것도 중요합니다.

### 9. 스스로를 칭찬하는 시간을 갖습니다

스스로 자신을 칭찬할 수 있는 사람은 긍정적인 자아개념을 가지고 있는 사람이며, 자기를 떳떳하고 자랑스럽게 생각하는 건강한 사람입니다. 따라서 스스로를 격려하고 칭찬하는 분위기를 조성해 주는 것도 교사의 역할입니다.

반면에 지양해야 할 칭찬 방법은 다음과 같습니다.

## 1. 변덕스러운 칭찬 태도입니다

교사가 기분이 좋을 때는 사소한 것도 크게 칭찬하고 기분이 나쁠 때는 쉽게 꾸중을 하면 학생들은 교사를 불신하게 됩니다.

## 2. 지나친 칭찬도 좋지 않습니다

칭찬의 수위를 조절하는 것도 칭찬의 요령입니다. 모든 일에 칭찬을 하면 칭찬의 효과가 떨어집니다. 따라서 꼭 필요한 때에 칭찬을 함으로써 칭찬의 가치를 극대화합니다.

## 3. 칭찬을 할 때 과도한 상품의 남발은 좋지 않습니다

칭찬할 때 상품으로 사탕, 과자, 문구용품 등을 사용하기도 하는데, 이것은 학생들을 기쁘게 하는 데 도움이 되기도 하지만 상품을 많이 주게 되면 칭찬의 효과는 점차 사라지고 상품만 기대해서 행동하게 됩니다.

## 4. 진부하고 형식적인 칭찬은 좋지 않습니다

어설픈 칭찬은 학생의 올바른 행동이 가치가 없는 것처럼 느끼게 하여 학생들을 실망시키고, 좋은 행동에 대한 강화에 도움이 되지 않습니다. 칭찬을 받는 학생이 진심에서 우러난 칭찬이라고 느낄 수 있어야 합니다.

## 5. 비교하면서 칭찬을 하면 안 됩니다

비교하여 칭찬하면 칭찬 받는 사람은 기분이 좋을 수 있으나, 그 상대방은 무시 받는 기분이 들게 되므로 주의해야 합니다.

## ✏️ 교과 전담 교사의 보상 방법

대부분의 교과 전담 교사가 겪는 어려움 중에 가장 큰 것은 학생들의 낮은 수업 참여도일 것입니다. 이것은 학생들이 교과 전담 교사의 수업은 담임교사의 수업보다 덜 긴장하고, 교과 전담 교사를 덜 어려워하는 데서 기인한다고 생각됩니다. 이러한 현상은 고학년으로 갈수록 심화되는 경향이 있습니다.

그럼 이러한 학습 지도의 어려움을 해결하는 방법은 무엇일까요? 여러 가지 방법 중에 하나가 바로 학습에 대한 보상입니다. 그러나 사실 여러 학년, 여러 반을 지도하는 교과 전담 교사가 일관성 있고, 지속성 있는 보상을 실시하기에는 어려움이 있습니다. 따라서 대부분의 교과 전담 교사들은 상품이나 사탕 등의 일회성 보상을 많이 활용하는 편입니다. 이러한 일회성 보상은 학생들로 하여금 점점 더 큰 보상을 원하게 함으로써 보상의 효과를 반감시키는 결과를 가져옵니다.

교과 전담 교사가 사용할 수 있는 효율적인 보상 방법에는 어떤 것이 있을까요? 교과 전담 시간의 학습 참여도를 높이고 학생을 보다 효율적으로 관리하고 통제할 수 있는 보상 방법을 소개합니다.

1. 상점 카드(개인 보상)

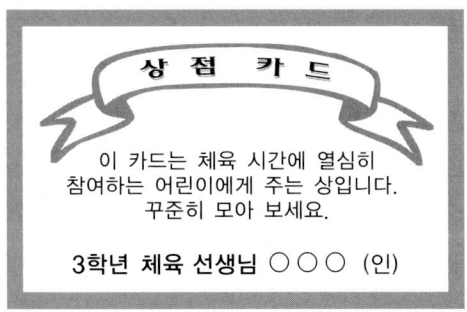

상 점 카 드

이 카드는 체육 시간에 열심히
참여하는 어린이에게 주는 상입니다.
꾸준히 모아 보세요.

**3학년 체육 선생님** ○ ○ ○ (인)

학습 시간마다 학습 참여도가 높은 학생이나 모둠에 상점을 부여합니다. 단위 시간에 개인별로 상점이 세 개가 되면 수업이 끝나고 다음과 같은 상점 카드를 받습니다. 상점 카드를 꾸준히 모아 열 개가 되면 교사에게 제출하고, 교사는 약속한 상품을 수여합니다. 상점 카드를 제출하는 요일을 정하여 일주일에 한 번만 보상하는 것도 좋습니다. 상품으로는 공책이나 연필 등 학용품을 주로 사용하지만, 여름에는 아이스크림을 이용합니다.

하지만 상점 카드를 너무 남발하는 것은 좋지 않습니다. 한 시간에 세 명에서 다섯 명 정도 주는 것이 가장 좋습니다. 상점 카드를 너무 남발하거나, 너무 적게 주는 것은 상점 카드를 모으려는 학생들의 의지를 꺾을 수 있습니다.

상점 카드는 교사 나름대로 만들지만, 소중한 것이라는 생각이 들도록 예쁘게 만드는 것이 좋습니다. 또한 고학년의 경우, 학생들끼리 상점 카드를 주고받는 일도 발생할 수 있기 때문에 사전에 학생들에게 보상 제도의 취지를 설명하고, 그런 일이 발생하지 않도록 교육하는 것도 잊지 말아야 합니다.

## 2. 학급 스티커(학급별 보상)

학년 초에 다음과 같은 스티커판을 학급별로 나누어 줍니다. 학급별로 스티커판을 관리하는 학생을 두고 매시간 수업이 끝나면 교사가 그 시간을 평가하여 결과에 따라 스티커를 줍니다. 스티커를 주는 기준은 교사가 나름대로 정하도록 하며, 스티커가 열 개 모아질 때마다 학급별로 정해진 보상을 실시합니다. 학급별 보상의 종류는 학년 초에 학생들과 상의하여 다섯 개 정도로 정하고, 스티커를 모을 때마다 뽑기를 하여 선택하는 것이 좋습니다.

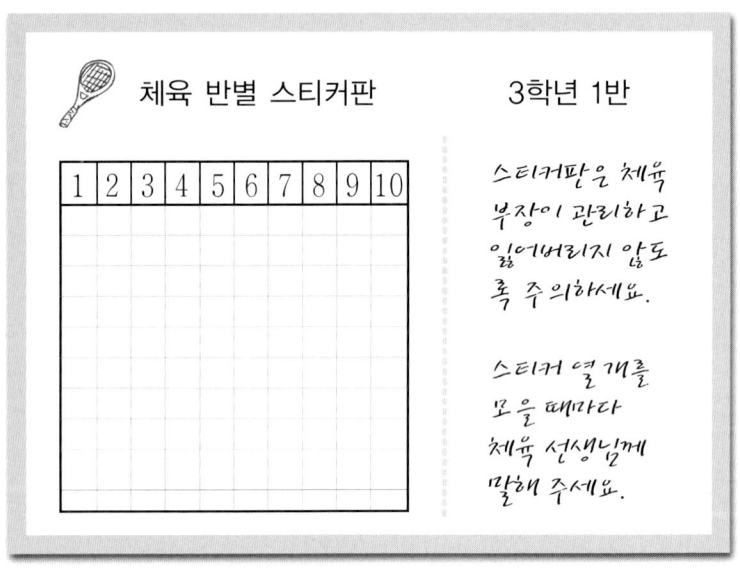

# 우리 반 칭찬 스티커 이야기

교실 문을 들어서기 전에는 대부분의 교사가 '따뜻한 미소를 지으며 칭찬을 한마디라도 더 해 줘야지.'라고 생각합니다. 하지만 교실 문을 들어서는 순간 무질서한 학생들을 통제하기 바쁘고, 그런 스스로의 모습에 실망하여 회의를 느끼는 일이 많습니다.

이런 문제를 해결하기 위해 학생들의 경쟁 심리를 이용하면 억압이나 통제 없이도 비교적 쉽게 생활 지도 및 학습 지도를 할 수 있습니다. 학급에서 활용할 수 있는 보상 제도를 소개하면 다음과 같습니다.

## 스티커 종류

- 꽃, 열매(꽃 세 장과 동일): 칭찬할 때 사용합니다.
- 싹, 씨앗(싹 세 장과 동일): 잘못을 했을 때 사용하며, 씨앗이 싹을 틔울 수 있도록, 싹이 꽃을 피우고 열매를 맺을 수 있도록 열심히 노력하라는 의미입니다.

## 보상 활동과 관련된 학생들과의 약속

- 꽃, 열매 스티커를 받는 경우: 봉사활동, 과제물, 학습 결과물, 발표, 협동 학습, 학습 준비 및 참여도 등 매 순간 칭찬을 받을 경우, 정도에 따라 부여합니다.
- 싹, 씨앗 스티커를 받는 경우: 학습 방해, 싸움, 욕설, 역할 분담 활동

이나 과제물 등을 안 했을 경우 등 잘못을 했을 때 정도에 따라 부여
합니다.

## 보상 방법

- 꽃의 수만큼 스티커를 받아 개인 스티커판에 스티커를 모두 모았을
경우 선물(학용품)과 함께 쿠폰을 뽑을 기회를 줍니다.
- 한 학기가 끝날 때까지 1단계의 스티커판을 채우지 못하면 봉사활동
을 합니다.

## 주의할 점

- 자주 지적을 당해 스티커를 받지 못하는 경우의 학생들에게도 별도의
기회(도우미, 봉사활동 등)를 부여하여 포기하지 않도록 배려합니다.
- 일관성과 지속성이 있어야 합니다. 교사 마음대로 원칙 없이 보상을
하거나, 일회성으로 그치는 보상을 한다면 교사가 원하는 진정한 교
육적 효과를 가져올 수 없습니다. 또한 교육에 있어서 외적 보상은
필요악과 같은 것입니다. 내적 보상만으로는 교육에 한계가 있기 때
문에 효과적인 외적 보상 방법에 대한 연구를 아끼지 않도록 합니다.

# 12 학습 정리

## 의미 있는 판서를 해요

한 차시 수업 시간 동안 많은 활동을 하다 보면 간혹 학생들이 활동을 통해 무엇을 배우려고 했는지 핵심 내용을 잊어버리는 경우가 있습니다. 활동이 학습 목표로 연결되지 못하고 활동 그 자체로 끝나 버리는 것입니다. 그래서 매 차시마다 그 시간을 통해 배운 핵심 내용을 정리하는 활동이 필요합니다.

요즘은 주로 여러 가지 교단 선진화 기기를 활용하여 핵심 내용을 정리하는데, 그 방법은 다양합니다. 한글 워드프로세서 프로그램을 이용하여 제시하기도 하고, 프레젠테이션 프로그램을 이용하여 정리하기도 합니다. 가장 일반적으로 사용하는 판서는 학생들 스스로 학습한 내용을 정리할 수 있는 기회를 제공한다는 장점이 있습니다. 다음은 판서할 때의 유의점입니다.

첫째, 구조화된 판서가 중요합니다. 학습 내용이나 학생의 발표 내용을 나열할 때 상, 하, 좌, 우에 내용을 쓰고 공통점과 차이점을 비교하거나 단원의 개관이나 내용을 계통화하고 체계화해서 구조화시킬 수 있습니다.

둘째, 칠판에 판서를 할 때 색분필을 사용하면 효과적으로 내용을 정리할 수 있습니다. 중요한 내용이나 새로운 개념을 강조할 때, 주의를 끌어야 할 때 색분필을 사용하면 강조하여 정리할 수 있습니다.

셋째, 학생들의 눈높이를 생각합니다. 특히 저학년의 경우에는 학생들의 눈높이를 생각하여 낮은 위치에 판서하는 것도 잊지 말아야 합니다.

## ✏️ 효과적인 학습 과제를 내 주세요

학습 과제란 복습 또는 선행 학습을 하여 학습 목표 도달을 보다 쉽게 하도록 돕는 것입니다. 학생들에게 줄 수 있는 과제에는 조사하기, 탐구하기, 수업 시간에 부족한 연습하기, 필요한 자료 수집하기 등이 있습니다. 올바른 학습 과제는 완전학습 및 자기주도적 학습 능력 배양 등의 효과를 낼 수 있을 것입니다. 그러기 위해서 교사는 과제를 내기 전에 학생들의 학습 분량과 수준 등을 충분히 고려해야 하며, 또한 내 주었던 과제에 대해 충분한 피드백을 하여 정규 수업 시간에 활용해야 합니다. 그러나 동시에 무분별한 학습 과제를 주어 학생들의 학습 의욕을 저하시켜서는 안 됩니다.

그러기 위하여 학습 과제를 내는 몇 가지 요령을 살펴볼 필요가 있습니다.

좋은 과제란 학생들이 직접 할 수 있는 범위에서 제시되어야 합니다. 가족과 함께하는 과제라도 부모님께 맡겨 버릴 우려가 있는 과제는 삼가는 것이 좋습니다.

또한 인터넷이나 참고문헌을 그대로 베껴 오는 과제도 좋은 과제가 될 수 없습니다. 무슨 뜻인지도 모른 채 남의 자료를 그대로 복사해서 완성하는 과제는 학습에 도움이 되지 않습니다. 모르는 낱말이나 문장이 나오면 그 뜻을 조사해 오거나 자기 말로 쉽게 설명하는 부연 문장이 첨가되어야 올바른 과제라고 할 수 있습니다.

그리고 요즘 학생들은 사교육을 통해 예습은 충분히 되어 있는 경우가 많은 반면, 이미 배운 것을 다지는 복습은 소홀히 하는 경향이 있습니다. 학습 과제는 복습을 충분히 할 수 있는 시간과 여유를 줄 수 있어야 합니다. 또한 예습 과제를 낼 때에도 수업 시간에 시간이 많이 소요되는 읽기 작업이나, 참고문헌을 읽어 오는 등의 과제를 부과하는 것이 좋습니다.

또한 개인차를 고려하여 학습 과제를 내되, 팀별로 협동이 이루어질 수 있는 협동 과제도 유익합니다. 그러나 무임승차를 하는 학생이나 한 학생이 과제를 도맡아 하는 일이 없도록 역할 분담 및 과제 계획을 교사와 함께 짜는 사전 작업이 필요합니다.

## 🖍 Talk Play Learn

학습 마무리 활동은 학생들이 학습한 내용을 정리하여 학습 목표를 확실히 달성할 수 있도록 구성되어야 합니다. 예를 들어, 영어과에서는 많은 단원의 학습 목표가 '~하는 말(표현)을 묻고 답해 봅시다' 인 점을 고려하여 교사와 학생의 '일대일 말하기' 와 '마이크 활용하기' 활동으로 학습 마무리 활동을 합니다.

## 1. 교사와 학생의 일대일 말하기

학생들을 한 줄로 세우고 한 명씩 교사와 일대일로 묻고 답하는 활동입니다. 예를 들어, 5학년에서 지나간 일에 대해 묻고 대답하는 것을 배웠다면 교사가 "What did you do yesterday?"라고 물어 보면, 학생이 "I played soccer."라고 대답하면 됩니다. 한 명, 한 명씩 묻고 대답하려면 다소 시간이 걸리고 힘든 점도 있지만, 수업시간 내내 발표를 한 번도 하지 않은 학생까지 모든 학생들을 개별적으로 지도할 수 있다는 이점도 있습니다. 몇 번 시도해 보면 학생들이 익숙해지고 교사 자신도 습관화되어서 활동에 소요되는 시간이 훨씬 짧아집니다.

학생이 정확하게 학습 목표를 달성했느냐에 초점을 두고 학생의 틀린 대답을 일일이 수정해 주는 기회를 가질 수 있습니다. 혹은 영어 전담 교사가 가르치는 경우에는 학생 이름을 일일이 불러 주면서 가까이에서 얼굴을 마주 대하고 말함으로써 사춘기에 접어들어 예민해진 학생들과 친밀감을 형성할 수 있는 기회를 삼을 수도 있습니다.

## 2. 마이크 활용하기

분단의 수대로 모형 마이크를 준비합니다. 마이크를 다른 친구에게 줄 때는 질문을, 받을 때는 대답을 하게 합니다. 각 분단의 앞줄 오른쪽 학생에게 마이크를 주고 교사의 질문에 답을 한 후 뒷줄의 학생에게 마이크를 넘기면서 질문을 합니다. U자 모양을 그리며, 분단의 모든 학생들이 묻고 답하도록 합니다. 예를 들면, A 학생이 "Did you have a nice vacation?"이라고 물으면서 마이크를 B 학생에게 주면 B 학생은 마이크를 받으면서 "Yes, I did. I played computer games."라고 대답합니다. 분단의 앞줄 왼쪽 학생이 교사에게 마이크를 주면서 활동을 끝냅니다.


### ✎✎✎ 영어과 판서, 이것만은 Please!

삼분판서와 같이 모든 교과를 망라하고 활용할 수 있는 판서법이 있는가 하면, 각 교과의 특성을 살려 고려해야 할 판서법도 있습니다. 영어 시간에 판서할 때에는 다음과 같은 점을 유의해야 합니다.


**1. 단원 및 활동 제목을 바르게 썼는가?**

① 칠판의 가운데 위쪽에 단원 제목을 씁니다. 이때 관사나 전치사를 제외하고는 보통 대문자로 시작합니다.

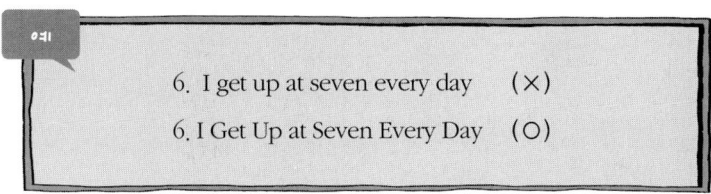

예)
> 6. I get up at seven every day　（✕）
> 6. I Get Up at Seven Every Day　（○）

② 일반적으로 물음표나 느낌표 등 외에 마침표 같은 문장부호는 쓰지 않습니다.

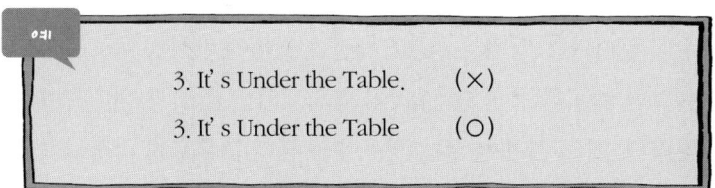

예)
> 3. It's Under the Table.　（✕）
> 3. It's Under the Table　（○）

③ 한 줄로 씁니다. 특별한 이유가 없다면 일반적으로 단원 제목을 한 줄로 쓰는 것이 좋습니다.

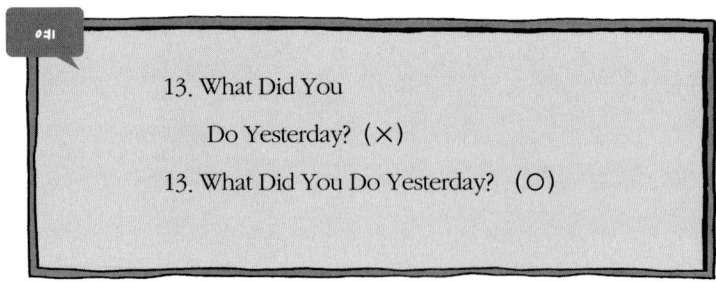

13. What Did You
    Do Yesterday? (✕)
13. What Did You Do Yesterday? (○)

④ 활동도 제목이기 때문에 단원을 쓸 때와 같은 규칙을 적용합니다. 일반적으로 학습 활동을 쓰는 위치에 활동 제목을 쓰면 됩니다. 제목이기 때문에 대개 대문자로 시작해야 합니다.

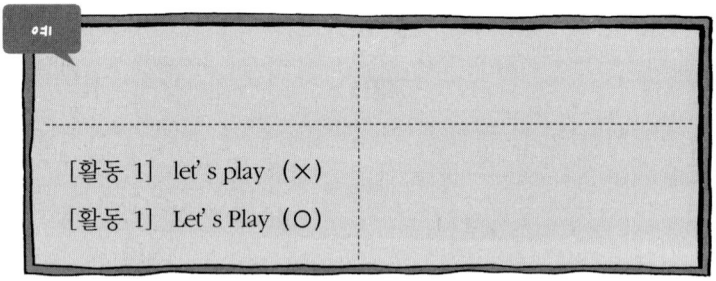

[활동 1]  let's play (✕)
[활동 1]  Let's Play (○)

## 2. 핵심 내용을 제시했는가?

영어과도 그 시간의 핵심 내용을 삼분판서의 원칙에 맞춰 제시합니다. 문자가 도입되지 않는 3학년의 경우에는 학습 목표를 나타내는 그림 카드를 붙여 놓는 것이 좋습니다. 단, 시간 내내 필요하지 않다면, 카드 사용이 끝난 경우에는 떼어 줌으로써 학생들의 주의가 분산되지 않도록 합니다.

제 3 부

# 수업 들여다보기

# 13 슬기로운 생활 경험중심 학습 유형 수업의 전개

이 글은 초등학교 2학년 2학기 슬기로운 생활 '3. 주렁주렁 가을 동산' 총 12차시 수업 중 6차시 수업을 참관한 후의 수업 비평입니다. 이 수업은 2008년 대전만년초등학교에서 실시된 교육실습 과정 중에 교생 선생님이 하신 수업입니다.

## 들어가며

'가을에 사람들이 하는 일 알아보기' 라는 주제의 이 수업은 교과명이 말해 주듯 통합 교과의 특성이 잘 드러나는 수업이었습니다. 전 차시에서는 다른 계절과 가을의 날씨를 비교하여 가을 날씨의 특징을 알아보았고, 참관한 수업에서는 그런 날씨의 변화에 따라 사람들이 하는 일이 어떻게 달라지는지를 살펴보는 것이 학습 목표였습니다. 통합 교과의 특성상 수업의 중점은 학생들의 생활 경험을 중심으로 자연 현상 및 사회 현상의 모습을 통합적으로 파악하는 데 있습니다. 이 수업은 학생들의 일반적인 경험을 이끌어 내어 이 경험들을 유의미하게 조직함으로써 학습 목표를 달성하는 것에 초점을 둔, 전형적인 경험중심 학습 유형의 수업이었습니다.

이 수업의 흐름을 따라가면서 수업 교사가 학생들의 경험을 이끌어내고 조직화하기 위하여 어떤 교수·학습 전략을 사용했는지, 어떤 교수·학습 자료와 발문을 통해 학습 목표에 도달했는지, 그리고 그 과정에서 잘된 점과 생각해 보아야 할 점은 무엇인지 살펴보고자 합니다. 수업의 흐름에 따라 각각의 수업 장면을 다음과 같이 크게 다섯 부분으로 나누었는데, 각 단계별로 진행된 수업 장면을 간략히 기술하고 그에 대한 논의를 덧붙이겠습니다.

수업 장면 1: 동기 유발부터 학습 활동 안내까지
수업 장면 2: 안내하고 실시한 학습 활동 1
수업 장면 3: 안내하고 실시한 학습 활동 2
수업 장면 4: 안내만 하고 실시하지 못한 학습 활동 3
수업 장면 5: 학습 정리 및 차시 예고

## 수업 장면 1: 동기 유발부터 학습 활동 안내까지

이 수업은 지구에 온 외계인 '통통이'라는 가상 캐릭터를 동기 유발 자료로 도입하면서 시작되었습니다. 교사는 지구에 대하여 잘 모르는 외계인 통통이의 궁금증을 풀어 주는 일을 학생들에게 과제로 제시했는데, 여기서 통통이의 궁금증이 바로 학습 목표인 '가을에 사람들이 하는 일'이었습니다. 프레젠테이션의 만화 이야기로 통통이의 이야기를 들려주면서 학생들의 호기심과 흥미를 유발하였습니다. 대부분의 학생들은 관심을 보였으나 이야기 구조가 단순하여 몇몇 학생들은 뻔한 이야기 아니냐며 별 흥미가 없다는 표정을 보이기도 했습니다. 무슨 특별한 사건—예를 들면, 지금 공부하는 학생들과 직접적으로 관련된 사건—이 담긴 이야기였으면 더 좋았을 텐데, 그저 궁금해 하는 통통이에게 사람들이 가을에 하는 일을 알려 주자는 것은 학생의 흥미와 호기심을 유발하기에는 다소 약하지 않았나 생각합니다. 물론 대부분의 학생들은 교사의 의도에 따라 선생님이 칠판에 써 놓은 공부할 문제의 빈칸을 단번에 채우며 학습 목표를 확인해 주었습니다.

다음으로는 통통이의 궁금증을 풀어 주기 위해 우선 무엇을 해야 하는지에 대하여 발문을 던지면서 학습 활동이 안내되었습니다. 이 부분에서 교사는 학급의 우수한 학생들을 중심으로 발표를 시켰습니다. 답을 척척 잘 말할 뿐 아니라 시간을 아껴 본 활동에 빨리 들어가기 위함이었던 것 같습니다. '[활동 1] 가을에 하는 일 알아보기'까지는 학생들이 쉽게 답을 해 주었습니다. 하지만 "그 다음엔 무엇을 하게 될까?"에 대하여는 학생들은 답을 하지 않거나 엉뚱한 대답을 했습니다. 세 명의 학생이 신통한 대답을 내놓지 않자 결국 교사는, "가을에 사람들이 이런 일을 하게 되는 까닭을 알아봅시다."라며 [활동 2]에 '이유 알아보기'라고 적었습니다. [활동 3]은 학생들에게 묻지 않고 곧바로 '게임하기'라고 안내하며 학습 활동 안내를 마쳤습니다.

흔히 교사들은 학습 목표에서 학습 활동 계획까지 모두 학생들로부터 이끌어 낼 수 있어야 성공적이라고 말합니다. 이 수업에서 교사는 동기 유발 전에 미리 칠판에 다음과 같이 공부할 문제를 써 놓았습니다. "(    )에 사람들이 (    )을 알아봅시다." 여기에 학생들이 '가을'과 '하는 일'을 쉽게 채워 발표함으로써 학습 목표를 확인했는데 이런 경우 학습 목표를 동기 유발로부터 의미 있게 이끌어 낸 것이라 볼 수 있을까요? 교사가 일방적으로 제시하는 것과는 어떤 차이가 있을까요? 학습 활동 계획에서도 [활동 1]은 무난히 학생들로부터 이끌어 냈지만 [활동 2]와 [활동 3]은 이끌어 내기 어려워 교사가 일방적으로 제시했는데, [활동 2]와 [활동 3]의 안내는 부적절한 것일까요? 교수·학습 과정안의 유의할 점에는 "필요한 학습 활동을 공부할 문제로부터 이끌어 낸다."라고 제시되어 있었습니다.

이 수업에서는 학생들로부터 이끌어 낸 것도 있고 그렇게 하지 못한 것도 있습니다. 학생들로부터 이끌어 내기 쉬운 것도 있지만 [활동 3]처럼 학생에게서 이끌어 내기 어려운 것도 있습니다. 물론 학생들로부터 이끌어 낸 것이 아니라 교사가 일방적으로 제시했다고 해서 학습 목표 확인과 학습 활동 안내가 부적절했다고 보기는 어렵습니다. 학생들을 최대한 참여시켜야겠지만 필요한 경우 자세한 설명으로 대체할 수도 있을 것입니다.

'교사의 자세한 설명'이라는 말을 들으면 언뜻 주입식 또는 교사 주도 수업이라는 느낌이 듭니다. 그렇지만 학생들이 눈을 동그랗게 뜨고 교사의 '설명'을 호기심 어린 눈으로 듣는 모습을 알고 있을 것입니다. 교사의 설명도 그 자체로 얼마든지 호기심과 흥미 유발의 원천이 될 수 있습니다. 학생들이 고개를 끄덕이면 그것으로 충분한 것 아닐까요? '아 그래서 저런 활동을 하는 거구나!'라든가, '이번 시간에는 저런 활동들을 저런 순서대로 공부할 거구나!'하고 생각하게 된다면 교사 주도의 설명도 좋은 수업입니다. 실제로 교사의 설명은 언제나 학생들의 시선을 한 곳으로 잡아끄는 블랙홀 같은 것이어야 합니다.

단적인 예로, [활동 3]을 안내할 때, 게임을 한다고 하니까 학생들은 단박에 "무슨 게임인데요?" 하고 질문했습니다. 교사는 학생들의 궁금증을 그대로 유지시키려는 듯, "[활동 2]까지 잘 공부하면 게임을 할 수 있어요. 우리가 공부한 내용으로 게임을 해 볼 거예요. 그러니까 공부 열심히 해야겠지요?"라며 학생들의 집중을 유도했습니다. 교사가 더 이상의 설명을 생략하고 다음으로 넘어갔는데 이는 궁금증을 끝까지 유지시켜 보려는 의도로 보였습니다. 학생들은 나중에 게임을 한다는 것에 만족한 듯 수업에 집중하기 시작했습니다.

# 수업 장면 2: 안내하고 실시한 학습 활동 1

이제 본격적으로 [활동 1]에 들어갔습니다. 전날 이 수업을 위해서 학생들에게 가을에 사람들이 일하는 모습의 사진이나 그림을 다섯 장 이상 준비해 오라는 과제가 주어졌습니다. 교사는 먼저 자신이 교수 자료로 제작해 온 4절 도화지를 학생들에게 보여 주었습니다. 이 도화지 가장자리 세 곳에는 도시, 농촌, 학교의 그림을 붙였고 그 그림 위에 도시, 농촌, 학교를 크게 써서 붙였습니다. 가을에 사람들이 하는 일을 장소에 따라 나눈 분류판을 만들어 제시한 것입니다. 도시, 농촌, 학교를 학생들에게 강조하여 확인시키고 이 분류판을 자석으로 칠판에 붙여 놓았습니다. 이어 교사는 자신이 준비한 사진이나 그림을 실물 화상기로 하나씩 보여 주며 발문을 하기 시작했습니다. 농부가 벼 베는 모습의 사진을 보여 주며 학생들에게 질문을 던졌습니다.

교　사　이 사진은 무슨 사진일까요?

학생 1　네, 벼입니다.

교　사　네, 맞아요. 벼입니다.

　　　　(이때 다른 학생이 보충한다고 손을 들자 교사가 지명합니다.)

교　사　네, 재윤이가 보충해 볼까요?

학생 2　제가 보충하겠습니다. 농부가 땀을 흘리며 벼를 베고 있는 모습입니다.

교　사　재윤이가 잘 보충했습니다. 그럼, 이런 모습은 어디서 볼 수 있을까요?

학생 3　네, 농촌에서 볼 수 있습니다.

교　사　아주 잘 말했어요. 바로 요즘 같은 가을에 농부들이 벼를 베는 모습이에요. (사진을 들고, 칠판에 붙여 놓은 분류판을 가리키며) 그럼, 이 일은 어디에서 하는 걸까요? 이 사진을 어디에 붙이면 좋을까요?

학생 4　네, 농촌에 붙이면 됩니다.

교　사　참 잘했어요. 이렇게 벼 베는 일은 농촌에서 가을에 하는 일이랍니다.

　　　　(교사는 분류판 위에 자석으로 농촌 쪽에 그 사진을 붙이고, 이어서 같은 방법으로 학교와 도시에서 하는 일도 분류판 위에 각각 사진 하나씩을 붙입니다.)

이렇게 시범 보이기를 끝내고 학생들에게 모둠별로 교사가 제시한 것과 똑같은 분류판을 나누어 주며 학생들이 가져온 사진이나 그림을 도시, 농촌, 학교 등으로 분류하여 붙일 것을 안내했습니다. 학생들은 분주히 사진과 풀, 가위 등을 꺼내고 모둠 활동을 시작했고 교실은 소란스러워지기 시작했습니다. 학생들은 서로가 가져온 사진이나 그림을 쳐다보며 수업 내용과 상관없는 이야기를 하면서 시끄럽게 떠들기 시작했습니다. 물론 떠들면서도 오릴 것은 오리고 붙일 것은 붙여가며 즐겁고 소란스럽게 활동을 해 나갔습니다.

학생들이 가져 온 사진과 그림은 모두 크기가 다양했습니다. 우표보다 조금 큰 것에서부터 A4 용지 크기의 것까지 아주 다양했습니다. 어떤 모둠은 세 분류 항목 중 하나에 사진 두세 개를 붙이자 꽉 찼지만 어떤 모둠은 대여섯 개를 붙여도 공간에 여유가 있었습니다. 그림으로 그려 온 경우도 있었습니다. 어떤 모둠은 네 명 중 한 학생만 사진을 준비해 와서 그것을 붙이고 나니 더 이상 활동을 할 수가 없었습니다. 이런 학생들 몇몇은 교사에게 와서 사진을 달라고 했고, 교사가 자신이 미리 준비한 사진과 그림 몇 장을 주기도 했습니다.

교사는 열심히 순회 지도를 하며 학생들의 활동을 도와주었습니다. 분류가 잘못된 것은 올바른 분류 방법을 가르쳐 주기도 하고, 사진의 내용 중 학생들이 잘 모르는 것은 열심히 설명도 해 주었습니다. 또 도시에서 자란 학생들이 잘 모를 것 같은 농촌의 일하는 모습에 대하여는 사진이나 그림을 일일이 짚어 주며 발문도 하고 설명도 했습니다. 또 사이사이에 학습 활동과 관계없이 떠들거나 장난치는 학생들을 타이르고 활동에 집중시키느라 바쁘게 움직였습니다.

그런데 문제가 생겼습니다. [활동 1]을 하다 보니 계획했던 시간

15분이 훨씬 지나버린 것입니다. 마음이 바빠지기 시작한 교사는 다 마무리하지 못한 모둠이 있음에도 불구하고 서둘러 활동을 종료시켰습니다. 그러나 학생들은 여전히 오리고, 붙이고, 그려 넣기를 계속했습니다. 종을 울리고 박수를 치면서 가까스로 학생들의 활동을 종료시킨 교사는 모둠 번호 순서대로 지금까지 완성한 분류판을 돌려 보는 활동을 학생들에게 안내했습니다.

돌려 보기 활동은 모둠 활동의 결과를 서로 공유하기 위하여 실시하는 것으로 1모둠 것은 2모둠이, 2모둠 것은 3모둠이 살펴보는 식으로 이루어졌습니다. 교사는 돌려 보기 안내를 하면서 자신의 모둠에서 볼 수 없었던 사진이나 그림이 무엇인지 찾아보라는 안내도 함께 했습니다. 1분씩 시간을 주면서 돌려 보기를 네 번 한 후에 시간 부족으로 모두 돌려 보는 것을 포기하고 끝마쳤습니다.

이어서 교사는 TV를 켜고 가을에 농촌, 도시, 학교에서 하는 일을 차례대로 학생들에게 발표시키고 이를 그 자리에서 워드프로세서로 쳐서 학생들에게 제시했습니다. TV에 제시되는 글씨 크기는 맨 뒷자리 학생들도 알아보기 쉬울 만큼 충분히 컸습니다. 학생들이 차례대로 발표하고 교사는 이를 약간씩 수정하여 적으면서 농촌, 도시, 학교에서 하는 일을 다섯 가지씩 정리하고 발표를 마무리했습니다. 더 발표하려고 하는 학생들을 겨우 제지하고 나서 [활동 1]을 끝내고 나니 10분밖에 남지 않았습니다. [활동 3]에서 게임을 한다고 했는데 도저히 할 수 있을 것 같지 않았습니다.

[활동 1]에서 교사는 학생들이 직접 자료를 준비하고 조작해 보게 함으로써 가을에 하는 일을 살펴보는 데 초점을 두었습니다. 특히 자료를 미리 과제로 제시하여 학생들이 준비하는 과정으로 가을에 하는 일을 생각해 볼 수 있는 기회를 제공했고, 이를 모둠별

로 분류하는 과정을 통해 학생들이 토의하고 사고할 수 있도록 유도했습니다. 또한 모둠별 돌려보기를 통해 다른 모둠의 자료를 접해 보게 함으로써 다양한 내용의 학습이 이루어지도록 수업을 이끌었습니다. 돌려 보기는 이런 점에서 좋은 교수·학습 전략이었다고 할 수 있습니다.

여기서 활용한 사진이나 그림들은 학생들의 직·간접적 경험을 대표한다고 할 수 있습니다. 이러한 자료를 통해 학생의 경험들을 상기시키고, 학습 목표에 따라 모둠별 분류하기 활동을 거쳐 학습 목표에 도달할 수 있도록 하는 과정은 경험중심 학습 유형에 적합한 것이라 볼 수 있습니다. 만약 이러한 자료들이 없었다면 '가을에 사람들이 하는 일'에 대한 학생들의 기존 경험이나 지식을 어떻게 이끌어 낼 수 있었을까요? 자료가 없다면 학생들의 발표로 이끌어 내는 방법밖에는 없을 것입니다. 이렇게 학생들의 사전 지식이나 경험을 이끌어 내어 활성화시키기 위해서는 그에 알맞은 학습 자료의 준비가 필수적입니다.

그런데 이러한 자료를 활용하기 위해 교사는 사전에 적절하게 안내했을까요? 앞서 살펴보았듯이 학생들이 준비한 자료는 그 크기가 다양했습니다. 분류를 목적으로 했다면 과제로 제시할 때, 크기를 미리 정해 주는 것이 좋을 것입니다. 학생들의 특성에 맞게 '공책 크기의 반 정도'라든가, '손바닥 크기 정도', 혹은 알맞은 크기의 종이를 보여 주거나 나눠 주고 그 정도 크기의 자료를 준비해 오라고 했다면 더 효과적이었을 것입니다. 더불어 풀, 가위, 사진이나 그림 자료 등을 미리 모둠별 바구니에 준비해 놓았다면 활동의 시작과 동시에 학생들에게 나누어 주어 시간 낭비를 줄일 수 있었을 것입니다. 또한 수업 시작 전에 학생들의 자료 준비 상태를 확인하여 자료가 부족한 모둠의 문제를 해결했더라면 더 좋았을 것입니다.

[활동 1]은 학생들의 직·간접적인 경험을 모둠별 분류 활동을 통해 이끌어 내고 조직했지만, 이 활동을 전체 활동으로 할 수는 없었을까요? 이 물음은 결국 학습 내용에 맞는 학습 집단 조직의 문제와 연결됩니다. 수업에서의 활동 계획은 항상 학습 활동 내용이 먼저 정해지고, 그 내용에 맞는 학습 집단 조직이 결정되며, 여기서 결정된 학습 활동 유형에 따른 다양한 교수·학습 자료의 구안으로 마무리됩니다. 만약 [활동 1]을 전체 활동으로 진행한다면 어떻게 계획할 수 있을까요? 전체 활동을 다음과 같이 예상해 볼 수 있겠습니다.

우선 학생들에게 과제로 제시하는 사진이나 그림 자료는 A4 반 정도의 크기 그림이면 적당해 보입니다. 교사는 칠판에 크게 분류판을 그리고 나서, 학생들이 준비한 자료의 내용을 실물 화상기를 통해 확대하여 하나씩 살펴보며 '가을에 하는 일'을 알아보고 이를 학생들의 대답을 중심으로 분류해 나가는 것입니다. 교사와 학생들의 상호작용을 통해 학생들이 준비한 그림이나 사진으로 분류판이 채워집니다. 학생들이 미리 준비한 직·간접적인 경험은 '가을에 사람들이 하는 일' 그리고 '그 일이 일어나는 곳'으로 모아지면서 학습 목표에 도달하게 됩니다.

전체 활동과 모둠 활동 중 어떤 학습 조직 형태가 훨씬 더 효과적이었을까요? 전체 활동이었다면 모둠 활동에서 이루어졌던 돌려보기가 필요 없었을 것입니다. 또 학생들은 붙이거나 오리거나 그리는 활동 대신에 교사가 제시하는 자료를 보고 사고하고 대답하는 활동을 했을 것입니다. 물론 흥미는 모둠별 활동이 더 높았을지 모릅니다. 하지만 학습 목표에 해당하는 '가을에 하는 일'에 대한 학생들의 인식 정도는 어느 활동에서 더 높게 나타났을까요? 더 많은 자료들을 살펴볼 수 있는 기회를 가지고, 학생간의 상호작용과 학생과 교사 사이의 상호작용이 더 빈번하게 이루어졌으며, 이를 효과적으로 수렴한 학습 집단 조직이 더 효과적이지는 않았을까요?

모둠 활동은 잘 훈련되고 안내되지 않으면 수업에 관계없는 여러 가지 방해 요소들(예를 들면, 학생들의 잡담 등)로 시간을 허비하기 쉽습니다. 이 수업에서 [활동 1]에 많은 시간을 할애할 수밖에 없었던 것은 바로 모둠 활동에 대한 훈련이 충분히 되어 있지 않아 학습과 관계없는 이야기들이 모둠 구성원들의 상호작용에 많이 개입되었기 때문입니다. 그래서 학습 집단을 조직할 때 항상 유념해야 할 것은 유의미한 상호작용이 더 활발하게 일어날 수 있는 학습 집단의 형태가 어느 것인가를 판단하는 일입니다.

학습 집단의 조직에서 모둠 활동이나 짝 활동 또는 개별 활동은 반드시 전체 활동으로 확인되고 점검되어야 합니다. 또한 반드시 필요한 경우에만, 충분히 훈련되고 안내된 상태에서 이루어져야 효과적입니다. 특히 단계가 명확한 활동에서 이후의 활동을 위한 사전 활동일 경우—수학과의 수모형 활동이 그러합니다—적절히 통제되고 안내되지 않으면 이후의 더 중요한 활동에 필요한 시간을 확보하지 못할 경우가 많습니다. 여기에서도 돌려 보기를 네 번 한 후에 다시 전체 활동으로 활동 내용을 정리했는데 이 또한 [활동 1]에 많은 시간을 할애할 수밖에 없는 요인으로 작용했습니다. 따라서 학습 집단 조직은 항상 학생들 사이의 또는 교사-학생 간의 상호작용의 크기, 학습 집단 조직에 따른 학습 방법의 훈련과 안내의 정도, 시간 안배 등을 고려하여 결정해야 합니다. 물론 [활동 1]이 이 수업에서 가장 중요한 활동이기 때문에 많은 시간을 안배하는 것은 맞지만 [활동 3]을 생략할 수밖에 없었던 점은 아쉽습니다.

# 수업 장면 3: 안내하고 실시한 학습 활동 2

교사는 '가을에 하는 일'을 농촌, 도시, 학교로 분류한 후에 다음과 같이 가을에 사람들이 이와 같은 일들을 하게 되는 까닭을 질문으로 던지며 [활동 2]를 진행했습니다.

교　사　지금까지 살펴본 것처럼 가을에 사람들은 이런 일을 하는데, 가을에 사람들이 이런 일을 하는 이유는 뭘까요?

학생들　(쉽게 대답하지 못합니다.)

교　사　(교사가 질문을 바꾸어 다시 합니다.) 여름이나 봄에는 이런 일을 안하고, 가을에 이런 일을 하는 이유는 무엇인가요?

학생 1　네, 가을에는 곡식이 익기 때문입니다.

교　사　네, 아주 잘 말했어요. 가을에는 곡식들이 열매를 맺기 때문에 거두어들이는 일을 많이 하죠. 이런 것을 다른 말로 뭐라고 할까요?

학생 2　네, 추수라고 합니다.

교　사　맞아요. 추수라고 해요. 또는 가을걷이라고도 하지요. 가을에 사람들이 이런 일을 하는 까닭에는 뭐가 있을까요?

학생 3　겨울이 춥기 때문입니다.

교　사　아주 잘 알고 있네요. 겨울이 오면 춥기 때문에 비닐하우스도 고치고 김장도 하지요. 추운 겨울을 잘 지내기 위해서랍니다. 자, 그럼 이렇게 가을에 하는 일이 봄이나 여름에 하는 일과 다른 것은 무엇 때문일까요?

(학생들은 쉽게 답을 하지 못하고 교사는 생각할 시간을 길게 줌

니다. 이어 교사의 또 다른 발문이 이어집니다.)

교 사  힌트 하나 줄게요. 지난 시간에 배운 것을 돌이켜 보면 알 수 있어요. (지난 시간에는 가을의 날씨 변화에 대해서 배웠습니다.)

학생 4  날씨 때문입니다.

교 사  일호가 잘 말했어요. 날씨가 어떻길래 그런 걸까요?

학생 5  네, 날씨가 점점 추워져서 그렇습니다.

교 사  네, 아주 잘 말했어요. 다른 말로 하면, 계절이 바뀌면서 날씨가 어떻게 되었다고 할 수 있어요?

학생 6  네, 날씨가 변해서 그렇습니다.

교 사  맞아요. 그러니까, 날씨가 변해서 무엇도 변한 걸까요?

학생 7  네, 날씨가 변하니까 사람들이 하는 일도 변한 것입니다.

교 사  참 잘 말했어요. 이렇게 가을에 사람들이 하는 일이 봄이나 여름에 하는 일과 다른 것은 바로 날씨가 변했기 때문이에요. 가을이 되면서 곡식이 익어 추수하고, 고추도 말리고, 학교에서는 한 해 동안 공부한 것을 보여 주는 학예회도 하고, 또 가을 다음에 추운 겨울이 오니까 김장도 하고 집안 보일러도 살펴보고 하는 거지요.

[활동 2]는 이렇게 마무리되었습니다. 시간은 이제 3분이 남았습니다. [활동 2]는 전 시간에 배운 날씨의 변화를 토대로 하여 사람들의 생활 모습이 자연 환경의 변화에 따라 달라진다는 것을 인식시키는 단계였습니다. 연속 차시 수업은 아니지만 이 수업에서 전시 학습 상기는 바로 여기 [활동 2]에서 이루어진 것입니다. 보통은 수업의 동기 유발 단계 이전에 전시 학습 상기를 하거나 학습 목표를 확인하기 전에 다루는데 교사는 이 단계에서 비로소 전시 학습

내용을 상기시켰습니다.

수업의 앞부분에서 전시 학습 내용을 확인했더라면 더 좋았을까요? 그랬다면 힌트를 주지 않아도 금방 학생들이 교사가 의도하는 바를 알아차리고 날씨의 변화와 사람들의 하는 일 사이의 관계를 파악하여 대답할 수 있었을까요? 전시 학습 상기는 단순히 전 시간에 무엇을 배웠는지 확인하는 것에서 그치지 않습니다. 단원이 완전히 바뀌는 단원 첫 차시 수업이 아니라면 전시 학습 상기는 이번 차시의 학습 목표와 관련지어 확인해야 하는 것입니다. 이 수업의 경우에는 학습 목표를 확인한 후, 교사가 학생들로부터 지난 시간에 배운 내용을 발문을 통해 상기시키고 다음과 같은 발문으로 앞뒤 차시의 수업 내용을 연결 지어 제시할 수 있습니다.

"지난 시간에는 가을에 날씨가 어떻게 변하는지 배웠습니다. 이번 시간에는 가을에 사람들이 하는 일을 알아보는 공부를 하기로 했어요. 그런데 날씨가 변하는 것과 사람들이 하는 일은 무슨 관계가 있을까요? 이 둘 사이의 관계를 생각하며 오늘 공부를 해 봅시다."

미리 이런 방식의 전시 학습 상기가 이루어졌다면 [활동 2]에서 학생들이 날씨와 하는 일의 관계를 좀 더 빨리 파악하는 데 도움이 되지 않았을까요? 이런 이유로 전시 학습 상기는 매우 중요합니다. 동기 유발에 치중하느라 전시 학습 상기를 놓친 것은 다소 아쉬운 부분이지만 그래도 [활동 2]에서 끌어 낸 것은 다행이었습니다.

[활동 2]에서 교사가 한 발문에 대해 잠깐 살펴보겠습니다. 첫 발문은 학생들이 대답하기에 어땠을까요? 우리가 흔히 좋은 발문이라고 말하는 확산적 · 추론적 · 적용적 발문이라 할 수 있을까요?

학생들은 왜 쉽게 대답하지 못했을까요? 아마도 발문 내용이 구체적이지 못하고 포괄적이었기 때문일 것입니다. 이런 발문은 학생들이 쉽게 답하지 못하기 때문에 좋은 발문이 아닙니다. 실제로 교사의 이 발문에 대해 학생들은 교사의 의도를 벗어난 여러 가지 많은 대답을 할 수 있습니다.

그러면 [활동 2]의 첫 발문은 어떻게 시작했어야 할까요? 교사가 구체적으로 '가을에 하는 일' — 예를 들면, 곡식을 추수한다는 [활동 1]의 학습 내용 중 하나 — 을 짚어 가면서 가을에 추수를 하게 되는 까닭이 무엇인지를 발문으로 던졌더라면 더 좋았을 것입니다. 다시 말하면, 가을에는 사람들이 곡식을 거두어들인다는 내용 하나를 구체적으로 지적하면서 사람들이 이런 일을 하게 되는 까닭을 발문으로 던졌어야 했다는 것입니다. 이렇게 던진 발문은 날씨와 하는 일의 관계 파악을 위해 차례대로 구조화할 수 있습니다. 이를 예상하여 제시하면 다음과 같습니다. 여기서는 이미 교사가 날씨에 관한 전시 학습 상기를 했다고 가정하겠습니다.

교　사　자, 우리가 이렇게 가을에 사람들이 하는 일을 여러 가지 살펴 보았는데, 그중에서 사람들은 가을에 추수를 한다고 했지요? 그럼, 사람들이 가을에 추수를 하게 되는 까닭은 무엇일까요?

학생 1　네, 곡식이 다 익어서 그렇습니다.

교　사　맞아요. 곡식이 잘 익었으니까 추수하는 거지요. 그러면 가을에 곡식이 잘 익도록 만들어 주는 것은 무엇일까요?

학생 2　햇볕이요.

학생 3　맑은 날씨입니다.

교　사　그래요. 가을에는 날씨가 맑은 날이 많고, 햇볕도 적당해서 모든

곡식이 아주 잘 익어 간답니다. 그러면 가을에 사람들이 추수
하는 일을 하는 것은 결국 무엇과 관계가 있나요?

학생 4  날씨입니다.

교  사  맞아요. 그러니까 가을에 날씨가 변하면서 무엇도 함께 달라진
다고 할 수 있나요?

학생 5  날씨가 변하면서 사람들이 하는 일도 달라진다고 할 수 있습
니다.


　비록 가상의 상호작용이지만 이런 식으로 [활동 2]를 구상해 보
는 것은 한 덩어리로 구조화된 발문이 하나의 활동 단계에서 낱개
의 발문 하나하나보다 더 중요하다는 것을 강조하기 위함입니다.
처음 발문은 단순 기억 재생 발문입니다. 이미 추수 활동에 대하여
[활동 1]에서 공부할 때 곡식이 익어서 추수한다고 확인한 바가 있
기 때문입니다. 이렇게 처음에는 단순 기억 재생 발문으로 시작하
지만 서서히 학생들의 사고를 요하는 발문으로 진행됩니다. 곡식을
익게 해 주는 것에 대한 답변은 다양하게 나왔습니다. 확산적 발문
입니다. 그중 날씨와 관계 있는 답변을 골라내어 강조하고 그런 답
변들을 통틀어 모아서 날씨(날씨의 변화)에 해당됨을 이끌어 냅니
다. 이는 수렴적 발문입니다. 마지막으로 날씨의 변화와 사람들의
하는 일의 관계를 파악하는 발문은 추론적·적용적 발문입니다.
　앞의 가상 발문 시나리오에서 교사들은 마지막 발문을 흔히 이
렇게 하기 쉽습니다. "그럼, 날씨와 사람들이 하는 일은 어떤 관계
가 있을까요?" 같은 내용을 묻는 것이므로 이 발문도 추론적·적
용적 발문이라고 할 수는 있지만, 이 질문에는 학생들이 쉽게 답할
수 없기 때문에 결코 좋은 발문이라 할 수 없습니다. 아무리 교사

가 묻는 내용이 확산적·추론적·적용적이라 해도 학생들이 쉽게 답할 수 있도록 학생 수준의 언어로 하지 않으면 교사가 의도하는 학생들과의 의미 있는 상호작용은 이루어지기 어렵습니다.

실제 수업에서 이루어진 상호작용과 가상 시나리오의 상호작용 사이에는 또 하나의 커다란 차이가 있습니다. 곡식이 익기 때문에 추수를 하는 것까지는 같지만 곡식이 익는 과정에 날씨의 변화가 구체적으로 개입되어 있지 않습니다. 이는 매우 중요한 사항입니다. 자연 환경과 인간의 생활 모습(인문 환경)의 관계를 교사가 학생들도 당연히 알고 있을 거라 짐작하고 넘어가서는 안 됩니다. 성인들은 가을이 되면 날씨가 변하고 곡식이 익고, 농부가 추수하는 것을 당연하게 알고 있지만, 어린 학생들에게는 가을 날씨의 특징적 변화가 곡식을 여물게 하고, 그것이 가을걷이라는 사람의 일로 연계된다는 것을 단계를 밟아 명확하게 지도해야 합니다. 그렇게 가르치지 않으면 학생들은 날씨가 변해서 사람들이 하는 일이 달라진다는 것을 그저 수박 겉핥기식으로 아는 것에 그치게 될 것입니다.

학생들의 학습 결과를 확인하는 방법으로 수업이 끝난 후 학생들에게 몇 가지 질문을 던질 수 있습니다. "날씨가 변할 때 사람들의 하는 일은 어떻게 달라지나요?" "무슨 일을 하는지 말해 줄 수 있어요?"라고 물었을 때 학생들이 날씨 변화와 곡식이 익어가는 것, 추수의 관계를 쉽게 말할 수 있다면 성공적인 수업이라고 할 수 있을 것입니다. 이런 내용들은 다시 이 수업에 관한 형성 평가를 다룰 때 자세하게 언급하기로 하겠습니다.

실제 수업에서 이루어진 상호작용 중에서 교사의 네 번째 발문도 김장이나 비닐하우스를 예로 들면서 구체적인 내용으로 발문했다면 학생들이 더 대답하기 쉽지 않았을까 생각합니다. 다행히도 어떤 학생이 겨울이 춥기 때문이라고 대답하여 쉽게 넘어갈 수 있었지만, 수업을 하다 보면 종종 이런 일이 생깁니다. 교사가 발문을 어렵고 엉뚱하게 던졌지만 똑똑한 학생 몇몇이 그 뜻을 '찰떡같이' 알아듣고 알맞은 대답을 해 주는 경우 말입니다. 교사 입장에서는 그런 학생들이 참으로 똑똑해 보이고 기특하게 여겨지겠지만 자신의 발문이 가진 한계를 극복하려는 노력을 게을리해서는 안됩니다. 그래서 교사는 중간 수준이나 중하 수준의 학생들 눈높이에 맞춰 발문을 하도록 노력해야 합니다. 중간·중하 수준의 학생들이 답하지 못하는 발문은 좋은 발문이 아닐 가능성이 큽니다.

[활동 2] 후반부의 상호작용은 쉬우면서도 핵심을 향해 나아가는, 어느 정도 구조화된 발문이 이어져 날씨의 변화와 사람들이 하는 일의 변화를 학생들에게 잘 인식시켰습니다. 더불어 [활동 1]의 마지막에 살펴본 '하는 일'과 '날씨'의 관계를 예를 들어 설명하고 정리한 것도 필요한 활동이었다고 생각합니다. 미리 구조화된 발문을 준비하여 구체적으로 정리하려는 의도는 아닌 것 같았지만 학생들에게서 이끌어 낸 것을 모아 교사의 설명을 덧붙이는 것은 유용했습니다.


# 수업 장면 4
## 안내만 하고 실시하지 못한 학습 활동 3

시간 부족으로 학생들에게는 기대를 심어 주고 실제로는 하지 못한 [활동 3] '게임하기'가 바로 형성 평가 부분입니다. 교수·학습 과정안에 따르면 우선 교사는 [활동 1]에서 공부한 내용, 즉 '가을에 사람들이 하는 일' 들 중 몇 가지 내용을 바탕으로 골든벨 형식의 문제를 제시하여 '가을에 하는 일의 장소'에 대하여 평가할 계획을 세웠습니다. 그 다음으로 학생들로 하여금 동작, 흉내 내는 소리, 설명 등 다양한 방법으로 직접 문제를 내도록 하고 다른 학생들이 답을 할 수 있는 활동도 계획했습니다. 실제 이루어지지는 않았지만, 실제 이 활동이 이루어졌다면 평가가 성공적이었을까요?

우선 학생들로 하여금 문제를 낼 수 있는 기회를 제공한 점과 설명뿐 아니라 동작, 흉내 내는 소리 등을 이용하여 문제를 내도록 구상한 점은 학생중심 학습 활동이라는 측면에서 바람직했습니다. 학생들의 활발한 수업 참여를 이끌어 낼 수 있기 때문입니다. 그러나 교사의 형성 평가 문제에도, 학생들을 참여시킨 평가 문제에도 수업의 핵심을 짚어 내는 부분이 없다는 한계가 있었습니다. 또한 [활동 2]에서 다룬 내용들은 실제 [활동 3]이 이루어졌어도 평가 내용에 포함되기 어려웠을 것입니다. 날씨와 하는 일 사이의 관계를 2학년 학생들 수준에서 적절한 문제로 만들어 평가 문제로 제시할 수 있었을지 의문이 들기 때문입니다.

한 차시의 형성 평가를 계획할 때에는 수업의 흐름에 맞아야 하며, 핵심적인 내용을 중심으로 세네 문제 정도로 구성하여 학생들이 2분 안에 풀 수 있도록 하는 것이 바람직합니다. 학생들의 참여도 바람직하지만 수업의 핵심을 평가하는 일은 더 중요합니다. 이 수업에서 형성 평가 문제를 제시한다면 다음과 같은 것이 적당하지 않을까요? 물론 교사가 미리 형성 평가 문제를 준비해야 하고, 제시하는 방식은 평가지, 골든벨 문제, 플래시 애니메이션 등 여러 가지 다양한 방법을 활용할 수 있습니다.

1. 가을철 사람들의 생활 모습으로 알맞은 것에 ○표 하세요.

① 짧은 소매의 옷을 입는다. (　　)

② 곡식이나 야채를 거두어들인다. (　　)

③ 김장을 하거나 보일러를 수리한다. (　　)

④ 씨앗을 뿌리고 밭을 일군다. (　　)

2. 가을철에 하는 일과 일을 하는 곳을 알맞게 선으로 이어 보세요.

① 가로수에 벌레집을 만들어 줍니다. •　　　　　　　• ㉮ 농촌

② 가을 운동회나 학예회를 합니다. •　　　　　　　• ㉯ 도시

③ 고추와 벼를 말립니다. •　　　　　　　• ㉰ 학교

3. 가을에 사람들이 하는 일은 가을에 무엇이 어떻게 변하기 때문일까요?

(　　　　　　　　　　　　　　　　　　　　　　　)

　이 평가 문항 중 1, 2번은 실제 교수 · 학습 과정안에 계획된 내용으로서 다룰 수 있었겠지만 3번은 계획된 교수 · 학습 과정안에서는 찾기 어렵습니다. 또 1, 2번 평가 문항은 학생들의 문제 내기 활동으로 실시할 수 있지만 3번은 학생들의 문제 내기 활동으로 할 수 있을지 의문이 들기도 합니다.

# 수업 장면 5: 학습 정리 및 차시 예고

[활동 2]가 끝나자 3분 정도밖에 시간이 남지 않았습니다. 교사는 하는 수 없이 [활동 3]을 건너뛰고 학습 정리 및 차시 예고를 했습니다. 학습 정리 부분에서는 동기 유발에 등장했던 통통이를 다시 도입했습니다. 교사는 통통이의 궁금증을 풀어 주려면 통통이에게 편지를 써서 보내 주어야 한다고 안내하고, 편지에 어떤 내용이 들어가면 좋을지 학생들에게 질문을 했습니다.

학생들은 가을에 사람들이 하는 일을 한 가지씩 구체적으로 말하였고, 교사는 "그래요." "맞아요." 등의 단답으로 반응하며 재빠르게 하나씩 확인해 나갔고 발표를 다섯 명 정도 시키고 나서는 아직 손을 들고 있는 학생들의 발표를 중지시켰습니다. 그런 뒤에 가을에 사람들이 이런 일을 하는 까닭을 통통이에게 편지로 써 주자고 제안했습니다.

그런데 갑자기 학생 하나가 통통이 주소가 어떻게 되느냐는 질문을 했습니다. 교사는 약간 당황하는 듯 보였지만, 편지를 써서 선생님에게 내면 대신 부쳐 줄 테니 숙제로 편지를 써 오라고 안내했습니다.

안내가 끝남과 동시에 종이 울리고 말았습니다. 교사는 종소리가 그치기를 기다렸다가 다음 시간에 공부할 문제를 서둘러 안내했습니다. "다음 시간에는 봄, 여름, 가을에 볼 수 있는 열매에 대하여 공부하겠습니다. 오늘 슬기로운 생활 공부를 마칩니다." 학생들은 일제히 "감사합니다." 하고 인사를 했습니다. 한 시간 수업이 이렇게 끝났습니다.

학습 정리 단계에서 교사는 동기 유발에서 쓴 자료를 다시 한 번

도입하여, 수업의 기승전결 구조에 알맞은 모양새를 갖추었습니다. 통통이의 궁금증을 풀어 주는 것을 과제로 내면서 시작했으니 통통이의 궁금증을 풀어 주기 위해 편지 쓰기를 도입한 것은 자연스러운 흐름이었습니다. 동기 유발은 동기 유발에만 그치고 마는 경우가 많은데 이렇게 끝 부분과 연결하여 수업에 활용되는 동기 유발은 학생들의 흥미를 유지시켜 준다는 장점이 있습니다. 실제로 수업 중간중간에 수업에 학생들이 집중하지 않을 때, 교사는 "만약 이렇게 해서 공부를 못하면 통통이의 궁금증을 어떻게 풀어 주지?"라며 동기 유발 자료로 흥미도 유지시키고 학습에도 집중시키는 방향으로 활용했습니다.

그러나 실제로는 시간이 부족하여 편지 쓰기를 할 수 없었습니다. 뿐만 아니라 편지 쓰기는 [활동 3]의 형성 평가와 중복된 활동입니다. 이럴 경우에는 차라리 편지 쓰기를 형성 평가로 대신하는 것이 더 적절했을 것입니다. 개인별 활동으로 편지를 쓰고, 모둠에서 돌려 보기를 하여 누가 가장 잘 썼는지 선정한 다음, 모둠에서 선정된 편지를 전체 활동으로 알아보는 과정을 통해 형성 평가를 대신해도 바람직했을 것입니다. 물론 이런 형태의 정리 활동은 미리 훈련되어 있지 않으면 정해진 시간 내에 목적을 달성하기 어렵다는 단점이 있습니다.

예를 들면, 모둠에서 돌려 보는 데에도 학생 개인의 능력에 따라 쓰는 시간의 차이가 생겨 가장 늦게 쓰는 학생이 다 쓰기를 기다려야 하고, 또 모둠에서 가장 잘 쓴 글을 선정할 때에도 적절하고 알맞은 기준에 따라 선정하기보다는 서로 다투거나 근거 없이 아무것이나 고르는 등의 문제점이 발생합니다. 다 못 쓴 친구가 있더라도 먼저 쓴 순서대로 돌려 읽기를 시작하게 하고, 잘 쓴 글을 선정하기에 앞서, 기준을 함께 살펴 본 후 기준에 따라 특별한 기호(예를 들면, ○)를 많이 받은 학생이나 근거가 있는 칭찬을 많이 받은 글로 고르게 하는 방법을 쓰면 좋습니다. 그러나 이러한 방법도 몇 차례에 걸쳐 훈련되어야 하므로 제대로 활용하기까지 많은 시간이 걸립니다.

이번 수업에서는 결국 편지 쓰기가 과제로 제시되었는데 과연 이 과제는 어떻게 처리해야 할까요? 물론 과제는 반드시 확인하고 피드백을 제공해 주어야 합니다. 이 경우에는 앞서 말한 모둠별 돌려 읽기 및 잘된 것 고르기 과정을 도입할 수 있습니다. 또 교사가 일일이 확인하는 방법도 있으나, 거기에는 시간이 많이 걸린다는 점과 학생들 간에 상호작용이 일어나지 않는다는 단점이 있습니다.

차시 예고는 다음 수업의 전시 학습 상기와 짝이 되는 부분입니다. 오늘 학습한 내용과 관련하여 다음 차시 학습 내용이 예고되어야 하고, 다음 차시에서는 이번에 배운 내용이 전시 학습 상기로 이어져야 합니다. 이 수업에서 교사는 종이 울림과 동시에 학습 정리가 끝나게 되어 수업 시간을 넘겨서 차시 예고를 서둘러 했습니다. 만약 시간의 여유가 있었다면 오늘 배운 내용 중에 나왔던 곡식 이야기를 도입하여 열매라는 말을 유도하고 다음 시간에 배울 내용을 안내해 주었을 것입니다.

한 가지 아쉬운 것은 학습 준비물에 대한 안내를 하지 못했다는 점입니다. 실제로 다음 시간의 수업을 위해서 또 봄, 여름, 가을의 열매 사진이나 그림 자료를 학생들에게 준비시켜야 하는데 다음 차시 예고와 함께 과제 제시가 이루어지지 못했습니다. 학생들은 각 가정에서 학습 준비물을 준비하는 과정에서 차시 학습에 대한 궁금증을 갖거나 학습 내용에 대하여 미리 생각해 보는 시간을 갖습니다. 따라서 차시 예고 시 준비물 안내를 함께 할 수 있도록 수업을 진행하는 것이 좋을 것입니다.

# 더 생각해 볼 문제들

지금까지 수업의 시작부터 끝까지 흐름에 따라 5단계로 나누어 살펴보았습니다. 이 수업을 전체적으로 두 가지 더 살펴보겠습니다.

첫째, 당연한 말이지만 성공적인 수업은 모든 학생들의 참여를 전제로 합니다. 몇몇 우수 학생들의 발표로 진행되는 수업은 막힘 없이 매끄럽게 진행되었다 하더라도 그 수업이 성공적이라고 보기 어렵습니다. 우수한 학생들의 수업 참여 못지않게 소외된 학생들, 부진 학생들에 대한 적절한 배려와 지도가 반드시 필요합니다.

이는 특히 발표에서 두드러지게 나타납니다. 학급의 모든 학생들을 수업에 참여시킨다는 것은 가능한 모든 학생들에게 발표의 기회를 제공해 주는 것을 의미합니다. 학생들의 활발한 발표를 유도하고 이를 통해 다양한 상호작용이 일어나게 하는 것, 그리고 그러한 상호작용들이 학생들의 사고를 자극하여 인지적 변화를 꾀하는 것이야말로 학습 목표를 달성하는 지름길입니다. 그러나 현실은 다릅니다. 막상 수업을 진행하다 보면 손 드는 학생은 항상 손을 들지만 하루 종일 손을 한 번도 들지 않는 학생들도 있습니다. 몰라서 그렇게 하기도 하지만 알면서도 굳이 나서서 발표하려 하지 않는 경우도 있습니다.

어떻게 하면 좋을까요? 우선은 학급 분위기가 허용적이어야 합니다. 잘못된 대답도 적절한 피드백을 제공하여 용기를 북돋아 주고 엉뚱한 대답에도 긍정적인 피드백을 제공하는 교사의 허용적인 태도가 학생들의 수업 참여를 더 활발하게 이끌 것입니다.

여기에 교사의 발문은 학생들의 발표를 이끌어 내는 데 결정적인 구실을 합니다. 따라서 교사는 수업의 활동 하나하나를 단위로 하여 발문을 구조화하도록 준비해야 합니다. 그러나 현실적으로 그런 구조화된 발문을 매 차시마다 준비하여 수업에 임하는 일은 그리 쉬운 일이 아닙니다. 이럴 때 하루에 한 가지 활동만이라도 미리 그 활동의 발문 구조화를 위해 상호작용 시나리오를 써 보는 것은 어떨까요? 가장 다루기 힘든 활동이나 학습 내용을 중심으로 하루에 한 가지 활동 단위, 최소한 일주일에 하나씩만이라도 구조화된 발문을 고민하다 보면 교사 자신도 모르는 사이에 더 이상 시나리오를 쓰지 않아도 되는 발문의 전문가가 될 수 있지 않을까요?

발문의 시나리오를 머릿속으로 생각해 보는 것과 실제로 써 보는 것에는 큰 차이가 있습니다. 예상하여 쓰고 나서 다시 보면 또다시 고쳐야 할 발문들이 드러납니다. 이러한 연구와 고민이 바로 교직을 전문직으로 만들어 주는 것입니다.

교사가 진행한 이 수업에서는 학생들의 공식적인 발화와 비공식적 발화가 자유롭게 많이 나타나 수업 참여가 활발하게 이루어졌습니다. 일부러 손을 들지 않은 학생에게 질문을 던지는 경우도 있었고, 엉뚱한 응답에도 인내심을 가지고 반응을 보여 주었으며, 가능하면 수업 내용에 관련된 방향으로 유도하려고 노력했습니다. 다만, 모둠별 활동에서 무의미한 비공식적 발화가 유의미한 비공식 발화 및 공식적 발화와 많이 뒤섞여 나타났는데 이를 통제하지 못하여 시간을 많이 허비하게 된 점이 아쉬웠습니다.

여기서 공식적 발화란 교사의 기본 학습 훈련에 따라 '교사의 발문 → 학생의 거수 → 교사의 이름 지적 → 학생의 발표(일어서서 다른 학생들을 바라보며) → 교사의 피드백'으로 이어지는 공식적 발표 형태를 가리킵니다. 반면, 비공식적 발화란 기본 학습 훈련과 관계 없이 교사의 지적을 받지 않고 또 학생들 전체를 향해 하는 발언이 아닌 툭툭 던지는 식의 발화를 의미합니다. 이 비공식적 발화는 해당 차시 학습과 관련된 발화인 유의미한 비공식적 발화와 학습 내용과 관계없는 무의미한 비공식적 발화로 구별해 볼 수 있습니다. 유의미한 비공식적 발화는 학생들의 수업 참여를 확인할 수 있는 기회가 될 뿐 아니라 학생들의 여러 가지 번뜩이는 아이디어를 접할 수 있는 기회가 되지만, 무의미한 비공식적 발화를 적절히 통제하지 않으면 수업의 방해 요소가 되고 맙니다.

학생들의 적극적인 수업 참여는 학생들의 활발한 발표를 유도하는 일에서 시작됩니다. 그렇기 때문에 교사의 허용적인 학급 분위기 조성과 구조화된 발문의 준비, 그리고 상호작용 과정에서 일어나는 무의미한 비공식적 발화의 적절한 통제 등이 함께 어우러질 때 비로소 모든 학생들이 수업에 참여하는 성공적인 수업을 실현할 수 있습니다.

둘째, 모든 학생은 수업에 그냥 들어오지 않습니다. 어떤 내용의 수업이든 이미 그 수업 내용과 관계된 사전 지식과 경험을 지니고 수업을 받게 됩니다. 경험중심 학습 유형은 학생들의 사전 지식이나 경험 중 어떤 것을 어떻게 이끌어 내어 교사가 의도하는 학습 목표와 관련지어야 하는가가 수업 설계의 핵심적인 요소입니다. 이 수업에서 교사는 사진이나 그림 자료를 사전 과제로 제시하여 학생들의 경험을 이끌어 낼 준비를 했습니다. 그에 더불어 교사는 필요한 자료를 준비해서 교수·학습 자료로 활용함으로써 학생들의 경험이나 지식을 활성화시키는 데 활용했습니다.

이러한 수업의 어려운 점은 학생들이 가지고 있는 사전 지식 및 경험의 다양성과 편차에 있습니다. 학생들은 서로 다른 경험이나 지식을 가지고 있기 마련이고, 그 지식이나 경험에도 편차가 뚜렷이 드러납니다. 실제로 이 수업처럼 농촌에서 가을에 하는 일에 대한 내용은 대도시의 아파트에서 생활하는 학생들에게 그리 쉬운 내용이 아닙니다. 농촌 생활에 대한 지식이 풍부하지 않아 사진이나 그림만으로 쉽게 이해하기 어렵습니다. 이런 경우 교사가 직접 설명해 주거나 학생들 중에 아는 학생들의 발표로 대신하는 것이 일반적이지만, 동영상, 실물 자료와 같은 학생들의 이해도를 높일 수 있는 자료를 준비하여 활용하면 더 효과적일 것입니다.

이 수업에서 아쉬운 점은 이러한 학생들이 가지고 있는 특성 즉, 특정한 생활 장면에 대한 경험과 지식의 부족 및 편차를 고려해서 다루어 주는 노력이 부족했다는 점입니다. 동영상 자료를 준비하거나 전체 활동을 통해 자세히 설명하는 등의 과정이 있었더라면 더 다양한 내용의 학습이 이루어질 수 있었을 것입니다. 한편으로 이러한 과정은 학생들의 기존 지식과 경험에 연결된 새로운 지식의 망을 형성하게 함으로써 인지 발달에 긍정적 영향을 줍니다. 교사가 의도하는 인지적 수준과 학생들이 이미 가지고 있는 인지적 수준의 차—근접발달지대(Zone of Proximal Development)의 폭—를 줄여 나가는 것은 교사의 중요한 역할입니다.

이렇게 교사가 학생들의 경험과 사전 지식을 어떻게 다룰 것인가를 설계하는 일은 교수·학습 과정안 작성에서 중요한 작업이 됩니다. 학생들의 경험을 토대로 적절하고 풍부한 학습 내용을 다루어 근접발달지대의 폭을 줄여 나갔다면 성공적인 수업이라고 말할 수 있습니다.

# 나가며

"수업에는 왕도가 없다."라는 말이 있습니다. 같은 주제의 수업을 놓고도 교사들은 서로 다른 길을 통하여 목표에 도달할 수 있습니다. 그러한 다양성은 교사의 특성, 학생의 특성, 교과 내용의 특성에 대한 고려로부터 나옵니다. 교수·학습 과정안을 세안으로 작성할 때, 흔히 학생 실태를 분석하는 것은 바로 그런 이유입니다.

교사는 자신의 수업 설계에 대해 설명할 수 있어야 합니다. 이것은 교사라면 누구에게나 해당되는 일입니다. 왜 그런 교수·학습 전략을 사용했는지, 그 교수·학습 자료를 그런 방식으로 활용한 까닭은 무엇인지, 학습 집단 조직의 구성은 왜 그렇게 했는지 등 자신의 수업 설계에 대해 스스로 설명할 수 없다면 다른 누구의 평가를 떠나 잘 계획된 수업안이라고 보기 어렵습니다. 자신에게 자신 있게 대답할 수 있을 때, 교사는 그 교수·학습 과정안을 가지고 두려움 없이 수업에 임할 수 있을 것입니다.

지금까지 한 시간의 수업을 여러 측면에서 살펴보았습니다. 교사의 학생들에 대한 열정을 확인할 수 있는 좋은 기회였습니다. 다양한 자료를 준비하고, 발문에 대해 고민하고, 시나리오를 써서 몇 번씩 연습하는 교사의 모습을 지켜보면서 교사가 되는 일은 천부적인 재능이 아니라 식지 않는 열정과 꾸준한 노력을 통해 성취되는 것임을 확인했습니다.

좋은 수업에 특별한 지름길은 없습니다. 한 시간의 수업을 놓고 수업 설계에서부터 실제 수업, 수업 후 협의회에 이르기까지 더 나은 수업을 위해 꾸준히 노력하는 것만이 좋은 교사가 되는 최선의 방법입니다.

좋은 교사가 되려는 모든 노력은 결국 바로 교사의 존재 이유인 학생들 때문입니다. 사랑은 마음만으로는 부족합니다. 손에 잡히는 세세한 노력이 뒷받침되어야 그 사랑이 결실을 맺을 수 있습니다.

# 본시 교수 · 학습 과정안

| 교 과 | 슬기로운 생활 | | 일 시 | 20○○.○○.○○<br>(○요일) ○교시 | 장 소 | 2-○ 교실 |
|---|---|---|---|---|---|---|
| 단 원 | 3. 주렁주렁 가을동산 | | 차 시 | 6/12 | 지도교사 | ○○○ |
| 학습 주제 | 가을의 날씨와 하는 일 | | 교과서 | 47~49 | 보조 교과서 | · |
| 학습 목표 | 가을에 사람들이 하는 일을 알 수 있다. | | | | | |

| 수업 전략 | 최적 학습 유형 | | 경험중심 학습 유형 |
|---|---|---|---|
| | 학습 집단 조직 | | 모둠 학습 ➡ 전체 학습 |
| | 중심 학습 활동 | | 가을에 하는 일 분류하기 ➡ 가을에 하는 일에 대해 이야기하기<br>➡ 가을에 하는 일의 이유 생각하기 |

| 교수 학습 | 일반<br>자료 | 교 사 | 동기 유발 PPT, 4절 도화지 여덟 장, 골든벨 문제 |
|---|---|---|---|
| | | 학 생 | 가을에 하는 일에 관련된 사진, 그림 자료 |
| | ICT 자료 | | 실물 화상기 |

| 단 계 | 학습<br>내용 | 교수 · 학습 활동 | 시 간 | 자료 및<br>유의점 |
|---|---|---|---|---|
| 문제<br>파악 | 동기<br>유발 | ■ 학습 동기 유발하기<br>• 전시 학습을 상기한다.<br> - 가을의 날씨와 식물의 변화에 대해 상기하기<br>• '통통이의 궁금증'을 본다.<br> - 자료를 보고 공부할 문제 생각하기<br>➡ 통통별에서 온 통통이가 가을에 사람들은 무엇을 하는지 궁금하다고 한다.<br><br>교 사 통통이가 가을에 사람들은 무엇을 하는지 친구들에게 알려 달래요. 무엇을 공부해야 통통이의 궁금증을 풀어 줄 수 있을까요? | 3′ | ① 프레젠<br>테이션 -<br>'통통이의<br>궁금증'(3′) |
| | 공부<br>할<br>문제<br>파악 | ■ 공부할 문제 확인하기<br><br>📖 가을에 사람들이 하는 일을 알아봅시다. | 1′ | |

| 단계 | 학습<br>내용 | 교수 · 학습 활동 | 시간 | 자료 및<br>유의점 |
|---|---|---|---|---|
| 문제<br>파악 | 학습<br>활동<br>계획<br>안내 | ▣ 학습 활동 안내하기<br>[활동 1] 가을에 하는 일 알아보기<br>[활동 2] 가을에 하는 일의 이유 알아보기<br>[활동 3] 게임하기 | 1′ | ★ 필요한<br>학습 활동을<br>공부할 문제<br>로부터 이끌<br>어 낸다. |
| 문제<br>추구<br>및<br>해결 | 가을<br>사진<br>분류 | ▣ 학습 활동<br>[활동 1] 가을에 하는 일 알아보기<br>• 가을에 하는 일과 관련된 사진을 분류한다.<br>　– 준비해 온 사진을 장소에 따라 분류하기<br>　➡ 학생들이 준비한 사진을 실물 화상기로 보며 칠판에 교사<br>　　와 함께 분류한다.<br>　➡ 학교, 도시, 농촌별로 사진을 분류한다.<br>• 사진 속의 일이 어떤 일인지 생각한다.<br>　– 사진을 보며 어느 곳에서, 무엇을 하는 모습인지 생각하고<br>　　발표하기<br>　➡ 사진 내용을 알아보고 올바르게 재분류한다. | 10′ | ② 실물 화<br>상기(10′)<br>분류 기준을<br>명확하게 제<br>시한다. |
| | 가을에<br>하는<br>일의<br>이유 | [활동 2] 가을에 하는 일의 이유 알아보기<br>• 가을에 하는 일들의 이유를 생각해 본다.<br>• 가을에 하는 일들의 이유 생각하고 발표하기<br><br>　교　사　가을에 사람들은 이런 일을 하는데, 그럼 가을에만<br>　　　　　이런 일을 하는 이유는 뭘까?<br>　학생들　(쉽게 대답하지 못한다.)<br>　교　사　왜 여름에는 이런 일을 안 할까요?<br>　　　　　여름과 가을이 다른 점은 무엇인가요?<br>　학생 1　가을은 여름보다 더 시원합니다.<br>　학생 2　가을은 구름이 적고 맑은 편입니다.<br>　학생 3　단풍도 들고 낙엽도 집니다.<br>　학생 4　과일과 곡식이 익습니다.<br>　교　사　가을은 시원해서 괜찮은데 왜 벌레집을 만들 | 10′ | |

| 단 계 | 학습<br>내용 | 교수 · 학습 활동 | 시 간 | 자료 및<br>유의점 |
|---|---|---|---|---|
| | | 거나 비닐하우스를 고칠까요?<br>학생 5 가을이 지나면 겨울이 되기 때문에 미리 준비하려고<br>　　　하는 일입니다.<br>교　사 이처럼 가을에 사람들이 이런 일을 하는 이유는<br>　　　가을의 날씨와 식물의 변화 때문이고, 또 겨울을<br>　　　준비하기 위해서입니다. | | |
| 적용<br>및<br>발전 | 학습<br>게임<br>하기 | [활동 3] 게임하기<br>• 골든벨 게임으로 가을에 하는 일을 복습한다.<br>　- 제시된 자료를 보며 가을에 하는 일 중 어디서에서 하는<br>　　무슨 일인지 알아맞히기<br>　- 모둠별로 문제를 내고 맞히기<br>　➡ 동작, 흉내 내는 소리, 설명 등 다양한 방법으로 문제를<br>　　낸다.<br><br>ⓟ 관찰 평가하기 | 10′ | ③ 사진 자<br>료, 소리 파<br>일-골든벨<br>문제(8′) |
| 정리 | 학습<br>내용<br>정리 | ▣ 학습 내용 정리하기<br>• 가을에 하는 일을 표를 보며 정리한다.<br>　- 가을에 하는 일을 정리하여 통통이에게 편지 보내기<br>• '통통이의 감사'를 본다. | 4′ | ④ 표(3′)<br>⑤ 프레젠테<br>이션- '통통<br>이의 감사'<br>(1′) |
| | 차시<br>예고 | ▣ 차시 예고 및 과제 제시하기<br>• 차시를 예고한다.<br>　➡ 다음 시간에는 봄, 여름, 가을에 열매가 나는 식물에 대해<br>　　학습할 것임을 알려 준다. | 1′ | |

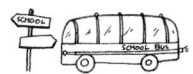

# 14 국어과 협동 학습 유형 수업의 전개

이 글은 초등학교 5학년 2학기 국어(말하기 · 듣기 · 쓰기) 셋째 마당 '경험과 상상' 총 9차시 중 4차시 수업을 참관한 후의 수업 비평입니다. 이 수업은 2008년 대전만년초등학교에서 실시된 교육실습 과정 중에 교생 선생님이 하신 수업입니다.

## 수업에 참여하기 전에

구성주의에 입각한 협동 학습은 1990년대 말에 본격적으로 많은 학자들에 의해 교수 · 학습 원리로 접목되었습니다. 일반적으로 협동 학습은 교수 · 학습에서 다음과 같은 점을 강조하고 있습니다.

첫째, 학습에 대한 주인 의식과 책임감을 학습자에게 강조하며 더 나아가 학습의 자율성도 부여합니다. 교사는 학습자를 위한 안내자 및 조력자의 역할을 하며, 학습자는 학습의 주체로서 학습에 대한 책임을 갖습니다.

둘째, 과제를 설계하여 유의미한 맥락 속에서 학습이 이루어지도록 구성해야 합니다. 학습자가 학습을 의미 있게 받아들이게 하기 위해서 학습 초반부터 학습 목표의 필요성과 취지를 분명히 밝히고, 수업을 실제 상황과 관련시킵니다. 학습 과제도 단순화시키기보다는 어느 정도를 학습자에게 노출시킴으로써, 학습자가 복잡한 문제를 해결하기 위해 다양한 방법을 찾고 활용하는 기회를 수시로 제공합니다.

셋째, 학생들의 사고 수준을 높일 수 있는 최적의 학습 환경을 제공해 줍니다. 일반적인 지식 전달을 위한 수업이 아니라, 학습자가 능동적으로 자신의 인지 능력을 발휘할 수 있는 학습 환경을 제공해 주는 것을 강조하고 있습니다.

넷째, 역할 분담을 통한 협동 학습으로 사회적 상호작용의 촉진을 강조합니다. 참여자들이 서로 다른 의견과 가치관의 제시를 통해 그 속에서 자신의 생각을 찾아내고, 중간적 입장과 합리적 의견 선택을 위한 조율 활동을 통해 학습을 이루어 나가는 형태입니다. 구성주의에서 협동 학습을 강조하는 까닭은 발화를 통한 의견 교류 및 자신의 사고를 정립하고, 생성하는 방법을 습득하기 때문입니다.

다섯째, 학습의 내용과 방법, 결과에 이르기까지 학습 전반을 학습자 스스로 평가하고 반성하도록 이끕니다. 이러한 협동 학습은 학습자의 자기주도적 학습력 신장을 돕고, 의사 결정 능력과 문제 해결력을 향상시킵니다. 또한 자율적으로 학습하는 방법을 터득하는 계기를 마련해 줍니다.

여섯째, 다양한 매체를 활용하여 학습자 중심의 활동을 전개합니다. 이제까지 교수·학습 과정에서 주를 이루었던 지식 전달 방식은 교사의 말과 글(판서)이었습니다. 하지만 정보 매체들의 발달은 효과적인 전달 수단을 필요에 따라 선택할 수 있게 하고 있습니다. 사진, 오디오, 비디오, 컴퓨터, 인터넷 등의 다양한 매체를 교육적 목적에 맞게 활용하여 학습의 효과를 높입니다.

## 들어가며

협동 학습의 유형에는 여러 가지가 있지만 크게 과제 구조(task structure)와 보상 수반성(reward contigencies)에 따라 Jigsaw 학습, 성취 과제 분담 학습, 팀 경쟁 학습, 팀 보조 개별 학습, 집단 조사 학습, 어깨동무 학습 등이 있습니다. 여기서 다룰 수업은 보상 수반성 성취 과제 분담 학습과 팀 경쟁 학습이 접목된 유형입니다.

참관한 수업은 수업의 내용보다 수업에서 어떤 것을 보여 줄지에 대해 더 많이 고민한 수업이었던 것 같습니다. 특히 수업에 활용한 교수·학습 자료의 제작 기법과 ICT 활용면에서 교사의 고민이 보였습니다. 협동 학습은 ICT를 포함한 여러 매체를 통해 학습자의 표현을 다양하게 이끌어 주는 것이 특징입니다. 하지만 초안 교수·학습 과정안에서는 목표 없이 화려한 ICT 응용 기술만을 강조하는 것에 아쉬운 마음도 있었습니다.

협동 학습은 학습 방법의 특성상 학습자의 활동과 학습의 책무성을 강조합니다. 그렇기 때문에 단원 선정이나 목표 설정에 있어 활동성이 강조되는 주제를 선정합니다. 본시 수업에서 교사는 교과서의 재구성을 통해 활동성의 문제를 해결했고, 제제를 재구성하여 대부분의 학습을 활동 중심의 수업으로 진행했습니다.

흔히 요즘 학교에서 진행되는 수업의 문제점을 논할 때 학생 활동이 지나치게 강조되어 학습 내용과 목표가 사라져 버리고 겉으로 보기에만 화려한 수업에 대하여 이야기합니다. 실제로 교실 수업을 참관해 보면 학생들의 역동적인 활동으로 외관상 좋은 수업인 것처럼 보이지만, 수업 장면 각각을 분석적으로 살펴보면 그렇지 않은 경우가 많습니다. 또한 많은 활동 때문에 수업에서 이루어져야 하는 사고의 과정이 소홀히 다루어지는 문제점도 자주 나타납니다. 즉, 학습 내용과 구성 방법 측면에서 잘못된 접근을 하는 경우가 많이 있습니다.

그래서 수업을 참관하면서 학습 내용과 학습 방법이 수업자가 의도한 대로 성취되는지, 또한 수업 내용이 어떻게 실현되는지를 살피는 데 주안점을 두었습니다. 이러한 기준으로 수업을 비평한다면 일선에 있는 현장 교사의 모습도 투영해 볼 수 있고, 자신의 수업도 뒤돌아보는 계기가 될 것이기 때문입니다. 참관한 수업을 장면으로 나누고 학습 내용, 학습 방법, 교수 대화를 중심으로 살펴보겠습니다.

수업 장면 1: 전체 학습 내용과 방법면으로 수업 살피기
수업 장면 2: 활동 전 교수 대화 중심으로 수업 살피기
수업 장면 3: 활동 중 교수 대화 중심으로 수업 살피기
수업 장면 4: 활동 후 교수 대화 중심으로 수업 살피기

# 수업 장면 1
# 전체 학습 내용과 방법면으로 수업 살피기

이 수업은 전체적으로 이야기를 듣고 생각하거나 느낀 점을 다양한 방법으로 표현하기 위하여 효과적인 듣기 학습이 선행되었습니다. 그리고 그 활동을 바탕으로 자신의 생각과 느낌을 돌려가며 말하는 협동 학습의 방법으로 창의성의 신장을 도모했습니다. 교사는 미리 계획한 다양한 활동들을 안내했으며, 학생들끼리도 계획된 활동들의 연계성을 생각하여 협의했습니다. 따라서 교사와 학습자 간의 대화, 목표를 지향하는 유기적인 학습 활동, 교사의 학습 활동 지원에 중점을 두어 수업을 관찰했습니다.

### 🎹 학습 내용면

'제재 자체보다는 방법을 강조했는가?' '지식이나 개념보다는 기능이나 전략에 주안점을 두었는가?' '핵심적인 내용을 교수하였는가?' '높은 수준의 사고를 유도했는가?' '실제적인 언어 사용을 강조했는가?' 등 수업자의 의도에 따라 학습자에게 제대로 된 학습 내용을 전달할 수 있었는지 분석해 보았습니다.

교사는 학습 목표를 효과적으로 강조할 수 있는 제재를 알맞게 선정했고, 수업의 조력자로서 학생들의 활동을 수정·보완하면서 수업을 진행했습니다. 또한 학생들이 할 수 있는 구체적 조건을 마련하고 안내하여 진행했으며, 수업 중에 학생들의 발표를 통해 개념을 정립하고 확인하여 학습 활동의 방향을 명확히 제시했습니다.

자신의 생각과 느낌을 아주 간단하게 "재미있어요." "감동적이에요." 등으로 표현하는 것이 요즘 학생들입니다. 이 수업에서도 그런 성향이 두드러졌는데, 학생들의 경험과 관련시켜 최대한 구체적이고 자세하게 이끌어 낼 수 있도록 추가 발문을 하는 교사의 노력이 보기에 좋았습니다. 하지만 시간 부족으로 발문을 한 후 학생이 대답할 때까지 충분히 기다려 주지 못했습니다. 학생의 대답을 기다리는 여유와 학생을 인정해 주는 분위기를 조성하는 것이야말로 학습자중심 수업에서 가장 중요하다고 할 수 있습니다. 특히 학습 목표 수립에 있어 학습자의 대답을 이끄는 과정이 아쉬웠습니다.

실생활과 관계된 제재로 구성하기 위해 교과서를 재구성해서 학생들이 듣고 말하는 활동에 적극성을 보이며 참여할 수 있었습니다. 조금 더 덧붙이자면, 일선 수업 현장에서도 유머, 위트, 드라마, 광고, 영화, 만화 등 사회적 트렌드를 반영하여 학습 목표에 도달한다면 더할 나위 없이 좋은 활동중심의 국어 수업이 되리라고 생각합니다.

### 🛋 학습 방법면

'문제 해결을 위한 구체적인 학습 방법을 안내했는가?' '학습자의 개인차를 반영했는가?' '학생 주도적인 교수·학습을 전개했는가?' '활동중심이되 그 활동에 의미를 부여하며 진행했는가?' '학생들의 상호작용을 강조한 수업이었는가?' '단계적이고 점진적인 접근을 통해 학습 목표에 도달했는가?' '영역별·학습 요소별 특성을 반영한 수업이었는가?' '전체 활동의 흐름이 독립적이지 않고 통합적으로 유도되었는가?' '지속적인 평가가 유지되었고 평가 결과가 학습자 지도를 위한 수업에 반영되었는가?' 등 수업 설계에 관계된 방법적 측면을 분석해 보았습니다.

관찰한 수업에서도 현장 교사들의 연구 수업에서 보이는 오류가 다시 한 번 나타났습니다. 학생들은 활동에 대한 계속적인 교사의 안내에 따라 모둠별로 상호작용하면서 문제를 해결해 나갔습니다. 그러나 문제 해결을 위한 교사의 구체적인 시범이 없었고, 학생의 생각이나 느낌을 이끌어 내어 잘 표현하게 돕는 교사의 자료 제시와 안내가 미흡했습니다.

제7차 국어과 교육과정에서 강조되는 것은 개인별 수준차가 아니라 일정 집단의 수준차입니다. 개인의 수준차를 고려한 수업 진행 방식이라면 더 좋겠지만 교육 현장의 현실에서는 어려움이 많기 때문입니다. 관찰한 수업에서는 개인차 반영보다는 모둠별 진행에 치중했으며 단지 학습자의 흥미를 고려한 선택 학습이 이루어졌습니다.

세 가지의 활동 중 [활동 1]과 [활동 2]의 경우 학생들의 활동이 주가 되었으나 [활동 3]에서는 활동에 의미를 부여하여 목표 달성을 위한 구체적 활동의 안배가 잘 이루어졌습니다. 또한 정리 단계에서도 교사가 활동에 대한 의미를 부여하는 발문을 하여 개념 정립에 도움을 주었습니다.

기본 학습 훈련의 중요성은 매 수업 시간마다 강조해도 지나치지 않습니다. 기본 학습 훈련이 잘 되어 있다면 활동을 진행하면서 무엇을 해야 하는지 난감해하는 모둠이 없을 것입니다. 관찰한 수업에서 모둠원들이 자기 생각을 주고받는 활동에서는 말하고 듣는 활동은 원활했으나, 토의를 통해 결정하는 학습 내용에서는 충분한 협의가 이루어지지 않는 모습이었습니다. 협의를 통해 결정하는 것이 아니라 편리한 대로 합의하는 듯 보였습니다. 소집단 토의와 관련한 기본 학습 훈련은 매시간 강조해서 지도하는 것이 바람직할 듯 합니다.

듣기와 말하기의 특성을 고려하여 수업을 진행했지만, 아쉬운 점은 표현을 위주로 하는 수업에서 충분한 표현의 기회를 주지 못했다는 점입니다. 제재의 재구성뿐만 아니라 교육과정의 재구성을 통해서 표현의 장을 넓힐 수 있어야겠습니다.

수업 진행 과정 중에 교사는 학생의 활동 상황을 점검하고, 학생들의 학습 방향을 수정하기 위해 평가를 실시합니다. 학습자에게 상호 평가와 자기 평가를 위한 평가를 하게 했으나 실제적 평가로 보이지는 않았습니다. 또한 궤간 순시를 통해 관찰 평가를 하는 모습도 보였지만 이 역시 평가 기준을 제시하지 않아 형식적인 보여 주기 식의 평가 방법이 되었습니다. 현장 교사의 경우에도 이렇게 평가 기준과 목적이 분명하지 않은 평가는 지양해야 할 것입니다.


# 수업 장면 2
## 활동 전 교수 대화 중심으로 수업 살피기


### 시간을 의식한 빠른 진행

관찰한 수업은 크게 세 가지 활동을 주축으로 구성되었고, 학습 내용 분량이 단위 수업 시간 안에 이루어지기에는 다소 많아 보였습니다. 교사는 그러한 점을 잘 알고 있었던 듯 수업 시작부터 빠른 진행을 보였습니다. 학생들 역시 교사의 바쁜 진행으로 수업의 분위기가 고조되어 외관상으로는 적극적이고 활기차 보였습니다.

외형상으로 보이는 교수 행위를 중심으로 수업 장면을 자세히 들여다보고 수업 장면이 어떻게 진행되고 있는지 더 살펴봤습니다. 구체적인 활동의 내면을 보고자 한다면 매개가 되는 대화를 들여다보아야 할 것입니다. 전체적인 교사와 학생들 간의 대화는 학습의 순서를 안내하는 과정이 대부분이었고, 학생들 간의 대화는 자신의 생각과 느낌을 교류하여 발표하는 활동이었습니다. 토의 과정의 형태와 그 속에 담겨진 학생의 의도를 담아내기 위해 활동 전, 활동 중, 활동 후로 나눠 교수 대화 내용을 분석해 보겠습니다.

먼저 활동 전의 교수 대화 내용을 보면 다음과 같습니다. 교사는 읽기 첫째 마당 〈고추잠자리 꿈쟁이의 흔적〉 이야기를 각색하여 인터뷰 형식의 역할극을 보여 주었습니다.

교 사  자 박수. 박수 세 번!

학생들  짝짝짝! (손 머리)

교 사  무슨 이야기인지 알겠는 사람? 현하가 발표해 볼까요?

학생 1  (작은 소리. 얼버무림)

교 사  좋아요. 다르게 생각하는 사람? (짧은 기다림 후) 더 이상 없나요?

학생들  네!

교 사  교과서에 나왔던 단풍나무와 꿈쟁이 이야기인데 선생님과 친구들이 말도 하지 않았는데 다 알고 있네요. 친구들의 행동만 보고도 알 수 있었어요.

동기 유발 부분으로 역할극 내용을 학생 나름대로 재구성하여 역할극으로 보여 줌으로써 본시 활동 내용을 예측해 보게 하려는 교사의 의도가 돋보였습니다. 그러나 이러한 좋은 의도도 시간에 쫓겨 제대로 된 의미를 담을 수 없었습니다. 대부분의 교사가 알고 있듯이 수업에서 동기 유발이나 전시 학습 상기 부분에 3~5분 정도의 시간을 할애하는 것이 적절하며, 그 이상으로 시간이 초과될 경우 전체 수업에 지장을 주게 되어 다음 활동에 쫓기게 되기 쉽습니다. 교사는 본 수업에서도 일단 박수로 학생들의 주의를 집중시킨 후 발문을 통해 본시 활동 및 학습 목표 수립을 위한 발문을 했는데 들리지도 않는 대답을 듣고도 확인 발문이 없었습니다. 그리고는 곧바로 다음 학생의 대답을 유도하였으며 발문 후 학습자에게 대답할 준비 시간을 주지 않고 교사의 대답이 이어졌습니다. 동기 유발부터 다소 서두르는 느낌과 함께 목표를 예측하는 교사의 발문이 초점화되지 않았다는 것을 느낄 수 있었습니다.

교　사　오늘 우리가 공부할 내용이 바로 이건데, 공부할 내용이 뭘까요? 마음속으로 생각해 보세요. (10초 정도 시간 할애) 자, 다 생각했죠?

학생들　네!

교　사　선생님이 예쁘게 붙여 놓은 이 종이는 과연 무엇일까요? 선생님도 너무너무 궁금해요. (종이를 뒤집으며) 오늘 공부할 내용입니다. 이야기를 듣고 여러분들이 생각하거나 느낀 것을 다양한 방법으로 표현할 거예요. 여러분들이 생각한 것과 많이 비슷하지요? 자, 그러면 동기 유발에서 친구들이 했던 것은 무슨 형식일까요? 맞아요. 바로 인터뷰예요. 여러분도 이렇게 다양한 방법으로 표현하게 될 것입니다.

교사는 수업을 시작하고 단 몇 분 만에 시간 부족이라는 중압감을 그대로 드러내고 있었습니다. 교사는 활동과 발문을 통해 인터뷰라는 형식을 학생들이 눈여겨보고 그 방법을 스스로 모색할 것이라고 예상했던 것 같습니다. 학습할 내용과 활동에 대한 생각을 할 수 있도록 시간을 준 것은 바람직하지만, 사고한 내용을 교사가 직접 제시하고 확인하며 빠르게 진행했습니다. 또한 학습 내용에 대한 확인은 자주 이루어졌지만, 학생의 다양한 반응을 유도하기보다는 짧고 단순하며 지시적 응답인 '예' '아니요'를 듣는 데 그쳤습니다. 교사라면 학생의 입장에서 학습 목표를 유도하기 위한 발문을 준비해야 할 것이며 또한 그에 따른 발문 연습도 충분히 해야 할 것입니다. 더 나아가 학습 목표뿐만 아니라 활동 안내까지 학생이 사고를 통해 설계할 수 있도록 동기 유발과 학습 목표 안내를 위한 발문을 제시해야 할 것이라고 생각합니다.

# 수업 장면 3
# 활동 중 교수 대화 중심으로 수업 살피기

## 🎹 상호작용을 강조했는가?

교　사　다음에 발표할 모둠?

학생 1　저희요! (소란스러움)

교　사　그래, ○○모둠에서 발표해 보자.

학생 2　저희는 개사하여 노래로 만들었습니다.

학생 3　(광고 음악을 개사하여 부름)

| 학생들 | 와! 짝짝짝! |
|---|---|
| 학생 4 | 삼행시도 있어요. |
| | (발표자와 같은 모둠에서 목소리 큰 학생이 소리치며 계속적인 |
| | 발표를 원한다.) |
| 교　사 | 좋아! 삼행시도 한 번 발표해 보자. 무엇으로 운을 띄워 줄까요? |
| 학생 5 | 왜 쟤네만 두 번해요? 어! |
| 학생들 | (삼행시 발표 후) 짝짝짝! 너무 멋져요. 최고예요. |
| | (학생들이 자발적으로 칭찬해 준다.) |

　교사와 학생들의 친밀도가 높아 보였습니다. 그로 인해 학습 과정에서 주고받는 대화가 자연스러웠고 학생과 교사 사이의 상호작용이 강조되어 보였습니다. 그러나 교사가 수업 사이사이에 수업 주도권을 학생에게 넘겨 주는 모습을 보여 수업 목표에 도달하기 위한 초점이 흐려졌다고 생각되었습니다. 수업을 진행하다 보면 학생들과의 친밀도가 높아야 적극적인 학습 참여와 원하는 결과를 얻을 수 있지만, 동시에 수업이 예상과 다른 방향으로 흐를 수 있는 위험도 있습니다. 교사는 학생들과의 상호작용을 강조하면서도 수업의 주도권을 잃지 않는 균형 있는 모습을 유지해야겠습니다.

　그리고 교사는 학생들에게 신뢰감을 주기 위해 일관된 모습을 보여 주어야 합니다. 이와 같은 일관된 모습에는 학습 지도에 있어서 교사 스스로 활동 규칙을 준수하는 면도 포함됩니다. 이 수업에서 교사가 스스로 세운 발표 규칙을 지키지 않았기에 학생들의 교사에 대한 신뢰감 형성에 부정적 요소로 작용한 것을 볼 수 있습니다. 이러한 발표 규칙이 무너진 이후 학습자의 발표 태도가 급격히 산만해졌습니다.

# 🎹 활동 지시 및 안내를 했는가?

교　사　자리 번호 3번 친구들에게 설명해 주세요. (복도에서 대기하던
　　　　학생들 들어오면서) 3분을 주겠어요. 이야기 시작.

학생들　(모둠마다 제각각 들었던 이야기를 돌아가며 3번 친구에게 전해
　　　　준다.)

교　사　다 했지요?

학생 1　선생님 시간 조금만 더 주세요.

교　사　몇 분 줄까요?

학생 2　5분이요.

　　　　(추가 시간에 대한 요청이 3회 더 반복되어 10분이 추가된다.)

교　사　3번 친구들 나오세요.

학생들　(○× 판을 들고 나온다.)

교　사　친구들에게 문제를 내겠어요.


　　다양한 활동 위주로 진행되는 수업이라 교사가 가장 많이 사용하
는 말은 지시하고 안내하는 말이었습니다. 학생의 활동에서는 주로
타이머를 활용하여 시간을 측정하였는데, 타이머의 작동 소리에 따
라 학생들은 박수와 함께 활동을 중지했습니다. 교사의 용어가 효과
적으로 전달될 수 있도록 기본 학습 훈련이 되어 있었으나 이 수업
에서 매 활동마다 타이머 작동과 박수를 치는 모습은 파블로프의 이
론을 연상시켰습니다. 또한 사전에 정해 놓은 3분도 한 가지 활동을
수행하기에 너무 짧은 시간이기 때문에 계획된 시간에 얽매여 수박
겉핥기 식의 수업으로 진행되었습니다. 더불어 시간 부족을 호소하
는 학생들의 추가 시간 요구 때문에 활동 지시 및 안내가 제대로 이

루어지지도 않았습니다. 교사는 수업 설계 시 학생의 활동 수준과 선행 학습 등을 고려해 무리한 계획은 지양해야 하고, 밀도 있는 수업 진행을 위해 군더더기 말은 최대한 배제해야 합니다.

## 📻 교사는 조력자로서의 역할을 수행하였는가?

교 사  얼음! (교사의 계획된 의도대로 학생들이 나아가지 않을 때 잠깐의 주의 환기 용어)

학생들  얼음! (동작을 일제히 멈춤)

교 사  잠깐! 여러분이 토의하고 있는 것을 들어 보니 주인공이 부족하다고 생각하는 것만 이야기하고 있는 것 같습니다. 그렇게 하는 것이 아니라 여러분들 자신과 연관시켜 자신에게 부족한 점은 어떤 것이 있는지를 2번과 연관시켜 보세요.

학생들  네.

교사는 학생들에게 학습 활동을 지시하고 안내하는 것으로 끝나는 것이 아니라 수업이 설계한 의도대로 진행되고 있는지 지속적으로 확인해야 합니다. 이 수업에서는 학생들의 활동이 수업에서 의도하는 목표와 다른 방향으로 나아가자 교사가 '얼음'이라는 말로 주의를 환기시킨 후 활동을 수정해 주는 조력자로서의 역할을 수행했습니다.

## 🏫 말하는 내용의 핵심을 안내해 주고 있는가?

교 사   자기가 들은 내용 중 기억에 남는 것을 발표해 볼까요? 미연이가 발표해 보자.

학 생   소정이가 이야기한 것인데 ○○이라고 했습니다.

(2번 내용이 아닌 앞선 질문의 내용에 답함)

교 사   그래, 미연이가 1번 내용에 대해 얘기한 것 같아요. 소정이의 화장실 이야기가 무척 재미있었나 보구나. 잘했어요. 또 발표해 볼 사람?

(학생의 답변이 2번이 아닌 1번 내용이었지만 피드백과 함께 수정해 주는 모습)

교사가 질문하는 내용과 다른 내용으로 답변하는 학생이 많이 있습니다. 이 수업 역시 수업 여기저기에서 학습자의 돌발 대답·상황이 연출되었습니다. 그때마다 교사가 학생들을 존중하는 모습이 눈에 보였습니다. 그렇다고 해서 틀린 대답을 묵시적으로 긍정해 주는 것이 아니라 학습자의 마음을 헤아려 주는 말과 함께 교사가 한 발문에 대한 답을 수정해 주고, 학습에 대한 피드백까지 해주는 모습은 학생이 학습에 대해 긍정적인 생각을 갖도록 도와줄 것으로 예상되었습니다.

## 🏫 학생의 반응을 확장시키는 교수 대화인가?

교 사   현성이는 누가 발표한 것을 말했지요?

학생 1   일호요!

교 사    와! 정말 생각을 잘 말했네요. 현성이와 일호에게 칭찬의 박수!

학생들    잘했군, 잘했어! 일호, 짱!

교 사    마지막 한 사람만 더 발표해 볼까? 들은 내용을 발표해 보자.
          누가 해 볼까? 순호가 발표하세요.

학생 2    (적극적으로 발표하지 못하고 끝맺음)

교 사    자신의 부족함을 남에게 탓하지 않고 스스로 노력해야 한다고
          했어요. 발표한 친구와 그 내용의 주인에게 칭찬과 격려의 박
          수를 쳐 주세요.

학생들    짝짝짝!


　　교사가 학생의 대답을 반복해 줌으로써 동감을 표현하고 다음
발화를 촉진할 수도 있습니다. 관찰한 수업에서 선생님은 발표 내
용을 반복하는 것 외에도 학생의 반응을 확장시키기 위해 "잘했어
요." "좋아요." 등의 긍정적 말과 칭찬 박수를 통해 상호 격려하게
끔 유도했습니다. 이러한 행동은 학생들의 반응을 보다 적극적으로
만들고 내면을 드러낼 수 있도록 유도하는 효과적인 방법이라 할
수 있습니다.


# 수업 장면 4
# 활동 후 교수 대화 중심으로 수업 살피기

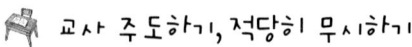 교사 주도하기, 적당히 무시하기

교 사    (활동을 정지시키며) 다 발표시키고 싶은데 시간이 없네요. 너무

아쉽네요.

학생 1  그냥 해요. 다음 시간까지 해요.

교 사  그럼, 실과하지 말고 다음 시간까지 계속해요?

학생 2  네, 해요! 그냥 해요.

교 사  (가로로 손을 저으며) 자세는!

학생들  바르게! (앞을 집중하며)

어떤 수업에서든 교사는 수업 진행을 위해 과장된 언어를 쓰는 경향이 있습니다. 교사는 자신이 설계한 수업의 학습 목표와 수업의 의도대로 반응이 나오지 않으면 당혹감에 휩싸여 수업 전체의 흐름을 놓치는 경우가 있습니다. 관찰한 이 수업의 경우에도 마찬가지였습니다. 교사는 발문한 대로 대답과 반응이 나오지 않자 집중 박수로 상황을 종료시키고, 초점화 없이 다음 활동을 진행했습니다. 시간이 충분하지 않아 어쩔 수 없는 상황이었다고 하지만 교사는 완주에 목표를 둔 마라토너가 아니라는 사실을 잊어서는 안 됩니다. 학생이 그 순간의 활동 의도를 인지하지 못했다면 물 흐르듯 진행되는 수업만 강조하지 말고 선행 학습을 되짚어 주거나 친절한 시범과 안내를 동반해 주어야 합니다. 그러나 이 수업의 경우 학생 활동 위주의 수업이 아닌 교사가 주도권을 가지고 활동을 안내하는 모습이 강하게 나타났습니다.

교 사  초록색 자석이 세 개 이상인 모둠?

학생들  (해당 모둠 손을 들고) 저희요!

교 사  정말 열심히 의논했어요. 잘했지요?

학생들  아니요. / 선우의 의견만 넣어서 했어요. / 사기예요.

| 교 사 | (입가에 미소와 함께 눈길을 주며) 많이 아쉬운가 보네. 자, 칭찬의 박수! |
|---|---|
| 학생들 | 잘했군, 잘했어! 창숙이 짱! |

　학생들이 과도한 경쟁심으로 교사의 의도와 다른 반응을 보일 때, 혹은 하지 말았으면 하는 행동이나 말로 수업의 분위기를 흐릴 때, 교사는 학생 행동에 대한 반응을 나타내어 기선을 제압하거나 행동을 제지합니다. 이 수업의 경우 교사는 별다른 반응 없이 적당히 무시하고 다음 활동을 진행시켰는데, 오히려 그 모습이 원활한 수업 진행에 효과적인 방법으로 보였습니다. 이따금 과잉 친절을 베푸는 교사의 경우 학생의 모든 말을 다 들어 주고 대꾸를 하여 자신의 의도대로 흐름을 진행하지 못하는 모습을 종종 볼 수 있습니다. 이 수업은 교사의 경우 학생을 존중하는 모습과 함께 적당히 무시하고 수업을 진행하여 다른 학생들의 학습을 방해하지 않아 적절했습니다. 그러나 후속 지도는 필요할 것으로 예상되었습니다. 비속어를 사용하는 모습이 수업 중간부터 마무리 단계까지 반복적으로 나타나고 있으며, 수업의 흐름을 많이 방해하는 모습도 보였습니다. 전인적인 교육을 담당하고 있는 초등학교의 인성 교육 차원에서 수업 종료 후 후속 지도가 필요할 것입니다.

# 더 생각해 볼 문제들

　이 수업에서 가장 눈에 띄었던 것은 교사와 학생 간의 자연스러운 상호작용이었습니다. 지도 교사의 꾸준한 기본 학습 훈련 덕분에 학생들은 이미 수업의 흐름을 인지하고 있었고, 그에 따라 활동 간의 연계가 잘 이루어졌습니다. 교사 또한 안내자와 조력자로서의 역할을 충실히 수행하여 학생 참여도가 높은 수업이 되었습니다.

또 제재 선정에 있어서도 학생들의 사고를 충분히 자극할 만한 소재로 재구성하여 학생이 자신의 생각과 느낌을 적극적이고 창의적으로 말할 수 있도록 했습니다. 교과서의 내용을 학생들과 사회적 환경의 흐름에 맞춰 개그 프로그램의 유행어, 드라마 패러디, 광고 속 유명 문구 등 트렌드를 찾아 재구성한다면 의도한 수업 목표에 더 효과적으로 도달할 수 있을 것입니다.

감동적인 부분이 강조된 제재의 수업이었기에 자칫 국어과 수업이 가치를 중시하는 도덕과 수업으로 흐를 수 있다는 우려가 있었습니다. 그럼에도 교사는 수업을 진행하면서 언어 기능면을 잊지 않고 강조하여 국어과 수업다운 수업으로 이끌고자 노력하였습니다. 물론 수업 말미에서는 도덕과 수업으로 전환되는 측면이 있었습니다. 경험이 적은 교사에게서 자주 나타나는 기능적인 면과 정의적인 면을 분배하는 데 오류를 범하는 모습이 이 수업에서도 나타난 것입니다.

수업 설계 시 단원의 목표와 제재 선정의 의도가 무엇인지 명확하게 구분하고 인지한 후 과정안 작성을 해야 할 것입니다. 국어과 수업을 참관하다 보면 제재 글의 속성에 따라 규율, 가치, 법규 등을 학생들에게 인지시키고 감화시키고자 노력하는 교사를 보게 됩니다. 도덕적 규범에 대한 내용 전달이 잘못되었다는 것은 아닙니다. 다만, 국어과의 목표를 주재료로 생각하고 가치, 규범을 살짝 얹은 양념 정도로 보고 내용을 재구성해야 할 것입니다.

교사는 연구 수업의 특성을 고려하여 2차시 수업 분량을 1차시에 담았습니다. 그러다 보니 학습 내용이 과도한 분량으로 계획되었고, 학생들에게 표현할 수 있는 충분한 시간적 여유를 주지 못했습니다. 4차시에서는 생각하거나 느낀 점을 말하는 활동, 5~6차시에서는 생각하거나 느낀 점을 다양한 방법으로 표현해 보는 활동을 하도록 구성되어 있습니다. 본 마당의 교육과정 구성은 생각이나 느낌을 다양한 방법으로 표현하는 경험을 통해서 자신의 생각을 효과적으로 정리하고 분명하게 표현하는 방법을 익히게 하는 것입니다. 이러한 흐름에 따라 순차적이고 단계적으로 진행해야 할 것을 40분(실제적으로는 50분 이상의 수업을 진행)이라는 단위 시간에 진행하다 보니 시간 부족으로 학생의 표현 활동에 소홀해진 경향이 있었습니다.

원활한 수업의 진행을 위해서 교사의 의도적 무시도 있었던 수업이었습니다. 장인이 만든 보기 좋은 그릇이라도 원재료인 흙의 질과 내용물이 좋지 못하다면 그릇으로서의 제대로 된 가치를 인정 받지 못할 것입니다. 의도적 무시를 넘는 무관심은 방임이 되어 학습자의 학습에 큰 장애를 가져오는 결과를 낳습니다. 적절한 교사 주도와 학생들의 행동 수정 및 주의 집중 기술도 끊임없이 연구하고 실행해야 할 것입니다.


# 나가며

수업 교사의 수업을 참관하면서 녹취한 후 전사하는 과정에서 교수 대화를 통해 인상 깊게 느끼고 배운 부분도 여러 가지가 있었습니다. 다른 사람의 수업을 개인의 잣대로 재어 보고, 비평하는 것은 매우 조심스럽습니다. 개개인의 시각과 교육적 가치관에 있어 시각차가 있을 것이기 때문입니다. 앞에서 다루어 본 수업에 관한 분석과 비평에서 공감되는 부분도 있을 것이고 다른 생각으로 받아들여질 부분도 많을 것입니다. 비록 나와는 다른 생각일지라도 수업에 대한 고민을 하는 것은 더 나은 수업을 하기 위한 과정입니다. 가능한 한 많은 기회에 자신의 수업에 대한 관점을 다른 교사에게 알리고, 토론하며, 다른 사람의 생각을 받아들인다면 보다 넓은 시각을 갖출 수 있을 것입니다.

다음은 우리가 한 번쯤 고민해 봐야 할 국어 수업에 대한 생각들입니다.

먼저, 국어과는 학습 목표를 주축으로 설계해야 하며 목표 도달을 위한 학습 방법 및 내용이 제시되어야 한다고 봅니다. 국어 교육의 궁극적 목표가 학생들의 창의적 언어 사용 능력을 향상시키는 것이라면, 교사는 그러한 목표에 부합된 수업 목표 및 필수 요소들을 교육과정에서 추출합니다. 그 후 교과서 내용을 숙지하고 그에 맞는 제재와 학습 방법을 찾아 학생에게 유의미한 활동이 될 수 있도록 해야 할 것입니다.

'물 흐르듯 자연스러운 수업'이 좋은 수업이라는 데에 많은 교사들이 동감하고, 이를 스스럼없이 후배 교사에게 말합니다. "수업의 흐름이 자연스럽다."라는 말에는 많은 의미가 포함되어 있습니다. 도입-전개-정리까지 단위 수업 시간이 정확히 단계를 지키며 흘러가고, 내용면에 있어서는 교사와 학생 간의 바람직한 상호작용 속에서 주고받는 대화와 활동이 교사·학생 간 탁구 대회를 연상할 만큼 매끄럽게 진행된다는 의미가 들어 있습니다. 하지만 이러한 수업의 최종 평가는 학습 목표가 학생들에게 얼마나 유의미한 언어로 전달되었는지, 그러한 유의미한 언어를 학생들 스스로 찾아낼 수 있도록 어떤 발문과 활동을 계획했는지, 또한 어떤 매체를 활용하여 보다 효과적으로 학습 목표에 도달하도록 조력했는지에 달려 있다는 것을 명심해야 할 것입니다.

다른 교과의 수업도 마찬가지지만 특히 국어 수업은 실생활에서 사용되는 언어를 교사와 학생이 서로 상호작용하여 듣고, 읽고, 쓰게 해야 합니다. 더불어 다양한 학습 활동과 교사의 안내, 조력을 통해 학생들이 수업에 대한 흥미와 긍정적 태도를 보일 수 있도록 해야 합니다.

마지막으로 학습 목표를 얼마나 도달했는지 지속적인 평가와 피드백이 이루어지는 수업이어야 합니다. 평가가 지필 평가만 가리키는 것은 아닙니다. 학생의 활동에 대한 개인·상호 평가가 함께 이루어져 자신의 언어 및 활동의 기능적 측면을 객관적으로 보고, 그에 대한 행동 수정을 할 수 있게 해야 합니다. 만약 교사의 이러한 평가와 피드백이 이루어지지 않는다면 학습자의 학습 능력은 학기 초 수준을 크게 벗어나지 못할 것입니다.

# 본시 교수 · 학습 과정안

| 교 과 | 국어 (말·듣·쓰) | 일 시 | 20○○.○○.○○ (○요일) ○교시 | 장 소 | 5-○ 교실 |
|---|---|---|---|---|---|
| 단 원 | 셋째 마당. 경험과 상상 | 차 시 | 4/9 | 지도교사 | ○○○ |
| 학습 주제 | 생각하거나 느낀 점 다양하게 표현하기 | 교과서 | 47~49 | 보조 교과서 | · |
| 학습 목표 | 이야기를 듣고 생각하거나 느낀 점을 다양한 방법으로 표현할 수 있다. | | | | |

| 수업 전략 | 최적 학습 유형 | 협동 학습 |
|---|---|---|
| | 학습 집단 조직 | 전체 학습 ➡ 개별 학습 ➡ 모둠 학습 ➡ 전체 학습 |
| | 중심 학습 활동 | 정리하기 ➡ 떠오르는 생각 표현 방법 찾기 ➡ 생각이나 느낌 다양하게 표현하기 |

| 교수 학습 | 일 반 자 료 | 교 사 | 문장 카드, 스티커 |
|---|---|---|---|
| | | 학 생 | 학습지, OX 카드, 마이크, 역할극 소품 |
| | ICT 자료 | | 실물 화상기 |

| 단 계 | 학습 내용 | 교수 · 학습 활동 | 시 간 | 자료 및 유의점 |
|---|---|---|---|---|
| 문제 파악 하기 | 동기 유발 | ▣ 학습 동기 유발하기<br>• 마음열기 노래를 한다.<br>  – 〈10월의 어느 멋진 날에〉 노래하기<br>• 역할극을 보고 어떤 이야기인지 맞혀 본다.<br>  – 친구의 역할극 살펴보기<br><br>교 사 어떤 이야기인가요?<br>학생들 〈단풍나무와 꿈쟁이〉요. | 5′ | 역할극에 필요한 소품 |
| | 공부 할 문제 파악 | ▣ 공부할 문제 확인하기<br>• 공부할 내용을 짐작한다.<br><br>교 사 오늘 공부할 내용이 무엇인가요?<br>학생들 이야기를 읽고 생각한 것을 다양한 방법으로 표현하는 공부를 할 것 같아요.<br><br>┌─────────────────────────────┐<br>│ 📖  이야기를 듣고 생각하거나 느낀 점을 │<br>│     다양한 방법으로 표현해 봅시다. │<br>└─────────────────────────────┘ | | |

| 단계 | 학습<br>내용 | 교수·학습 활동 | 시간 | 자료 및<br>유의점 |
|---|---|---|---|---|
| 아이<br>디어<br>생성<br>하기 | 학습<br>안내 | ▣ 학습 활동 안내하기<br>[활동 1] 이야기 듣고 내용 파악하기<br>[활동 2] 떠오른 생각, 느낌 발표하기<br>[활동 3] 다양하게 표현하기 | | |
| | 이야기<br>듣기<br><br>내용<br>파악<br>하기 | ▣ 학습 활동<br>[활동 1] 이야기 읽고 내용 파악하기<br>• 인물의 성격 생각하며 이야기를 듣는다.<br>• 장면을 떠올리며 내용을 정리한다.<br> - 질문을 듣고 OX 카드로 내용 확인하기<br><br>교 사  나는 자라면서 키가 작다는 이유로 부모님을 원망하<br>였다./ 내가 행복한 사람임을 깨닫게 된 것은 장애<br>우 콘서트 때문이다./ 나는 키가 작아 난쟁이라는<br>별명을 갖게 되었다./ 장애우 가수는 자신이 부모님<br>의 최고의 작품이라고 생각한다. | 10′ | |
| | 생각,<br>느낌<br>정리<br>하기<br>돌려<br>가며<br>말하기 | [활동 2] 이야기 듣고 떠오른 생각, 느낌 발표하기<br>• 이야기를 다시 듣고 떠오르는 생각, 느낌을 적어 본다.<br> - 자신의 생각과 느낌을 정리하기<br>• 자신의 생각과 느낌을 모둠별로 돌려 말한다.<br> - 자신의 생각을 모둠원에게 발표하기 | 11′ | 학습지 |
| 토의<br>하기 | 생각,<br>느낌<br>발표<br>및<br>토의 | [활동 3] 다양하게 표현하기<br>• 모둠별로 가장 좋은 생각과 느낌에 대해 토의한다.<br> - 좋은 정리 내용을 선택하기<br>• 모둠별로 결정한 생각, 느낌의 표현 방법을 정한다.<br> - 모둠별로 내용에 대해 토의하고 연습하기<br>• 표현 방법의 다양성을 인지하며 발표한다.<br> - 무언극 / 만화 / 동시 / 인터뷰 / 광고 / 노래(개사)/마인드맵<br>등으로 표현하기 / | 10′ | 학습지<br><br>모둠 활동<br>이 활발하<br>게 진행될<br>수 있도록<br>돕는다. |

| 단계 | 학습<br>내용 | 교수 · 학습 활동 | 시간 | 자료 및<br>유의점 |
|---|---|---|---|---|
| 아이<br>디어<br>평가<br>하기 | | • 형성 평가<br>　- 생각과 느낌이 창의적인가?<br>　- 생각과 느낌을 발표하는 방법의 다양성에 대<br>　　해 알고 있는가? | | 스티커<br>학습지<br>★ 상호(동<br>료) 평가 |
| | 정리<br>하기 | ▣ 학습 내용 정리하기<br>• 생각과 느낀 점을 표현할 때 주의할 점을 알아본<br>다.<br>　- 창의적으로 바꾸기<br>• 잘한 점과 어려웠던 점, 고칠 점에 대해 이야기<br>를 나눈다. | 3′ | |
| | 차시<br>예고 | ▣ 차시 예고하기<br>• 차시를 예고한다.<br>➡ 글씨를 바르게 쓰는 방법에 대해 학습할 것을<br>예고한다. | 1′ | 프레젠테이<br>션 자료 |

# 15 과학과 발견 학습 유형 수업의 전개

이 글은 초등학교 6학년 1학기 과학 '7. 전자석' 총 9차시의 수업 중 2차시 수업을 참관한 후의 수업 비평입니다. 이 수업은 2008년 대전만년초등학교에서 실시된 교육실습 과정 중의 교생 선생님이 하신 수업입니다.

## 수업에 참여하기 전에

### 🏫 단원의 학습 내용 구성

전자석 단원은 위험 부담이 적고 실험 준비와 과정이 어렵지 않은 단원입니다. 하지만 많은 교사들이 어려움을 느끼는 대표적인 단원 중 하나입니다. 왜냐하면 자기장은 눈에 보이지 않기 때문에 구체적으로 재구성하여 나타내는 것이 어렵고, 학교의 실험 도구, 실험 환경 등이 제대로 갖추어져 있지 않아 자기장의 모습을 뚜렷하게 관찰할 수 없기 때문입니다.

이 단원에서는 전류에 의한 자기적 효과를 다룹니다. 1차시에서는 전류가 흐르는 에나멜선 주위에서 나침반 바늘의 움직임을 관찰하고, 이를 통해 자기장이 에나멜선을 중심으로 둥글게 형성되고, 나침반의 방향이 바뀜을 알도록 합니다. 2차시에서는 에나멜선이 고리 모양으로 감겼을 때 자석과 같이 일정한 극을 가지는 자기장이 형성되고, 전류의 방향이 바뀌면 극도 바뀌게 됨을 알도록 합니다. 3~4차시에서는 중심에 있는 막대가 쇠막대일 때 가장 강한 전자석이 됨을 알고, 전자석과 영구자석이라는 용어를 도입하게 됩니다. 5차시에서는 전자석과 영구자석의 같은 점과 다른 점을 찾아보고, 우리 생활에서 어떻게 쓰이는지 찾도록 합니다. 6차시에서는 전자석의 세기에 영향을 주는 요인을 가설 검증과 변인 통제를 통해 찾아봅니다. 8~9차시에서는 지금까지 학습한 전자석의 성질을 이용하여 창의적인 여러 물건을 만들어 보는 활동을 합니다.

수업 차시인 2차시의 수업을 위해서 학생들은 전 차시의 학습 내용—전류가 흐르는 에나멜선 주위에서는 나침반이 움직이고, 나침반의 위치와 전류의 방향에 따라 바늘의 방향이 바뀜—을 알고 있어야 합니다. 또한 전류가 흐르는 고리 모양의 에나멜선 주위에서 나침반이 일정한 방향을 가리키며, 이것은 막대자석 주위의 나침반의 변화와 같다는 것을 유추할 수 있어야 합니다.

# 🖥️ 발견 학습을 살펴보면

본 차시의 수업에 적용된 발견 학습은 고전적 경험주의 인식론을 바탕으로 하고 있습니다. 즉, 자연 현상을 잘 관찰하면 그 속에 작용하는 법칙을 발견할 수 있다는 것입니다. 이 법칙은 귀납적인 추론을 통해 발견할 수 있는데, Bruner는 과학 수업이란 이러한 법칙을 발견하는 과정이며 학생들이 이런 규칙성을 발견하는 절차를 학습함으로써 정보의 최종 형태를 스스로 조직하는 능력을 키워 지금까지 알려지지 않은 새로운 규칙성을 찾도록 해야 한다고 했습니다.*

발견 학습은 관찰된 현상이나 측정된 데이터로 추론을 통해 유사점과 규칙성을 발견하는 활동을 중심으로 이루어집니다. 그렇기 때문에 학습자 스스로 내적 동기를 가지고 주도적으로 참여하는 것이 필수적이고, 학습의 결과물로 얻게 되는 과학 지식보다는 탐구 과정과 방법을 더욱 중시해야 합니다.

발견 학습은 학생들의 참여도에 따라 학습 주제까지 결정하는 발견 학습과, 교사가 학습 주제를 제공하고 학생들이 해결 방법을 찾아보는 안내된 발견 학습이 있습니다. 현재 학교 현장에서는 교사에 의해 안내되는 발견 학습이 더 많이 적용되고 있지만, 제7차 개정 교육과정에서는 자율 탐구의 강화로 인해 학생들의 참여도가 더 높은 발견 학습이 장려될 것으로 예상됩니다.

발견 학습의 절차*는 다음과 같습니다.

---

* 조희영 · 박승재(2001). 과학 교수-학습. 교육과학사, p. 285.
* 권재술 · 정진우 · 김효남 · 최병순 · 허명(2001). 과학과 수업 모형. 교육과학사, pp. 58-63.

첫째, 자료를 제시 · 관찰하는 단계입니다. 교사는 의도된 현상, 사물 등을 제시하여 학생이 제시된 현상이나 사물들을 자유롭게 관찰하고, 조작하여, 발표해 보도록 합니다. 학생이 발표할 때 교사는 허용적인 분위기를 조성해서 학생들의 모든 관찰 내용을 수용하고 학생들이 적극적으로 참여할 기회를 제공해야 합니다.

학생들은 제시되는 현상이나 사물이 학생 주변의 세계에서 추출되었을 때 학습 후에 얻은 지식을 실생활에 좀 더 쉽게 적용합니다. 따라서 학생들이 주변 세계에 흥미를 갖고 모든 학생들이 참여할 수 있도록 충분한 자료를 제시해야 합니다. 만약 일정한 현상이 필요한 경우 반복적으로 나타낼 수 있는 자료를 활용하거나 간단한 그림과 용어를 이용하고, 중요한 관찰 관점을 제시하면 좀 더 풍부한 관찰을 유도할 수 있습니다.

둘째, 보충 자료를 제시하고 관찰하는 단계입니다. 학생들은 보충 자료 관찰을 통해 이전 단계에서 관찰한 내용과 비슷한 점, 다른 점 등을 찾고, 귀납적인 사고를 바탕으로 추상적인 개념을 찾습니다. 이때 용어는 학생들의 조작적 용어를 사용하면 됩니다. 학생들이 귀납적 사고를 통해 결과를 예측할 수 있도록 충분한 자료를 제시합니다.

셋째, 규칙성 발견(추리) 단계입니다. 두 번 혹은 세 번 이상 제시된 자료를 관찰하는 과정에서 얻게 된 현상, 데이터 등의 관계나 이유를 학생들이 설명하도록 합니다. 앞의 단계와 완전히 동떨어져 구성되기보다는 관찰 결과를 재확인, 재관찰, 재실험 등의 과정으로 되돌아갈 수 있도록 설계하여 학생들이 추론의 과정을 익히고, 추론하는 방법을 알도록 합니다. 이런 과정은 학생들에게 자신이 발견한 규칙의 불확실성을 감소시킬 수 있는 기회를 제공해 줍니다.

넷째, 개념을 정리하는 단계입니다. 학생들의 용어로 기술된 규칙들을 추상적인 용어를 사용하여 정리합니다. 학생들은 학생 주도로 용어를 새롭게 만들 수 있고, 기존의 용어를 사용할 수도 있습니다. 이때 학생들이 발표하는 내용을 판서하기, 그림으로 구조화하기, 마인드맵으로 나타내기, 짧은 과학 기사 만들기 등의 활동을 통해 정리합니다. 아울러 발견 학습에 어려움을 느끼는 학생들에게는 자신의 생각을 쉽게 정리하도록 도와줍니다.

다섯째, 발견된 개념의 적용 단계입니다. 교사는 학생들에게 발견한 개념을 실생활에 적용시키거나 설명해 보게 하고, 학습한 내용을 평가합니다. 이때 일반화를 지나치게 강조하면 학생들이 혼란을 느끼게 되므로 모든 현상이나 실물을 설명하도록 강요하기보다는 간단한 현상이나 실생활에 적용하도록 합니다. 그리하면 학생 스스로 발견한 규칙이나 개념을 좀 더 확실하게 이해할 수 있습니다.

# 들어가며

교과서에 제시된 본 차시의 수업 내용을 살펴보면 "고리 모양으로 감은 에나멜선에 전지를 연결하고 나침반을 가까이 가져가 봅시다."가 학습 주제로 제시되어 있습니다. 첫 번째 학습 활동은 "고리 모양으로 여러 번 감은 에나멜선 주변에서 나침반은 어떻게 움직일지 자신의 생각을 이야기해 봅시다. 그리고 실제로 연결해 봅시다."라고 제시되어 있으며, 고리 모양의 에나멜선을 만들어 실험하는 과정이 교과서 하단부에 보입니다. 두 번째는 극을 바꾸었을 때 나침반 바늘의 변화가 나타나 있는 사진과 함께 "에나멜선에 전지의 극을 바꾸어 연결하면 어떻게 될까요? 나침반 바늘이 움직이는 것을 보고, 고리 모양으로 감은 에나멜선의 어느 쪽이 N극인지 알 수 있습니까?"로 제시되어 있습니다. 세 번째는 "에나멜선에 전지의 극을 바꾸어 연결하면, 나침반 방향이 달라지는 까닭이 무엇인지 서로 토의하여 봅시다."라고 되어 있습니다. 마지막은 읽을거리 형태로 '도선에 센 전류를 흐르게 하고, 철가루를 뿌리면 다음과 같이 됩니다. 막대자석 주변에 늘어선 철가루의 모양과 비교하여 봅시다."라고 그림과 함께 제시되어 있습니다.

교사는 차시의 학습 주제를 재구성하여 "고리 모양으로 감은 전선에 전류가 흐를 때 나침반의 변화를 관찰하여 극을 띤 자기장이 형성됨을 알 수 있다."라는 학습 목표를 수립하여 수업을 진행했습니다. 수업은 다음의 다섯 장면으로 나누어 볼 수 있었습니다.

수업 장면 1: 동기 유발부터 학습 활동 안내까지
수업 장면 2: 학습 활동 1
수업 장면 3: 학습 활동 2
수업 장면 4: 학습 활동 3
수업 장면 5: 학습 내용 정리 및 차시 예고

수업 과정에 따라 각 단계에서의 설계, 교사의 활동, 자료의 활용, 학생들의 반응을 관찰하여 하나의 교수·학습 모형이 수업에서 어떻게 적용되었고, 생각해 볼 점은 무엇인지 살펴보았습니다.

# 수업 장면 1
## 동기 유발부터 학습 활동 안내까지

동기 유발을 하나의 독립된 수업 과정으로 볼 수도 있고, 학습 목표 확인 및 활동 안내까지의 과정으로 볼 수도 있습니다. 활동의 특성상 흥미로운 상황을 설정하거나 재미있는 자료를 제시한 후 교사의 발문으로 진행됩니다. 이 수업에서 교사는 별다른 자료를 제시하지 않고, 일정한 상황을 설정하여 제시했습니다. 따라서 교사의 발문을 중심으로 살펴보고자 합니다.

### 🎹 전시 학습 상기

교사는 1차시에서 학습한 내용을 학생들에게 질문하여 전류가 흐르는 전선 주위에서 나침반이 움직인다는 것을 이끌어 냈습니다. 이어서 교사는 준비된 전선을 사용하여 전류가 흐를 때 나침반의 변화를 확인했습니다.

이 과정은 지난 차시와 밀접한 관련이 있는 것으로, 꼭 짚고 넘어가야 했습니다. 이러한 확인 과정을 반복하여 짚어 주었다면 학습 목표를 확인하는 것뿐만 아니라 학습 내용의 규칙성 발견과 개념 정리 단계(교과서의 과정이라면 토의 단계)에서 학생들이 고리 모양의 에나멜선에 전류가 흐를 때 극이 생기는 이유를 보다 쉽게 찾을 수 있었을 것입니다.

교사가 "선생님은 호기심이 많아서 에나멜선을 한 번 감아 보고 싶었습니다. 이렇게 감아서 전류를 흐르게 하면 어떻게 될까요? 한 번 생각해 봅시다. 어떻게 될까요? 자기 생각을 자유롭게 말해 보세요."라고 발문하자, '나침반 바늘이 막 돌아갈 것 같다'는 의견과 '아무런 변화가 없을 것 같다'는 의견이 나왔고, 대부분의 학생들은 전자의 의견을 선택했습니다.

동기 유발은 수업에 대한 학생들의 관심을 모으는 활동이기 때문에 흥미로우면서도 주제와 밀접한 상황을 제시합니다. 교사는 학생들의 관심 대상인 교생 선생님 본인의 상황을 예로 들었는데 주제와 관련된 상황이기는 하지만 교사만의 독특한 개인 상황이 아니었기 때문에 흥미를 유발하기에는 다소 부족했습니다.

학생들의 흥미를 좀 더 불러일으키고 싶다면 일반적인 상황을 일반적이지 않게 제시하거나 특수한 상황을 일반적인 상황처럼 제시하는 것이 좋고, 다양한 기구나 시범 실험, 마술 등을 도입하는 것도 효과적입니다. 하지만 흥미에만 집중된 동기 유발이라면 수업 내용 자체에는 흥미를 잃어버리는 경우도 생기기 때문에 주의해야 합니다.

예를 들어, 1차시에는 고압선 주위의 사람들이 피해를 입는 뉴스를 동기 유발 자료로 이용할 수 있을 것이고, 2차시 수업에서는 고리 모양의 터널을 만든 뒤 자석으로 만든 차나, 나침반이 달린 차를 움직여 움직임의 특징을 찾아보는 활동을 할 수 있습니다.

학생들의 다양한 의견을 수렴할 수 있는 시간을 더 주지 못한 부분도 아쉬움으로 남습니다. 교사가 생각해 보자고 발문한 뒤 '자유롭게, 생각나는 대로' 등의 말을 하고 있지만, 생각할 시간을 주지는 않았습니다. 이 경우에 학생은 생각할 시간이 없기 때문에 단순히 알고 있는 사실만 이야기할 수밖에 없고, 즉시 대답해야 한다는 강박관념을 가질 수 있어 더 많이 기억해 내는 학생들만 수업에 참여하게 됩니다.

학생들에게 시간을 좀 더 주고 왜 그렇게 되었을까를 생각하게 했다면 다양한 의견이 나왔을 것입니다. 또 전류가 흐르는 고리 모양의 전선 주위에 있는 나침반의 변화를 예상하게 하고, 정리 단계에서 실험 결과와 비교해 보았다면 그 과정을 통해 수업의 시작과 끝이 어우러질 수 있었을 것입니다.

## 📖 학습 목표 수립하기

교사는 학습 목표를 수립하기 위해 "지금 해정이의 의견과 준하의 의견이 있었어요. 어느 의견이 맞을까요?" "그럼, 이번 시간에는 선생님과 무엇을 공부했으면 좋겠어요?"라고 발문했습니다. 학생들은 "고리 모양으로 감은 에나멜선을 전지와 연결하고서 나침반을 넣는 실험을 할 것 같습니다."라고 대답했습니다.

교사는 다시 "많은 친구들이 같은 생각이군요? 그래요. 이번 시간에는 선생님이 감았던 것처럼 고리 모양으로 만들어 전류를 흐르게 하고, 나침반 바늘이 어떻게 움직이는지 살펴보도록 하겠습니다."라고 안내하고, 판서를 했습니다.

학습 목표 확인에서 가장 중요한 부분은 학습자가 무엇을 학습하는지 미리 확인하는 것입니다. 그렇기 때문에 교사는 학생의 말을 다시 한 번 정리해 주고, 정선된 말로 표현해야 합니다. 이런 활동을 통해 학습 목표를 찾아낸 학생은 자신이 생각했던 것과 비교해 볼 수 있으며, 미처 생각하지 못했던 학생은 '아! 이번 시간에는 이것을 배우는구나.' 하고 학습 목표를 확인할 수 있습니다. 학생들로부터 이끌어 내고 학생의 말을 인용하여 학습 목표를 수립·제시할 때 학생들은 학습 목표를 보다 확실하게 인식합니다. 아울러 수업에 대한 내적 동기를 강화하여 학습에 흥미를 지속적으로 느낄 수 있습니다.

교사는 여러 가지 방법을 활용하여 학습 목표를 찾지 못한 학생들이 수업의 방관자가 되지 않도록 해야 합니다. 예를 들어, 반복해서 학습 목표를 확인하기, 색분필을 활용한 판서, 학생과 학습 목표 읽어 보는 활동, 가려져 있는 학습 목표나 용어를 찾아내게 하는 활동, 물음표와 느낌표 등의 기호를 통한 제시 등이 있습니다. 손쉽게 "두 친구의 의견이 맞는가, 틀린가를 확인해 볼까요?"라는 발문을 통해서도 학습 목표를 확인할 수도 있습니다.

학습 목표의 진술 부분에서 교사는 좀 더 신중해야 합니다. 앞의 진술문을 보면 학습 목표 도달을 위한 하나의 활동을 그대로 학습 목표로 제시했음을 알 수 있습니다. 이 경우에는 학습 목표를 다시 잘 살펴볼 필요가 있는데, 학습 목표에서 가장 중요한 부분은 "극을 띤 자기장이 형성됨을 알 수 있다."입니다. 다른 방식으로 진술한다면 "전류가 흐르는 고리 모양의 전선 주위에 자기장이 막대자석 주위의 자기장과 비교하여 같음을 알 수 있다."라고 할 수도 있습니다.

학생들은 막대자석과 같이 극을 띤 자기장이 형성된다는 것을 알아야 하고, 이를 통해 다음 차시의 수업이 가능해집니다. 그러므로 학습 내용의 중요한 점을 잘 살려서 학습 목표를 진술해야 합니다. 예를 들면, '전류가 흐르는 고리 모양의 에나멜선 주위에 생기는 자기장을 막대자석 주위의 자기장과 비교하여 알아본다.'와 같이 진술되어야 합니다.

학습 목표는 학습 활동 안내와 맞물려집니다. 공부할 문제의 진술이 잘못되면 학생들은 학습 활동을 찾아내는 데 어려움을 느끼게 되고, 학생들의 진술이 교사가 원하는 방향과 멀어져 필요 이상의 반복된 발문으로 시간을 허비하는 경우도 있습니다.

이럴 때 교사는 학생들의 발표에서 완벽한 진술문을 찾기보다는 핵심 단어를 찾아 학습 목표로 재구성해야 합니다. 예를 들면, 앞의 학생 발표에서 '전류가 흐를 때 생기는 나침반의 변화'라는 말을 사용했을 때 교사는 "그럼 무엇이 생길까?"라는 추가 발문을 통해 '자기장'이라는 용어를 찾을 수 있고, "자기장이 생기는 것은 무엇이 있을까?"라는 발문을 통해 학생들로부터 '자석'이라는 용어를 이끌어 내어 학습 목표를 진술할 수 있습니다.

### 🎹 학습 목표 도달을 위한 학습 활동 안내

교사는 학습 활동 안내를 학생들의 발표를 통해 이끌어 내고자 했습니다. [활동 1]의 경우에는 선생님이 의도적으로 판서된 학습 목표를 가리키며 학생들이 손쉽게 찾을 수 있도록 유도했습니다.

[활동 2]의 경우에는 학생들이 '에나멜선에 전류를 흐르게 하고, 나침반의 변화를 알아본다.' 혹은 '가설을 세워볼 것 같다.'라고 하는 것이 적절한 답변이 될 수 있습니다. 하지만 학생들이 이와 같은 생각에 이르지 못하자, "선생님이 여러분에게 막대자석을 주겠습니다. 막대자석 주위의 나침반과 고리 모양의 전선에서 나침반을 비교해 보세요." "두 번째 활동에서 비교하는 활동을 하는 이유

는 무엇일까요? 왜 막대자석과 비교하지요?"라고 하며 학습 활동을 안내했습니다.

[활동 3]은 "땡이라는 것을 찾는 다음 활동을 준비했어요. 여러분이 첫 번째 활동과 두 번째 활동을 열심히 한다면, 땡을 잘 찾을 수 있을 것입니다."라고 학생들에게 안내했습니다. 이어서 "선생님이 땡을 찾은 학생에게는 관찰 왕이라고 포인트를 주겠어요. 열심히 해 주세요."라고 학생들의 적극적인 참여를 유도했습니다.

이 과정에서 보면 학습 목표의 진술이 잘못되어 학생들은 [활동 1]만을 쉽게 생각해 내는 것을 알 수 있습니다. 학습 목표가 "전류가 흐르는 고리 모양의 에나멜선 주위에 생기는 자기장을 막대자석 주위의 자기장과 비교하여 알아본다."와 같이 진술되었다면, [활동 1]뿐만 아니라 [활동 2]도 학생들은 쉽게 유추할 수 있었을 것이고, 막대자석이라는 것을 이용한 교사의 발문을 통해 자석에 있는 '극'이라는 용어의 도입도 가능했을 것입니다.

물론 활동의 안내만을 위해 과도하게 시간을 보내는 것은 바람직하지 않지만, 학생들이 주도적으로 참여하여 활동을 계획하는 것은 매우 중요합니다.

발견 학습에서 활동 안내가 한꺼번에 이루어질 필요는 없습니다. 활동 안내란 학생들이 수업 시간에 무엇을 공부하는가를 인식하도록 해서 수업이 좀 더 수월하게 이루어지기 위한 것이므로 꼭 먼저 안내되어야 하는 것은 아닙니다. 때에 따라서는 첫 활동을 마치고, 이어지는 활동을 소개하는 것이 더 효과적일 수 있습니다.

이번 차시의 수업 상황에서는 [활동 1]만을 안내하고, [활동 2]와 [활동 3]은 앞의 활동이 끝난 후에 제시해도 되었을 것입니다. 수정된 진술문을 사용한다면 [활동 1]과 [활동 2]만을 찾아내게 한 후 규칙성을 발견하고, 개념을 정리하기 전에 [활동 2]를 통해 안내할 수도 있습니다. 왜냐하면 때에 따라서는 학습 활동 중간에 활동을 안내하는 것이 더 극적이고 효과적일 수 있기 때문입니다.

# 수업 장면 2: 학습 활동 1
## – 전류가 흐르는 고리 모양 전선 주위의 나침반 변화 관찰하기 –

[활동 1]은 학습 자료를 제시하여 학생들이 자료를 관찰하고 관찰한 내용을 발표하여 서로 공유하도록 하는 단계이므로 교사가 제시하는 자료, 자료의 제시 방법, 학생들의 관찰, 학생들의 관찰 내용에 대한 교사의 수용 여부, 학생들의 관찰을 촉진하기 위한 교사의 활동 등을 중심으로 살펴보겠습니다.

### 🖥 활동 안내 및 활동 시작

교사는 [활동 1]이 모둠 활동이고, 준비한 자료가 정해진 장소에 있으며, 전기회로를 꾸미는 방법은 책에 있다는 것 그리고 수업 전에 만들어 놓은 고리 모양의 에나멜선의 앞쪽과 뒤쪽에 나침반을 놓아 두고 나침반의 움직임을 5분 동안 관찰하도록 안내했습니다.

학생들은 노래와 함께 구호를 외치며 강의식 수업의 자리 배치에서 모둠 형태의 자리 배치로 좌석 형태를 바꾸었고, 각 모둠의 나눔이들은 자료를 가져가 모둠별로 실험을 시작했습니다.

이때 교사가 다시 종을 쳐 학생들을 집중시키고 "선생님이 궁금한 게 있어 여러분에게 물어보려고 해요. 저번 시간에 배웠던 내용인데 고리가 있을 때는 나침반을 어떻게 놔야 할까요?"라고 묻자 한 학생이 "나침반의 방향을 북쪽으로 하고, 고리 모양의 전선과 일직선이 되게 해야 합니다."라고 했습니다.

교사는 수업 시간 내에 에나멜선을 고리 모양으로 만드는 작업을 하게 되면 수업 시간이 부족해질까 봐 수업 전에 두꺼운 종이 위에 고리 모양으로 에나멜선을 만들어 놓고, 다른 준비물과 함께 정해진 곳에 놓았습니다. 고리 모양의 에나멜선을 만드는 작업이 의미 있는 활동이었다면 교사는 학생들에게 에나멜선을 고리 모양으로 만드는 활동을 했을 것입니다. 하지만 나침반의 변화를 관찰하여 자기장을 확인하는 것이 주된 활동이므로 학생들이 불필요한 시간을 허비하지 않고 핵심 활동에 집중할 수 있도록 환경을 만든 것입니다. 교사가 이런 것을 모두 준비하면 수업 준비 시간이 오래 걸리고, 에나멜선을 고리 모양으로 만들어 보는 과정도 학생들에게 의미 있는 활동이라고 할 수도 있지만, 밀도 있는 수업을 위해서 수업 자료로 준비한 것입니다. 교사의 수업 준비 시간 부족과 같은 문제는 학급 내 자치 활동 부서인 학습부를 활용하거나, 특별히 과학에 흥미를 가지고 있는 학생들의 도움을 받아 해결할 수 있습니다.

자료를 나누어 주거나 걷는 활동도 학생들을 훈련시켜 교실이 혼란스러워지고, 수업이 지체되는 일이 없도록 해야 합니다. 과학실 수업이라면 수레를 이용하여 자료를 배분하거나 수합할 수 있습니다. 자료는 어디에 준비하고, 누가, 어떤 방법으로 배분하고 수합할 것인가는 학급 내, 모둠 내에서 훈련이 되어 있어야 합니다. 간혹 자료를 배분한 후에 수업을 시작하고자 한다면 사용되지 않는 자료가 수업의 방해 요소가 될 수 있습니다. 수업 활동과 관련이 없는 자료는 가능하면 학생들의 눈과 손에서 확실하게 제외시키는 방법을 찾아야 합니다. 과학 수업은 교과 특성상 준비물이 많고, 그것의 부피가 크기 때문에 일정한 장소에 놓아 두고 배분하는 편이 좋습니다. 준비물을 다룰 때 학생들은 학습의 성과보다도 안전을 더 중요하게 생각해야 하며, 교사도 안전을 최우선으로 고려해야 합니다.

자리 배치는 학생들이 어떤 활동을 하느냐에 따라 다양하게 변할 수 있습니다. 과학실 실험이라면 협동 학습을 할 수 있도록 큰 탁자를 사이에 두고 학생들이 마주 보는 자리 배치를 할 수 있고, 교사의 설명이 주로 이루어지는 수업이라면 학생 모두가 교사를 편하게 바라볼 수 있는 형태의 자리 배치가 좋습니다. 학생들은 전체 활동, 모둠 활동, 짝 활동, 개인 활동에 필요한 여러 가지 자리 배치 훈련이 되어 있어야 합니다. 모둠 구호나 노래는 모둠원의 소속감을 가지게 하고, 교실이 혼란스러워지는 것을 예방할 수 있습니다. 역할 분담을 통해 모둠 활동의 효율성을 높일 수 있고, 학생 각자에게 책임감과 성취감을 줄 수도 있습니다.

이 수업에서 교사는 실험의 오류를 줄이기 위해 고리 모양의 에나멜선을 나침반의 방향과 동일하게 놓아야 한다는 유의점을 설명했고, 나침반의 방향을 명확히 하기 위해 교실에 남쪽과 북쪽을 표시해 두었음을 안내했습니다. 이런 안내는 학생들의 실험 성공률을 높일 수 있고, 오개념을 예방하는 데 도움을 줄 수 있습니다. 일반적으로 수업을 진행하는 교실의 칠판이 북쪽이나 남쪽을 가리키지 않을 때에는 학기 초에 교실에 방위 표시를 해 둠으로써 다른 교과의 활동에서도 유용하게 사용할 수 있습니다.

그러나 덧붙여 교사의 실험 방법이나 유의할 점에 대한 안내를 학생들이 직접 눈으로 확인할 수 있도록 시범을 보이거나, 실물 화상기를 통해 보여 주었다면 학생들은 좀 더 확실하게 활동 내용을 알 수 있었을 것입니다. 또한 다양한 실험 결과를 얻을 수 있도록 실험이 먼저 끝난 모둠에게 심화 활동을 할 수 있도록 안내하지 못했던 점이 아쉽습니다. 이렇게 했다면 좀 더 많은 관찰을 할 수 있었을 것이고, 하나의 관찰 사실로 실험 결과를 발표하고, 이것만으로 현상을 설명하려는 경향을 없앨 수 있었을 것입니다.

## 🎹 실험의 시작

교사는 궤간 순시를 하며 각 모둠의 실험 진행 사항을 파악하고, 도움을 요청하는 모둠의 활동에 참여했으며, 유의점으로 제시된 고리 모양의 에나멜선의 방향을 정확히 맞추지 않은 점들을 지적했습니다.

각 모둠은 4인 1조, 5인 1조 모둠으로 교사가 만들어 준 고리 모양의 에나멜선으로 회로를 꾸며 실험했으며, 나침반 바늘의 방향이 북쪽을 가리키지 않는 모둠은 교사에게 이야기하고, 교사는 여유분의 나침반을 제공했습니다.

나침반의 방향이 정확히 북쪽을 가리키지 않자 몇몇 학생은 나침반 주위에 자석이 있어서 그런 것 같다는 의견을 내기도 했습니다.

모둠별 실험 도중에 교사가 해야 할 일은 무척 많습니다. 제일 먼저 각 모둠별 실험 상황을 체크하고, 부족한 점을 보충해 주며 모둠 및 학생 개개인에 대한 활동과 태도를 평가해야 합니다. 이를 위해 궤간 순시를 하게 되는데, 궤간 순시는 교사의 움직임을 최소화하면서 많은 학생들에게 도움을 줄 수 있는 방향으로 이루어져야 합니다. 그러므로 교사는 동선과 도움이 필요한 보충 모둠의 위치도 고려해야 합니다. 수업 교사는 보충 모둠을 교사의 우측 정면에 놓고 지도를 하여 보다 손쉽게 접근할 수 있도록 했습니다.

실험 위주로 구성된 과학 수업에서 교사가 기대하는 방향으로 실험 결과가 나오지 않을 때 수업의 흐름이 매끄럽지 못하게 됩니다. 이런 것들을 줄이기 위해서는 실험에 사용되는 재료나 기구 등은 사전에 반드시 점검해야 하며, 필요시 여유분을 준비해야 합니다. 교사는 수업 전 실험에 필요한 자료를 점검하고, 여유분을 준비함으로써 학생들이 실험을 하면서 겪을 수 있는 어려움을 경감시킬 수 있었습니다.

학생들은 나침반이 정상적으로 작동하지 않는 것에 대해 스스로 이유를 생각했는데, 자석에 의해 나침반의 방향이 변한다는 것을 알고는 자석의 영향 때문일 것이라고 추측했습니다. 이때 나침반의 방향에 영향을 주는 자석을 한 번 찾아보게 하여 실제로 자석이 원인이었는가를 살펴보게 했다면 더 좋았겠다는 생각을 해 봅니다.

### 🎹 실험 결과의 발표

교사가 실험 결과를 발표하라고 지시하자 많은 학생들이 손을 들어 발표하기를 원했고, 교사는 발표할 때의 규칙을 다시 한 번 상기시킨 다음 가장 빠른 모둠에게 발표의 기회를 주었습니다.

학생은 "나침반이 원래 북쪽을 가리켰는데 에나멜선에 전류가 흐르자 서쪽으로 조금씩 이동하는 것이 보였습니다."라고 발표했고, 다른 모둠에서 "에나멜선에 전류를 공급하자 나침반의 바늘이 한 곳을 가리키는 것이 아니라 막 돌아갔습니다."라고 발표했습니다.

교　사　나침반을 놨을 때 삥삥삥 돌아갔어요? 한쪽 방향을 가리키는 게 아니라?

학생들　네.

교　사　아! 그래요? 다른 모둠도 그랬나요? 한 바퀴를 계속 돌았나요? (이때 다른 모둠이 추가로 손을 들었다.)

교　사　잠깐만요. 처음에 전류를 흐르게 했을 때 돌아갈 수도 있어요. 왜냐하면 전류의 힘을 받아서. 그런데 계속 돌아갔나요?

학생들　네.

교　사　계속 삥삥삥삥 돌아갔나요?

학생들　네.

　　　　(이때 교사는 한쪽 방향을 가리킨 결과가 나온 모둠과 계속 돌아가는 모둠을 손들게 했다.)

교　사　계속 돌아가요? 선생님이 알기로는 한쪽 방향을 가리키는 것으로 알고 있는데 그랬군요. 그렇다면 조금 있다가 ○○모둠하고 ○○모둠(나침반이 계속 돌았다고 하는 모둠)은 선생님과 다시 한 번 실험을 하도록 합시다. ○○모둠에서는 한쪽 방향을 가리킨다고 발표했는데, ○○모둠도 그렇게 나왔나요?

학생들　네.

교　사　○○모둠은요?

학생들　한 바퀴만 돌았어요.

교　사　한 바퀴만 돌고 한쪽 방향으로 일정하게 가리켰나요? ○○ 모둠은요?

학생들　한쪽 방향이요.

교　사　그러면 나침반 바늘이 계속 돌았던 모둠은 나침반에 문제가 있거나 다른 이상이 있나 봐요. 선생님과 다시 실험해 봅시다.

발견 학습에서 실험 결과를 발표할 때는 교사는 모든 결과를 허용하는 분위기를 만들어야 합니다. 왜냐하면 이러한 결과와 다음 단계의 결과와의 관계에서 규칙성을 찾을 수 있기 때문입니다. 이때 학생들이 발표 결과에 부연 설명을 하도록 해 보고, 자신들의 실험 결과를 명료하게 표현하도록 유도해야 합니다.

대화로 제시된 상황에서 교사는 교사가 원하는 실험 결과가 아니기 때문에 당황합니다. 이러한 상황은 과학 수업을 진행해 본 교사라면 누구에게가 있는 경험입니다. 이때 교사는 학생들에게 다음과 같은 반응을 보일 수 있습니다. 첫째, "너희는 잘못된 결과야."라는 반응을 보이며 교사가 기대했던 결과를 알려 주는 경우, 둘째, 학생들의 결과가 왜 그런 오류가 발생했는지 설명해 준 후 기대했던 실험 결과를 알려 주는 경우, 셋째, 학생들의 실험 결과가 왜 그렇게 나왔는지 다시 한 번 확인해 보는 과정을 거쳐 실험상의 오류를 수정하는 경우가 그것입니다. 이 세 가지 방법 중 앞의 두 개는 학생들의 관찰 결과를 무시하고, 학생들의 실험을 무의미하게 만드는 역할을 합니다. 그러므로 교사는 반드시 왜 그런 결과가 나왔는지 학생들과 다시 한 번 확인해 보아야 합니다.

하지만 40분 동안 수업의 전 과정을 보여 주고자 했던 교사에게 이는 불가능한 일입니다. 만일 일반적인 수업 상황이라면 학생들의 실험 결과를 의미 있게 하기 위해 실험 과정을 되짚어 다시 확인해 보는 과정이 있어야 합니다.

발표 내용에서 나침반이 빙글빙글 돈다고 발표했던 모둠에는 수업을 시작하며 나침반이 빙글빙글 돌 것이라고 예상했던 학생이 포함되어 있었고, 그 모둠은 나침반이 한 바퀴를 휙 돌자 "봐! 빙글빙글 돌지!" 하며 실험을 끝냈습니다. 학생은 자신이 보고 싶었던 결과를 확인한 후에 실험을 끝냈습니다.

한쪽 방향을 가리킨다고 했던 모둠에는 과학에 대한 관심이 많아 과학 지식이 풍부한 학생이 포함되어 있습니다. 이 모둠에서는 교사가 기대하는 결과를 알고 있었던 것입니다.

이 실험에서 제대로 관찰했던 모둠은 한 바퀴를 돌고 한쪽 방향을 가리킨다고 했던 모둠입니다. 물론 나침반 바늘이 한 바퀴를 꼭 도는 것은 아니고, 바로 한 방향을 가리키는 것도 아닙니다. 나침반 바늘의 특성상 한 방향을 가리킬 때 좌우로 흔들리다가 서서히 움직이는 폭이 줄어들게 됩니다. 이때 좌우로 흔들리는 경우가 크면 한 바퀴를 돌 수도 있습니다. 물론 어느 경우에 한 바퀴를 도는지를 정확하게 말할 수는 없지만, 우리가 손쉽게 관찰할 수 있는 상황이며, 그렇다고 그 현상을 빙글빙글 돈다고 말하지는 않습니다.

교사는 학생의 책상에서 해당 모둠의 실험을 다시 한 번 재연해 보고, 잠시 후에는 빙글 돌다가 한쪽 방향을 가리키는 것을 관찰할 수 있었을 것입니다. 선생님이 학생들의 관찰 결과가 현상을 그대로 설명한 것이 아니고, 자신이 보고 싶거나 알고 있는 한도 내에서 설명한다는 것을 인지하고, 그 현상을 함께 보면서 발문을 통해 자극(빙글 돌 때의 각 부분에서의 속력, 좀 더 시간이 흐른 뒤의 움직임 등)을 주었다면 학생들에게 교사가 기대했던 실험 결과가 도출되었을 것입니다.

만약 교사가 학생들의 결과를 무시하고 한쪽 방향으로 가리킨 것만 바른 실험 결과라는 느낌을 주고 다음 단계로 넘어가면 학생들이 자신들의 실험을 부정하거나 혹은 교사의 말을 무시하는 상황이 발생할 수 있습니다. 학생들이 자신들의 실험을 부정한다면 주입식 수업과 다를 바가 없으며, 수업에 대한 내적 동기가 사라지게 됩니다.

또 교사의 의견을 부정하게 되는 경우 심각하면 교사에 대한 부정으로 발전할 수 있습니다. 그러므로 이런 경우에 교사는 다음 기회에 다시 해 보자는 것보다는 즉시 다시 실험하여 확인해 보는 과정을 거쳐 오류도 줄이고, 실험 결과를 바르게 설명하여 학습의 내적 동기를 유지시켜야 합니다. 교사는 실험 결과를 주입하는 것이 아닌 학생의 생각을 수정 보완하는 과정을 통해 학습 목표에 도달할 수 있도록 하고, 교사에 대한 학생들의 믿음도 키울 수 있습니다.

## 수업 장면 3: 학습 활동 2
### – 막대자석 주위의 나침반 변화와 비교하기 –

[활동 2]는 보충 자료를 제시하고 관찰하게 하여 [활동 1]의 결과와 유사점을 찾아 규칙성을 발견하게 하는 단계입니다. 교사가 제시하는 자료, 자료의 제시 방법, 학생들의 관찰과 추리, 학생들의 관찰 내용에 대한 교사의 수용 여부, 학생들의 추리를 촉진하기 위한 교사의 활동 등을 중심으로 살펴보겠습니다.

### 자료 제시와 활동 안내

교사는 막대자석과 학습지를 추가로 학생들에게 제공했고, 그 후 학습지에 제시된 문제와 그 문제를 어떻게 해결해야 하는지 설명했습니다. 학생들은 주어진 준비물로 실험 장치를 꾸미거나 실험 과정에 대한 이야기를 나누었고, 나눔이 학생들은 자료를 받기 위해 교사에게 다녀왔습니다.

학습지에는 1번에 전기회로에 연결된 고리 모양 전선과 나침반 그림, 막대자석과 나침반 그림이 제시되어 있었습니다. 2번에는 나침반의 바늘이 움직이는 방향을 관찰하고 어떤 공통점과 차이점이 있는지를 알아보도록 하였으며, 3번에는 전류의 방향과 막대자석의 극을 바꾸었을 때 생기는 변화를 기록하게 되어 있었습니다. 학습지는 개별로 작성하도록 했습니다.

교사는 보충 자료를 제시하여 추가 관찰을 시키고, 처음 관찰과 추가 관찰 사이의 유사점이나 규칙성을 찾아 학생 스스로 표현하도록 해야 합니다. 이를 위해 추가 자료는 처음의 자료보다 교사가 가르치고자 하는 내용을 좀 더 상세히 설명하는 자료가 되도록 하면 좋습니다. 또는 처음에 관찰한 것보다 관찰 중점을 제한하여 제시하는 것도 좋습니다.

이 단계는 처음의 관찰에서 교사가 다루고자 했던 내용이 다루어져야 이루어질 수 있습니다. 왜냐하면 처음의 관찰에서 가르치고자 하는 내용을 전혀 다루지 못하면 추가 자료를 제시한다고 해도 어떤 유사점이나 규칙성을 발견할 수 없기 때문입니다. 이 경우 별개의 관찰을 하거나, 의도하지 않은 규칙성이나 유사한 점을 찾게 될 수도 있습니다.

이런 측면에서 보충 과제의 제시 부분이 성급했다고 볼 수 있습니다. 처음 자료에서 관찰된 사실들에 대해 학생들과 좀 더 협의하여 관찰 결과를 판서하거나 다른 방법으로 제시했다면 이 단계의 활동이 좀 더 수월하게 전개되었을 것입니다. 이런 명료화 과정은 학생뿐만 아니라 교사의 수업 진행에도 많은 도움이 됩니다.

이 활동에서도 활동 안내를 할 때 교사는 말과 손동작만을 사용하여 안내했습니다. 하지만 말보다는 그림, 그림보다는 애니메이

선을 이용하면 보다 정확하게 활용 내용을 전달할 수 있습니다. 물론 학생과 실험 과정을 찾아간다면(예를 들어, 가설 검증 수업 유형에서 실험을 설계하는 과정), 학생들과의 의견 교환(토의)을 통해 정할 수도 있습니다. 하지만 이렇게 안내된 발견 학습에서 어떤 규칙성을 찾아내게 하기 위해서는 어느 정도 결과가 통일될 필요가 있습니다. 그러기 위해서는 활동 과정이 통일되어야 하며, 통일된 활동 과정을 위해서는 정확한 안내가 필요합니다.

이와 더불어 포함되어야 할 것은 관찰 범위를 좁혀 제시하는 것입니다. 그런 의미에서 교사가 막대자석에서 나침반의 변화와 전류가 흐르는 전선에서 나침반의 변화를 비교 관찰하게 한 것, 나침반을 놓아야 하는 위치를 안내한 것은 적절했습니다.

[활동 1]에서 관찰한 결과가 교사로부터 지지를 받지 못하여 자신의 실험에 대한 자신감을 상실한 학생은 처음보다는 소극적인 자세로 수업에 임했습니다. 또한 교사의 안내 도중에도 모둠 내에서 [활동 1]의 실험 과정을 되짚어 보거나 결과에 대한 이야기를 나누는 모습을 보였는데, 학습의 내적 동기가 감소함을 알 수 있었습니다.

교사에게 시간적인 여유가 있다면 [활동 1]을 다시 반복해 보는 것이 좋습니다. 이 과정에는 성공적으로 실험을 한 모둠도 같이 참여하게 하여 누구나 범할 수 있는 관찰의 오류나 실험의 오류를 되짚어 보게 하고, 모든 학생들이 교사가 기대하는 결과를 얻도록 합니다.

## 실험과 관찰 활동

전류가 흐르는 고리 모양의 전선과 막대자석 주위에서 나침반의 변화 모습을 보고, 고리 모양의 전선에 전류를 흐르게 하면 막대자석과 같이 자기장이 발생한다는 것과 막대자석은 극의 변화가 없지만 전류의 방향이 바뀐 고리 모양의 전선은 극이 바뀜을 발견하게 하는 활동입니다.

교사는 모둠 활동 시 순회하며 실험 장치를 바르게 꾸몄는지 살피고, 관찰해야 할 관점을 제시했습니다. 이어서 고리 모양의 전선과 막대자석 주위 나침반의 움직임을 관찰하도록 지시하고, 모둠별 활동 상황을 체크했습니다.

학생들은 모둠별로 실험을 진행했으며, 교사는 모둠을 순회하며 실험 과정에 대한 지도를 했습니다. 먼저 지도 받은 모둠은 비교적 활동을 일찍 끝내고 발표 준비를 하기도 했습니다.

교사는 나침반 바늘이 빙글빙글 돈다고 발표했던 모둠의 활동에 참여하여 [활동 1]의 실험을 함께 하며 실패한 원인에 대하여 이야기해 주었습니다. 기대되는 결과가 나오지 않는 경우에는 나침반을 교체하여 실험을 진행했습니다. 나침반 바늘이 빙글빙글 돌지 않는 것을 확인한 후 학생에게 묻자 학생들은 이전의 실험에서는 돌았다고 대답했는데, 이에 교사는 다음과 같이 수긍하지 못하는 모습을 보였습니다.

교 사 　지금은 나침반 바늘이 빙글빙글 돌지는 않지요?
학생들 　아까는 돌았어요.
교 사 　정말이요? 이 모둠은 다 함께 계속해 봐요.

이 상황에서 유의해서 볼 점은 교사가 실험했을 때와 학생들이 실험했을 때의 결과가 다르면, 학생들은 자신들의 생각을 수정하려 하지 않고 교사가 학생들의 실험을 잘못 수행했을 것이라고 생각한다는 점입니다. 이때 교사는 학생들에게 처음의 실험 결과가 나타나게 한 후에 그 현상에 대해 서로 의견을 나누어야 합니다. 그리고 나침반 바늘이 돌기는 하지만 시간을 두고 보면, 더 이상 돌지 않게 되고 한 방향을 가리키는 것을 확인한 후, 이전의 실험에서 잘못 관찰한 부분은 수용하고 다시 한 번 관찰하게 해야 합니다. 교사 또한 학생들이 왜 그렇게 관찰했는지 알고, 이후에는 그러한 오류를 예방하도록 해야 합니다.

수업 상황에서 학생들은 "네가 틀렸어."라고 하는 것을 쉽게 수용하지 못합니다. 그러므로 교사가 그 과정을 다시 한 번 짚어 봐야 합니다.

### 🎹 실험 결과 발표

교사는 수업 시간을 확인하고 학생들의 활동을 중단시킨 후 실험 결과 발표 활동을 안내하였습니다. 고장난 나침반이 섞이거나 다른 영향을 받아 나침반이 잘 작동되지 않은 모둠이 있어 나침반이 고장나지 않아 실험이 잘된 모둠에게 발표를 시킨다고 말하였습니다. 교사는 학생들에게 전류의 방향이 바뀌었을 때 어떤 변화가 생겼는지를 발표하게 했고, 학생은 나침반 바늘의 방향이 바뀌었다고 발표했습니다.

이어 교사는 막대자석 주위에 나침반을 놓았을 때와 전류가 흐르는 고리 모양의 전선에 나침반을 놓았을 때의 차이점과 공통점에 대해 발문을 했습니다. 학생들은 나침반의 바늘이 가리키는 방향이 같다고 발표했습니다.

교사가 좀 더 보충 설명을 원하자 다른 학생은 "자석의 극이 N극과 S극이 바뀔 때 나침반도 서쪽과 동쪽이, N극과 S극이 바뀌었습니다."라고 했습니다. 교사가 좀 더 보충을 원하자 "막대자석과 전류가 흐르는 에나멜선의 성질은 같다고 할 수 있을 것 같습니다."라고 발표했습니다. 그 이유로 "자석의 극이 서로 바뀔 경우에 나침반이 반대 극을 가지는데, 전류도 반대로 흐르게 되는 경우 또 다른 극을 가지기 때문에 그런 것 같습니다."라고 발표했습니다.

교사는 이전의 다른 친구의 의견을 이용하여 전류가 흐르는 고리 모양의 전선 주위의 나침반과 막대자석 주위의 나침반이 움직이는 방향이 같다는 것을 두 활동 관찰 결과의 유사점으로 제시한 후 학생들에게 이렇게 관찰했느냐고 발문했습니다. 이어서 교사가 생각하기에는 많은 학생들이 그렇게 하지 못했을 것이라고 이야기하여 학생들의 실험 과정을 인정하지 못한다는 느낌을 주었습니다.

교사가 나침반의 위치 혹은 막대자석이나 고리 모양의 전선의 방향이 잘못된 경우를 지적하고, 정직하게 관찰한 모둠은 손을 들어 보라고 했는데, 한 모둠만 손을 들고 다른 모둠은 손을 들지 않았습니다.

교사는 '극'이라는 용어를 학생들로부터 이끌어 내고자 했으나 학생들은 자기장, 자기력이라는 말을 사용했습니다. "선생님이 (자석의 극 부분을 가리키며) 나침반을 자석의 N극에 놨을 때는 나침반의 N극이 이쪽 방향으로 움직이고, S극에 놨을 때는 다른 방향으로 움직였죠? 그러면 자석은 어떤 성질이 있다는 것을 알 수 있나요? 규일이가 말해 준 단어가 있었죠? 땡이 있었는데, 이 땡이 있었는데 (활동 안내를 가리키며), 이 땡을 찾아야 되는데(발표를 기다림)."라고 설명하자 어느 학생이 '극'인 것 같다고 대답했습니다.

교사가 학생들에게 발표를 시키는 과정에서 학생들이 학습 내용에 대한 혼란을 느꼈던 것으로 보입니다. [활동 1]에서 전류가 흐르는 고리 모양 전선 주위의 나침반의 변화와 막대자석 주위의 나침반의 변화를 비교하여 관찰했습니다. 그 활동을 통해 전류가 흐르는 고리 모양 전선 주위에 생기는 자기장이 막대자석에서 생기는 자기장과 같음을 찾아내고, 전류가 흐르는 방향을 바꾸었을 때 막대자석의 N극과 S극의 위치가 바뀐 것과 같다는 것을 추리해 내도록 하는 것이 이번 활동의 목적이었습니다. 그런데 갑자기 전류의 방향이 바뀌었을 때의 관찰 결과를 발문했습니다. 이로 인해 학생들은 혼란을 겪으며 전류의 방향이 바뀌면 나침반의 방향이 바뀐다는 것에만 집중을 하게 되었습니다.

발견 학습에서 교사는 학생들에게 단계적으로 발문하여 학생들로부터 전류가 흐르는 고리 모양의 전선 주위의 자기장과 막대자석 주위의 자기장이 같음을 학생들이 추리하도록 해야 합니다. 그럼에도 교사 주도의 일방적인 설명으로 학생들이 생각해 볼 수 있는 기회를 박탈했습니다. 이것은 학생들의 실험 결과가 잘못되었을 것이라는 교사의 확신 때문에 설명을 해서라도 학생들에게 가르쳐야겠다고 생각하셨기 때문인 것 같습니다.

하지만 발견 학습이라면 학생들에게 발견의 기회를 최대한 보장해 주어야 합니다. 발견을 할 수 없는 실험 결과라면 다시 실험할 기회를 제공하거나, 시간이 부족하다면 교사가 시범적으로 보여 줍니다. 혹은 다 함께 교실 가운데서 새롭게 실험을 하고 관찰하거나, 멀티미디어 기자재를 활용하여 실험 상황을 제시하고 학생 스스로 발견할 수 있는 기회를 제공했어야 합니다. 이와 같이 학습의 과정에서 모든 학생들이 발견할 수 있는 기회의 제공이 이루어져야 '발견 학습'이 이루어질 수 있습니다.

'극'이라는 용어를 많은 시간을 할애하여 학생들에게서 이끌어 내려고 노력했지만, 활동과 관련 없는 교사의 발문을 받고 학생들이 쉽게 찾아내지 못했습니다. 그리하여 교사는 더욱 당황하였고, 그 상황을 설명하려고 하다가 수업의 방향을 잃어버리게 된 것입니다. 교사가 [활동 2]에서 "전류가 흐르는 고리 모양 전선의 양쪽 끝에는 무엇이 있을까요? 막대자석의 양 끝에 있는 것을 생각하면 돼요."와 같이 학생들로부터 전류가 흐르는 고리 모양 전선 주위의 자기장이 막대자석의 자기장과 같다는 것을 발견하도록 했다면, '극'이라는 용어를 더 쉽게 찾을 수 있었을 것입니다.

발견 학습에서 강조되는 학생들의 내적 동기는 교사의 격려와 자신들의 결과를 인정 받을 때 좀 더 강해집니다. 그런 측면에서 실험이 잘된 모둠에게만 보상하고 기회를 주는 것은 많은 학생들을 방관자로 만들어 버릴 수 있습니다. 교사가 편안한 분위기에서 학생들의 실험이 잘 안 된 것 같다고 농담처럼 이야기하는 것은 학생들의 흥미와 자신감을 감소시킬 수 있으므로 하지 않는 것이 좋습니다.


## 수업 장면 4: 학습 활동 3
### - 고리 모양 전선의 극 찾기 -


[활동 3]은 규칙성을 발견하고 개념을 정리하는 활동입니다. 교사는 학생들 스스로 관찰 결과에서 규칙성을 발견하도록 발문해야 합니다. 필요할 경우 유용한 정보를 제공하거나, 보충 자료를 추가하여 제시할 수도 있습니다. 하지만 규칙성을 발견하는 과정은 순수하게 [활동 3]에서만 이루어지는 것이 아니라 [활동 2]의 관찰 결과를 정리하는 것과 연결되어 있습니다.

교사는 '극'을 찾기 위해 [활동 1]과 [활동 2]를 했음을 안내하고, 전류가 흐르는 고리 모양 전선의 양쪽에서 각각 N극과 S극을 찾아 N극과 S극이 표시된 스티커를 붙이도록 했습니다. 이후 스티커를 쉽게 붙이는 방법을 설명하고 2분의 활동 시간을 주었습니다. 대부분의 학생들은 나침반이 가리키는 방향을 이용하여 쉽게 극을 찾았으나, 일부 학생들은 학습지의 내용을 적거나 수정하는 등 다른 활동을 했습니다. 이때 수업 종이 흘러 수업 시간이 다 되었음을 알렸지만 수업은 계속 진행되었습니다. 교사는 모둠의 활동을 확인하며 나침반의 성질을 이용해서 고리 모양 전선 주위의 양쪽에 어떤 극이 생기는가를 찾도록 하고, 학생들에게 발표시켰습니다. 하지만, '전류가 흐르는 방향에 따른 나침반 바늘의 변화 관찰'이라는 학습 목표에 비추어 볼 때 극을 찾는 활동은 심화 활동으로 제시하는 것이 더 적절했으리라 생각됩니다. 즉, '전류가 흐르는 방향이 바뀌면 나침반 바늘의 방향이 바뀌는 구나.' '극이 바뀌는 구나.' 하는 사고에 수업의 초점을 두었어야 했습니다.


# 수업 장면 5
# 학습 내용 정리 및 차시 예고


학습 내용의 정리 부분을 지도안의 내용을 바탕으로 [활동 3]과 분리했지만, 개념 정리 부분과 크게 다르지 않았습니다. 또한 차시 예고는 어떤 상황을 제시했는가를 중심으로 살펴보았습니다.

## 🖥️ 학습 내용의 정리

교사는 모니터의 화면을 통해 전류가 흐르는 고리 모양 에나멜선 주위의 나침반이 움직이는 애니메이션을 보여 주고, 고리 모양 전선의 양쪽에 극이 있음을 확인했습니다. 그리고 발문을 통해 전류의 방향을 바꾸면 극이 바뀐다는 것을 정리했습니다.

학습 내용을 정리할 때는 학습 내용을 학생의 용어, 학생의 언어로 표현·정의하게 하여 다시 되새겨 볼 수 있는 기회를 제공하는 것이 좋습니다. 동기 유발에서의 학생들의 예상, 활동 중의 관찰 결과, 발견된 규칙 등을 구조적으로 판서했다면, 학생들은 쉽게 자신의 언어로 배운 내용을 정리하여 학습을 여는 부분과 닫는 부분이 유기적으로 연결될 수 있도록 했을 것입니다. 즉, 동기 유발에서 학생들이 예상했던 것을 되돌아보고, 어떤 이유로 이렇게 되는지 설명하도록 했다면 더욱 의미 있는 과정이 되었을 것입니다.

발견 학습에서는 자신들이 발견한 내용을 판서나 마인드맵, 그림으로 표현하기 등을 해 봄으로써 학습 내용을 구조화하고 조작적으로 정의를 내릴 수 있습니다. 또한 불확실한 학습 내용을 좀 더 명확하게 알 수 있습니다.

## 🖥️ 차시 예고

교　　사　막대자석에서도 힘이 센 것과 약한 것이 있어요. 우리가 에나멜을 고리 모양으로 감았을 때에도 극이 센 게 있고, 약한 것도 있겠죠? 어떻게 하면 세게 하고, 약하게 할 수 있을까요?

학생 1　전지를 많이 연결해서 전류의 힘을 세게 하면 세지고, 건전지를 적게 연결하면 극의 힘이 약해질 것 같습니다.

학생 2 에나멜선을 더 많이 감으면 세지고, 에나멜선을 적게 감으면 약해집니다.

교 사 나무젓가락, 못, 빨대에 에나멜선을 감았을 때 어느 것이 가장 셀까요?

학생 3 못의 경우가 가장 셉니다. 그 이유는 쇠에 전류가 통하기 때문입니다.

교 사 다음 시간에는 무엇에 에나멜선을 감으면 더 센 자석이 되는지 알아봅시다.

교사는 차시 예고를 동기 유발과 같이 다음 시간에 대한 호기심을 갖게 하고 다음 시간에 학습할 내용을 학생들이 스스로 찾게 하려고 했지만, 결과적으로 교사는 다음 시간 학습 내용을 설명하는 것이 되었다. 차시 예고도 또 다른 동기 유발로 여기고 차시 학습에 대한 흥미와 관심을 이끌어 내는 것이 좋습니다. 이를 위해서는 동기 유발과 같이 다양한 스토리나 자료가 제시되어야 합니다. 하지만 이러한 자료를 잘못 제시할 경우에는 오히려 차시 수업에 대한 호기심과 흥미를 떨어뜨릴 수 있으므로 동기 유발 못지않은 고민이 필요합니다.

차시 예고에서 학생들의 응답을 보면 학생들 중에 상당수가 선행 학습을 했음을 알 수 있습니다. 5~6차시에 배울 내용을 알고 있으며, 다음 차시에 학습할 내용도 알고 있는 학생들이 있습니다. 하지만 조금만 관심을 가지고 귀를 기울이면 학생들이 정확하게 알고 있는 것이 아님을 알 수 있습니다. 이는 수업을 준비할 때 학생들의 실태 분석이 중요한 이유이기도 합니다.

# 수업을 보며 해 본 또 다른 생각들

## 🎹 이 수업은 과연 발견 학습으로 이루어졌나?

발견 학습은 과학 지식뿐만 아니라 학생들이 탐구하는 과정까지도 학습되도록 진행되어야 합니다. 그러기 위해서는 학생 스스로 실험 결과 간의 유사성을 유추할 수 있어야 하며, 이러한 과정은 교사의 유도된 발문을 통해 이루어집니다. 학생들은 그러한 교사의 유도된 발문을 따라가며 사고하는 과정을 통해 새로운 지식을 발견하는 기쁨을 누리고, 탐구 기능을 습득하게 되는 것입니다.

이 단원에서 이번 차시의 과학 지식은 '왜' 라는 부분에서 추상적인 사고를 통해 이해해야 하기 때문에 학습 지도가 어렵습니다. 그래서 지도서에서는 현상을 이해하는 수준에서 다루길 원하고 있습니다. 하지만 고리 모양으로 전선에 전류가 통할 때 자석의 성질을 띤다는 것은 이번 차시에서 학생들이 꼭 알아야 하는 내용이며, 다음 차시의 학습을 가능하게 하는 기본적인 지식입니다. 이처럼 탐구과정보다 과학 지식이 중요하다고 인식될 때는 설명식 수업이 더 효과적일 수 있고, 탐구 수업 모형으로 계획한다면 더 많은 노력과 세심한 배려가 필요합니다.

이 수업은 발견 학습의 형식을 이용한 교사 주도의 설명식 수업이었다고 할 수 있습니다. 교사가 발견 학습 형태로 재구성했지만 수업의 진행 과정에서 보면 대부분의 과학 지식을 교사가 학생들에게 직접 제시하고 있습니다. 학생들이 발견하는 과정은 없고, 교사의 설명을 통해 학습 목표에 도달하게 된 것입니다. 또한 학생들의 잘못된 실험 결과를 직접적으로 지적하여 학습에 대한 내적 동기마저도 감소한 것 같습니다.

이 수업은 경험 학습 유형을 적용하고 여러 사실을 관찰하여 전류가 흐르는 고리 모양의 전선 주위의 자기장에 대해 학습하는 것이 더 적절해 보입니다.

## 🎹 학급의 모든 학생들과 함께하는 수업을 위해

교사가 모둠 실험 결과가 자신이 기대하는 방향으로 나온 모둠을 위주로 수업을 전개했기 때문에 다른 학생들은 수업에 적극적으로 참여하지 않게 되었고, 수업에 적극적으로 참여하지 않는 학생은 학습 목표에 도달하지 못하게 되었습니다.

수업 중 교사는 목소리가 큰 사람을 발표시키고, 발표 점수를 주었으며, 손을 들지 않았다는 이유로 발표에서 제외시키기도 했습니다. 하지만 수업은 학생 모두가 적극적으로 참여해야 하며, 자신의 생각과 의견을 서슴없이 이야기할 수 있는 분위기가 형성되어야 합니다. 교사는 절도 있는 발표 모습이 아닌 자유롭게 자신의 의견을 낼 수 있는 허용적 분위기를 제공하고, 학생은 자신의 의견을 표현함에 있어 부끄러워하거나 정답만을 말하려는 생각을 버려야 합니다.

이러한 학습 분위기를 만들기 위해서 학생들의 모든 의견을 수용하고, 학생을 지명할 때 모든 학생들에게 발표할 수 있는 기회를 제공합니다. 먼저 짝이나 모둠에게 말할 수 있는 기회를 제공해야 합니다. 교사와 1대 1의 발표를 통해 1시간 동안 한 학생에게 1분의 말할 시간을 제공하는 것이 아니라 둘이 의견 나누기, 모둠 의견 나누기 등을 통해 좀 더 많이 의견을 낼 수 있는 시간을 줍니다. 자신의 생각을 지속적으로 다른 사람에게 표현하도록 유도하여 스스로 개념을 명료화하도록 도와주어야 합니다. 이러한 자극을 통해 학생들 모두가 참여하는 수업이 되는 것입니다.

## 🏛 수업의 맥을 어떻게 잡아야 하는가?

시대의 흐름은 교사에게 교육과정의 재구성 능력과 동시에 각 교과와 학년에서 필수적으로 다루어야 할 내용과 탐구 내용을 가르치기를 기대하고 있습니다. 그러므로 교사는 국가에서 제시하는 교육과정의 내용을 다루며 수업에서 다루는 구체적인 사례와 수업 방법에 대한 자율성을 보장 받게 됩니다.

교과서는 교육과정이 아니라 교육과정을 다루는 하나의 소재로서의 위상을 가지게 되지만 교사가 수업 내용 측면에서 교과서를 뛰어넘는 재구성을 하기란 사실상 어렵습니다. 왜냐하면 교과서는 교육과정의 내용을 가장 잘 반영한 자료 중 하나이기 때문입니다. 또한 교과서를 뛰어넘는 자료를 개발하기 위해서는 아주 많은 노력과 시간, 비용이 소요됩니다. 하지만 교사가 교육 전문가가 되기 위해 이러한 노력을 게을리해서는 안 될 것입니다.

참관자가 교생 선생님들에게 가장 강조했던 것은 '무엇을 가르쳐야 하는가?'를 파악하도록 하는 것이었습니다. 이를 위해 단원의 전체 내용을 살피고, 그 단원에서 그 차시가 차지하는 위상을 명확히 파악하도록 했습니다. 수업 차시의 위상을 파악하기 위해 학습 과제 분석을 철저히 하도록 했는데, 무엇을 가르쳐야 하는지를 명확하게 인지하지 못하면 아무 의미 없는 수업이 될 수밖에 없기 때문입니다.

다음으로 이루어져야 할 것은 학생들의 실태를 파악하는 것입니다. '학생들은 어느 수준에 와 있는가?' '어떠한 학습 경험을 선호하는가?' 등의 학생의 실태를 파악해야만 학습자에게 적용 가능한 교육 방법과 문제 상황을 설정할 수 있기 때문입니다.

학생들의 실태를 파악하기 위해서는 학습 내용과 관련된 상황을 학생들에게 제시하고 학생들이 어떻게 생각하는지, 어떤 반응을 보이는지를 확인해야 합니다. 이때 다루어야 할 내용을 많은 학생들이 알고 있다면 더 높은 수준의 사고를 요하는 방법으로 수업을 진행할 수 있고, 학생들이 어려움을 느낄 것으로 예상된다면 지식의 전달에 초점을 맞출 수도 있습니다.

이와 같이 다루어야 할 학습 내용과 학습자의 상태를 확인하여 학습의 구체적인 상황이나 학습 방법을 결정하여 수업을 설계하고, 수업을 진행합니다. 후에 학생들이 학습한 내용을 다루어야 할 내용과 관련지어 평가해 봄으로써 수업에 대한 성패를 결정할 수 있고, 좀 더 발전된 수업을 할 수 있는 정보를 얻을 수 있습니다.

# 나가며

이 수업을 진행하신 교생 선생님에게 먼저 양해를 구합니다. 다른 사람의 수업을 개인의 잣대로 재어 비평하는 것은 매우 조심스러운 일입니다. 이것은 참관자와 수업을 진행한 교사가 다른 사람이기 때문에 다른 시각을 가질 수밖에 없고, 그러한 시각차와 교육관을 알지 못한 채 주관적인 입장에 치우칠 수 있기 때문입니다.

간혹 옆에서 보는 것이 바르게 보는 것이라고 하지만, 해당 수업을 가장 잘 아는 것은 바로 수업을 실행한 교사일 것입니다. 왜냐하면 수업은 본인의 교육철학이 담긴 숭고한 활동이기 때문입니다.

수업 참관에서 나온 많은 관점들에 대하여 공감할 수도 있고, 그렇지 않을 수도 있습니다. 하지만 이것은 현직 교사로서 우리가 깨어나기 위한 하나의 시도이며, 이러한 수업의 비평은 더욱 많이 이루어져야 할 것으로 보입니다. 이런 과정을 통해 자신의 좁은 시각을 다른 사람에게 알리고, 다른 사람의 시각을 받아들임으로써 보다 넓은 시각을 갖출 수 있기 때문입니다.

끝으로 자신이 만든 형식일 수도 있고, 주위의 교사들이 만든 틀일 수도 있는 '동기 유발-학습 목표 확인-학습 안내-학습 활동-정리-차시 예고'로 이어지는 정형화된 패턴도 생각해 볼 문제라고 생각합니다. 모든 수업은 꼭 한 시간에 모든 활동이 이루어져야 하는가, 정리를 꼭 해야 하는가, 동기 유발은 반드시 수업 내용을 다루어야 하는가 등의 고민을 하며 틀에 갇힌 수업의 형태를 깨기 위해 많은 시도를 해 봐야 할 것입니다.

# 본시 교수·학습 과정안

| 교 과 | 과학 | 일 시 | 200○.○○.○○ (○요일) ○교시 | 장 소 | 6-○교실 |
|---|---|---|---|---|---|
| 단 원 | 7. 전자석 | 차 시 | 2/9 | 지도교사 | ○○○ |
| 학습 주제 | 전류가 흐르는 고리 모양 전선 주위의 나침반 변화 관찰하기 | 교과서 | 78~79쪽 | 보조 교과서 | 실험 관찰(57쪽) |
| 학습 목표 | 고리 모양으로 감은 전선에 전류가 흐를 때 나침반의 변화를 관찰하여 극을 띤 자기장이 형성됨을 알 수 있다. | | | | |

| 수업 전략 | 최적 학습 유형 | 발견 학습 유형 |
|---|---|---|
| | 학습 집단 조직 | 전체 학습 ➡ 모둠 학습 ➡ 전체 학습 |
| | 중심 학습 활동 | • 전류가 흐르는 고리 모양의 전선 주위의 나침반의 변화 관찰하기<br>• 막대자석 주위의 나침반 바늘의 변화와 비교하여 극이 생김을 추론하기<br>• 전류가 흐르는 고리 모양의 전선의 극 찾기 |

| 교수 학습 | 일반 자료 | 교 사 | 고리 모양으로 된 에나멜선, 나침반, 전지, 전지끼우개, 연결선, 스위치, 전구, 못 |
|---|---|---|---|
| | | 학 생 | 에나멜선, 나침반, 전지, 전지끼우개, 연결선, 스위치, 전구, 막대자석, 동서남북 표시판, 스티커 |
| | ICT 자료 | | 실물 화상기, 프로젝션 TV |

| 단 계 | 학습<br>내용 | 교수·학습 활동 | 시 간 | 자료 및<br>유의점 |
|---|---|---|---|---|
| 탐색<br>및<br>문제<br>파악<br>하기 | 동기<br>유발 | ▣ 학습 동기 유발하기<br>• 전 차시를 살펴보면서 학습의 동기를 유발시킨다.<br> - 직선 전선에 전류가 흐를 때 나침반의 바늘이 움직이는 방향을 알고, 고리 모양의 전선에 전류가 흐를 때 나침반의 바늘 움직이는 방향 예상하기<br><br>교 사 여러분, 지난 시간에 무엇을 배웠죠?<br>학생들 직선 전선에 전류가 흐를 때 나침반의 바늘이 움직이는 방향을 알아보았습니다.<br>교 사 만약에 전선을 고리 모양으로 감아서 전류를 흐르게 한다면 나침반의 바늘은 어떻게 될까요?<br>학생 1 나침반 바늘이 빙빙 돌 것 같습니다.<br>학생 2 시계 방향으로 움직일 것 같습니다. | 3′ | ① 실험 자료-직선 에나멜선, 고리 모양으로 감은 에나멜선, 나침반, 전지, 전지끼우개, 연결선, 스위치, 전구 |

| 단계 | 학습<br>내용 | 교수·학습 활동 | 시간 | 자료 및<br>유의점 |
|---|---|---|---|---|
| 자료<br>제시<br>및<br>관찰<br>탐색 | 공부<br>할<br>문제<br>파악<br>하기 | ▣ 공부할 문제 확인하기<br><br>    고리 모양으로 감은 전선에 전류가 흐를 때<br>    나침반의 변화를 관찰하여 봅시다. | 1′ | |
| | 학습<br>활동<br>안내 | ▣ 학습 활동 안내하기<br>[활동 1] 전류가 흐르는 고리 모양 전선 주위의 나침반 변화<br>    관찰하기<br>[활동 2] 막대자석 주위의 나침반 변화와 비교하기<br>[활동 3] 고리 모양의 전선의 극 찾기 | | ② 실험 자<br>료 - 나침반,<br>에나멜선, 전<br>지, 전지끼우<br>개, 연결선,<br>스위치, 전구<br>(3′) |
| | 전류가<br>흐르는<br>고리<br>모양<br>전선<br>주위의<br>나침반<br>변화<br>관찰<br>하기 | ▣ 학습 활동<br>[활동 1] 전류가 흐르는 고리 모양 전선 주위의 나침반 변화<br>    관찰하기<br>• 고리 모양의 전선으로 전기회로를 꾸미게 한다.<br>   – 고리 모양의 전선으로 전기회로를 꾸미기<br>• 나침반을 제시하여 전기회로와 함께 자유롭게 관찰, 탐색<br>  하게 한다.<br>   – 나침반을 제시하여 전기회로와 함께 자유롭게 관찰하기<br>  ➡ 전기회로의 스위치를 닫기 전, 동서남북 방향을 고려하<br>    여 나침반 바늘을 맞춘다.<br>  ➡ 고리 모양 전선과 나침반 바늘과 나란히 놓은 후, 전기<br>    회로의 스위치를 닫고 전선에 나침반을 가까이 가져간다.<br>  ➡ 고리 모양의 전선에 전류가 흐를 때 나침반의 방향 변화<br>    를 자세히 관찰한다. | 11′ | ③ 표시 자료<br>– 동서남북<br>표시판(3′)<br><br>★ 에나멜선<br>을 피복하여<br>제시한다.<br><br>㉣ 관찰 평가 |
| 추가<br>자료<br>제시<br>및<br>관찰<br>탐색 | 막대<br>자석<br>주위의<br>나침반<br>변화와<br>비교<br>하기 | [활동 2] 막대자석 주위의 나침반 변화와 비교하기<br>• 막대자석을 제시하여 전류가 흐르는 고리 모양 전선 주위의<br>  나침반 바늘 방향과 비교하게 한다.<br>   – 막대자석과 고리 모양 전선 주위의 나침반 바늘을 관찰,<br>    비교하여 기록하기 | 11′ | ④ 실험 자료<br>– 막대자석<br>(5′)<br>⑤ 학습지<br>나침반 |

| 단계 | 학습<br>내용 | 교수·학습 활동 | 시간 | 자료 및<br>유의점 |
|------|------|------|------|------|
| 규칙성<br>발견<br>및<br>개념<br>정리 | | • 전기회로의 전류 방향과 막대자석의 극의 위치를 바꿔 나침반의 방향을 관찰하게 한다.<br>　– 전기회로의 전류 방향을 바꿔 나침반 방향 관찰하기<br><br>교　사　어떤 변화가 있었나요?<br>학생들　나침반의 방향이 바뀌었습니다. | | 방향 기록<br>(3′) |
| | 고리<br>모양의<br>전선의<br>극<br>찾기 | [활동 3] 고리 모양의 전선의 극 찾기<br>• 나침반 방향으로 전선 고리의 양쪽 극을 찾게 한다.<br>　– 나침반 바늘의 방향을 통해 전선 고리의 양쪽 극을 찾기<br>　➡ 나침반 바늘의 방향을 보고 고리 모양 전선의 양쪽에 극<br>　　스티커를 붙인다.<br><br>교　사　이러한 현상으로 알수 있는 것은 무엇인가요?<br>학생들　고리 모양의 전선에 전류를 흐르게 하면 극이 생깁<br>　　니다.<br><br>　➡ 고리 모양의 전선 주위에 극이 생김을 안다. | 8′ | ⑥ 표시 자<br>료 – 전류<br>흐름, N극,<br>S극 스티커<br>(3′)<br>⑦ 실험자<br>료 – 나침<br>반, 에나멜<br>선, 전지, 전<br>지 끼우개,<br>연결선, 스<br>위치. 전구,<br>못(2′) |
| 정 리 | 학습<br>정리 | ▣ 학습 내용 정리하기<br><br> | 3′ | |
| | 차시<br>예고 | ▣ 차시 예고하기<br>• 다음 차시 학습할 내용을 안내한다.<br>　– 차시에 학습할 내용 알아보기 | 2′ | |

| 단 계 | 학습<br>내용 | 교수 · 학습 활동 | 시 간 | 자료 및<br>유의점 |
|---|---|---|---|---|
| | | 교 사　여러분, 고리 가운데 어떤 재질로 된 막대를 넣어<br>　　　　보면 가장 좋을까요?<br>학생들　쇠가 가장 좋을 것 같습니다.<br>교 사　그래요. 다음 시간에 자세히 공부해 봅시다. | | |

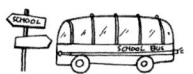

# 16 영어과 PPP 수업의 전개

이 글은 초등학교 6학년 2학기 영어과 '11. What Do You Want to Do?' 총 4차시 수업 중 3차시 수업을 참관한 후의 수업 비평입니다. 이 수업은 2008년 대전만년초등학교에서 실시된 교육실습 과정 중에 교생 선생님이 하신 수업입니다.

## 들어가며

영어과의 일반적인 수업 단계는 PPP 즉, Presentation(제시) → Practice(연습) → Production(발화)으로 진행됩니다. 이는 영어과의 목표인 의사소통 능력의 신장을 위한 여러 가지 수업 모형의 근간이 되는 수업 모형이라 할 수 있습니다. 따라서 처음으로 영어를 지도하는 교생 선생님이라든지 초보 영어 교사라면 먼저 영어과의 일반적인 수업 단계를 정확히 이해하고 숙달하는 것이 필요합니다.

그런데 일반적인 수업 모형으로 진행되는 영어과 수업에서 흔히 범하는 실수 중의 한 가지는 충분한 Practice를 수행하지 않고 Production 단계로 넘어 가는 것입니다. 여기에는 여러 가지 이유가 있겠지만 대개는 Production의 방법으로 많이 활용하는 게임에 학생들이 적극적인 반응을 보여 교사가 Production 단계를 선호하기 때문입니다. 하지만 단위 수업 시간의 학습 목표를 학생들이 흥미를 갖도록 제시하고 안내하며 충분한 연습을 한 뒤에 발화해 보도록 해야 학생들이 자신감을 가지고 활동에 집중할 수 있습니다.

또 한 가지, 일반적인 영어과 수업 단계로 전개하는 데 있어 유념해야 할 점은 단위 시간의 학습 목표를 달성하기 위해 각 활동을 유기적으로 재구성해야 한다는 것입니다. 이 수업의 학습 목표는 '하고 싶은 것을 말하고, 쓸 수 있다.'로, 1, 2차시에서 이미 학습했던 하고 싶은 것에 대한 듣기, 말하기, 읽기 능력을 확장하여 하고 싶은 것을 써 보기도 하고 다시 한 번 말해 보는 활동을 하는 것입니다.

이 수업의 흐름을 따라가면서 앞에서 제시한 영어과 일반 수업 모형을 실시하는 데 있어 유념해야 할 두 가지 점 ─ 충분한 Practice를 바탕으로 한 Production 활동이 이루어졌는가? 학습 목표를 달성하기 위해 각 활동이 유기적으로 구성되어 실시되었는가? ─ 을 중점으로 하여 잘된 점과 개선해야 할 점은 무엇인지 살피고자 합니다. 이를 위해 수업의 장면을 다음의 다섯으로 나누었습니다.

수업 장면 1: 동기 유발부터 학습 활동 안내까지
수업 장면 2: 학습 활동 1
수업 장면 3: 학습 활동 2
수업 장면 4: 학습 활동 3과 수준별 학습
수업 장면 5: 학습 활동 정리 및 차시 예고

# 수업 장면 1
## 동기 유발부터 학습 활동 안내까지

학생들을 영어 수업으로 끌어들이기 위해 날씨에 관한 small talk 로 시작했습니다. 이때 단순히 날씨에 대해 묻고 답하는 것으로 끝 나지 않고 화창한 날씨와 학습 주제인 하고 싶은 일을 연결했으면 학습 목표지향적인 수업이 되었을 것입니다.

학습 분위기를 조성하기 위해서 교사가 하고 싶은 일에 관한 사 진 자료를 퍼즐로 제시하여 학생들이 추측하도록 했습니다. 사진 자료를 그대로 제시하지 않고 퍼즐로 제시함으로써 학생들이 교사 에게 집중할 수 있도록 한 점이 돋보였습니다. 그런데 아쉬운 점은 이후의 활동인 전시 학습 상기에서도 교사가 선택한 그림 카드 내 용에만 맞춰 학생들이 대답하도록 한 점입니다. 1, 2차시에 걸쳐 하고 싶은 일을 어떻게 말하는지 학생들이 배운 내용을 충실히 모 두 복습한다는 점에서는 칭찬할 만합니다. 하지만 학생들이 보다 능동적인 위치에 놓일 수 있도록 하기 위해서는 교사가 선택한 것 이 아닌 학생들이 선택한 카드, 학생들이 하고 싶어하는 일에 대해 말해 볼 수 있는 기회를 주는 것도 좋을 것입니다.

학습 활동 안내에 있어서도 교사가 일방적으로 활동을 안내하기 보다는 학생들이 단원의 학습 주제를 보고 본 차시에 실시할 활동 을 예상해 볼 수 있는 기회를 줌으로써 학생들이 수업의 주체임을 인식시켜야 합니다.

학습 목표인 하고 싶은 일을 말하고 쓰기 위해 [활동 1] Let's Sing, [활동 2] Let's Write, [활동 3]Let's Play의 세 가지 활동을 구성했습니다. 표면에 보이는 활동은 세 가지이지만, [활동 3]을 끝내고 수준별 활동을 실시하기 때문에 실제로는 네 개의 활동이라고 봐야 합니다. 대게 한 차시의 수업을 40분에 맞게 끝마치려면 두세 개로 활동을 구성합니다. 그런데 교사가 수업에 대한 열정이 너무 앞서다 보면 각 활동에 필요한 시간을 충분히 고려하지 않고 많은 활동을 계획하게 됩니다. 그런 경우 학생들을 다그치게 되고 학습 목표의 달성보다는 교사가 준비한 활동을 모두하는 데 목적을 두는 경우가 생기므로 주의해야 합니다.

## 수업 장면 2: 학습 활동 1

[활동 1]은 노래를 부르면서 하고 싶은 일에 대해 말하며 억양, 리듬, 발음 등을 자연스럽게 연습하는 활동입니다. 먼저 학생들은 노래의 내용이 하고 싶은 일에 관한 것임을 이해하고 한 소절씩 따라 부른 후 다 함께 불러 보았습니다. 이후에는 실제 의사소통 상황처럼 남학생과 여학생 파트로 나누어 묻고 대답해 보기도 했습니다. 또한 학생들 본인이 하고 싶은 일로 가사를 바꾸어 노래하기도 했습니다. 사실 노래 부르기가 좋은 학습 활동이기는 하지만 일부 학생들에게는 부담이 되기도 합니다. 4학년까지는 교과서에 가사가 제시되어 있지 않아도 노래를 한두 번 들으면 쉽게 따라할 수 있지만 6학년은 노래가 비교적 길고 내용도 많기 때문에 가사를 보고 불러야 합니다. 그런데 가사를 읽지 못하는 일부 학생들은 가사 익히랴, 노래 부르랴 힘이 듭니다. 교사는 노래 지도 시 이렇게 소외된 학생이 없는지 주의 깊게 살펴야 합니다.

# 수업 장면 3: 학습 활동 2

[활동 2]에서는 하고 싶은 일에 관해 쓰는 능력을 기르기 위해 모둠끼리 서로 하고 싶은 일을 묻고 답한 후에 이를 학습지에 썼습니다. 그리고 인터뷰가 끝난 후에 11월에 내가 무엇을 하고 싶은지 달력에 기록하도록 했습니다. 인터뷰 활동을 통해 말하기와 쓰기를 시도해 보는 좋은 기회가 되었습니다. 그런데 먼저 하고 싶은 여러 가지 일을 써 보는 활동을 통해 연습을 충분히 한 후에 인터뷰를 하면 어땠을까요? 말은 할 수 있으나 쓰기 연습이 되어 있지 않은 학생들은 할 수 없이 다른 친구의 답을 베낄 수밖에 없습니다. 지도하지 않고 결과를 요구할 수는 없습니다.

# 수업 장면 4: 학습 활동 3과 수준별 학습

[활동 1]과 [활동 2]를 통해 말하기와 쓰기의 Practice를 한 후에 [활동 3]을 통해 Production이 이루어지길 기대했습니다. 그런데 [활동 3]은 Snowball game으로 학생들이 모둠별로 나와 하고 싶은 것을 이어가며 말하는 활동이었습니다. 다행히 이 활동이 끝난 후에 이어진 수준별 학습에서 쓰기 활동이 이루어졌습니다.

그런데 문제는 시간이 촉박하여 학생들이 Snowball game에 재미를 느낄 무렵 시간에 쫓겨 급히 마무리 짓고 수준별 활동으로 넘어가야 했던 것이었습니다. 이런 때 [활동 3]과 수준별 학습을 동시에 하도록 계획했다면 충분한 시간을 확보할 수 있었을 것입니다.

물론 수업 공개 시에는 이 수업처럼 [활동 3]을 한 뒤에 따로 수준별 학습을 하는 경우가 많습니다. 그런데 사실 수업 공개를 하는 학생들은 이미 그런 활동에 익숙해져 있어 교사가 계획한 대로 착착 수업이 진행될 수 있겠지만, 일반 수업 현장에서는 그렇게 진행하기가 힘든 것이 사실입니다. 게임 하나에도 학생들이 규칙을 이해하려면 시간이 많이 소요되기 때문입니다. 시간이 촉박한데 새로운 활동을 자꾸 벌이는 것보다는 학습 목표 달성에 꼭 필요한 최소의 활동을 알차게 진행하는 것이 낫다고 봅니다.

## 수업 장면 5: 학습 활동 정리 및 차시 예고

학습 활동을 마무리하기 위해 교사가 학생 한두 명에게 하고 싶은 일에 대해 묻고 학생의 답을 유도했습니다. 나머지 학생들은 교사와 학생의 대답을 들었습니다. 학습 활동을 정리할 때는 되도록 많은 학생들이 참여하는게 좋습니다. 또한 학습 목표가 말하고 쓰는 것이었으므로 쓰기도 해야 합니다. 예를 들어, 그림 카드 두세 장을 보여 주면서 그림에 맞게 말하게 하고, 이를 써 보도록 하면 간단한 학습 활동 정리가 될 것입니다. 차시 예고로는 "Next time, we're going to do very interesting activity."라고 했습니다. 어떤 흥미로운 활동일지 보다 구체적으로 안내해 주었으면 하는 아쉬운 생각이 듭니다. 끝인사로 "See you next time. Good bye."라고 마무리 지었습니다. 명쾌한 인사이지만 학생들에게 이번 시간에 잘했다고 칭찬해 주었다면 더 좋았을 것 같습니다.

# 나가며

이상으로 영어과 일반 수업 모형을 적용한 수업을 살펴보았습니다. 학생들이 학습 목표에 도달하도록 하기 위한 교사의 고민과 열정을 읽을 수 있는 수업이었습니다. 모든 수업에 적용될 수 있는 완벽한 정답은 없습니다. 영어과의 일반적인 수업 전개 과정을 잘 알고, 교과서를 재구성하여 가르쳐 보고 장단점을 보완해 간다면 교사 스스로에게 알맞은 영어과 수업 모형을 찾을 수 있습니다.

또한 학생들 앞에서 완벽한 영어를 구사할 수 없다고 절망하지 말고 실수해도 학생들에게 자신감 있게 영어를 사용하는 모범을 보여야 합니다. 영어를 배우는 것은 원어민과 똑같이 되는 것이 아니라 그들과 의사소통하는 데에 목적이 있기 때문입니다.

# 본시 교수 · 학습 과정안

| 교 과 | 영어 | 일 시 | 2000. 00. 00 (O요일) O교시 | 장 소 | 6-O 교실 |
|---|---|---|---|---|---|
| 단 원 | 11. What Do You Want to Do? | 차 시 | 3/4 | 지도교사 | OOO |
| 학습 주제 | 원하는 것 묻고 말하기 | 교과서 | 92~93 | 보조 교과서 | · |
| 학습 목표 | 하고 싶은 것을 말하고 쓸 수 있다. | | | | |

| 수업 전략 | 최적 학습 유형 | 일반 학습 유형 |
|---|---|---|
| | 학습 집단 조직 | whole ➡ group ➡ group |
| | 중심 학습 활동 | 하고 싶은 것 묻고 답하기 'Snowball Game' |

| 수 준 별 학 습 | 보충 활동 | 심화 활동 |
|---|---|---|
| | 문장 완성하기 | 방과 후 배우고 싶은 일 적고 말해 보기 |

| 교수 학습 | 일반 자료 | 교 사 | 그림 카드 및 단어 카드, CD-ROM |
|---|---|---|---|
| | | 학 생 | 그룹 활동 및 개인 활동 학습지, 심화 및 보충 학습지 |
| | ICT 자료 | | 조각 퍼즐 PPT |

| 단 계 | 학습 내용 | 교수 · 학습 활동 | 시 간 | 자료 및 유의점 |
|---|---|---|---|---|
| Intro-duc-tion | Gree-ting | ▣ 인사하기<br><br>교 사  Hello, everyone.<br>학생들  Hello, teacher.<br>교 사  How is the weather?<br>학생들  Fine / Sunny / So-so. | 1' | |
| | Warm-up | ▣ 분위기 조성하기<br>• 사진 자료를 퍼즐로 제시하고 교사가 무엇을 하고 싶어하는지 영어로 말하여 분위기를 조성한다.<br><br>교 사  Can you guess this picture?<br>학 생  Riding a bike.<br>교 사  Yes, I want to ride a bike on weekend. | 2' | ① 분위기 조성<br>PPT - 조각 사진(2') |
| | Re-veiw | ▣ 전시 학습 상기하기<br>• 그림 자료를 보고 묻고 답하는 활동을 통해 전시 학습 | 5' | ② 그림 자료 활동 그림 (5') |

| 단 계 | 학습<br>내용 | 교수 · 학습 활동 | 시 간 | 자료 및<br>유의점 |
|---|---|---|---|---|
| Intro-<br>duc-<br>tion | Re-<br>veiw | 을 상기한다.<br><br>교 사  What do you want to do?<br>학생 1  I want to dance.<br>교 사  What do you want to do?<br>학생 2  I want to swim. | | |
| | Con-<br>firm-<br>ation<br>of<br>Obj-<br>ectiv | ▣ 공부할 문제 확인하기<br><br>📖   하고 싶은 것을 말하고, 써 봅시다. | 2′ | |
| | Gui-<br>ding<br>today<br>'s<br>Lesson | ▣ 학습 활동 안내하기<br>[활동 1]  Let's Sing<br>[활동 2]  Let's Write<br>[활동 3]  Let's Play | 5′ | |
| De-<br>vel-<br>op-<br>ment | Pre-<br>sen-<br>tation | ▣ 학습 활동<br>[활동 1]  Let's Sing<br>• 교과서 92쪽의 노래를 배운 후 낱말을 바꾸어 노래를 부른다.<br>  – 남학생 파트와 여학생 파트로 나누어 묻고 대답하는 부분<br>    을 맡아 불러 보기<br>  – 다른 단어로 바꾼 후 노래 불러 보기<br><br>교 사  Now, Let's change the word with sing and play the<br>         guitar. Understand?<br>학생들  Yes. we do. | | ③ 스크립트<br>노래 가사<br>(6′)<br>④ CD-ROM<br>노래 |
| | Prac-<br>tice | [활동 2]  Let's Write<br>• 모둠끼리 서로 하고 싶은 일을 묻고 답하고, 내가 하고 싶은<br>  일을 학습지에 기록한다.<br>  – 모둠끼리 서로 하고 싶은 일 묻고 답한 후 학습지에 기록하기 | 8′ | ⑤ 학습지<br>인터뷰 및<br>11월 달력<br>그림(8′) |

| 단 계 | 학습 내용 | 교수 · 학습 활동 | 시 간 | 자료 및 유의점 |
|---|---|---|---|---|
| De-vel-op-ment | | 교 사   Now, you will ask your friends in your group what they like. Then, you write the answers in your sheet.<br>학 생   OK, teacher.<br><br>- 11월에 내가 무엇을 하고 싶은지 달력에 기록하기<br><br>교 사   After the interview, you will write the things you want to on November.<br>학생들   Yes, we will.<br><br>- 조사한 내용 및 내가 하고 싶은 것 발표하기 | | |
| | Pro-duc-tion | [활동 3] Let's Play<br>• Snowball game을 이용하여 모둠별로 나와 하고 싶은 것을 이어가며 말한다.<br><br>교 사   Do you know the snowball game? It is similar to the '시장에 가면' game. I'll show the rule of this game. | 12′ | ★ 게임 규칙은 우리말로 설명하여 시간 낭비를 줄인다. |
| Con-soli-dation | | 수준별 학습<br><br>| 기본 학습지 | 심화형 학습지 |<br>|---|---|<br>| 문장 완성하기 | 방과 후 배우고 싶은 일 적고 말해 보기 |<br><br>교 사   On your work sheet, there are two different types of activity. Chooes the type you want to do, and do it please. | 3′ | ㉤ 평가하기 |
| | Wrap-up | ▣ 학습 내용 정리하기<br>• 교사가 학생에게 직접 "What do you want to do?"라고 묻고 학생의 답을 유도한다. | 2′ | |

| 단 계 | 학습 내용 | 교수 · 학습 활동 | 시 간 | 자료 및 유의점 |
|---|---|---|---|---|
| | Gui-<br>ding<br>Next<br>Lesson | 교 사  What do you want to do on this weekend?<br>학생 1  I want to play football.<br>학생 2  I want to visit my grandmother.<br><br>■ 차시 예고하기<br>• 동아리 만들기 및 학습 내용을 정리한다.<br><br>교 사  Next time, we're going to do very interesting<br>　　　activity.<br><br>■ 끝인사하기<br><br>교 사  See you next time. Good bye.<br>학생들  Good bye. | | |

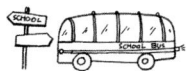

# 부록: 수업 과정안 작성 방법

　한 시간의 수업을 전개한다는 것은 대단히 어렵고 복잡한 활동입니다. 교육과정에 대한 이해, 학습자 분석, 학습 목표 수립 효과적인 수업 모형의 결정, 수업 내용의 재구성, 학생중심의 학습 활동 구성, 수업 자료 제작, 과제 분석, 평가 계획 수립 그리고 환류 계획까지 수업을 설계하고 실행하기까지는 교사의 심층적인 수업 이해가 필요합니다. 수업의 복잡함과 다양성에 비추어 볼 때 수업의 설계도인 교수·학습 과정안은 일정한 형식이 없으며 수업의 과정이 잘 드러나면 됩니다. 그러나 일반적인 작성법도 생각해 볼 수 있습니다. 여기에서 제시한 과정안 양식은 대전만년초등학교에서 4년간의 교육실습에 활용했던 과정안 양식입니다.

## I. 단원(제재)의 개관

단원의 설정 취지를 파악하기 위해서 단원 구성 요소의 특성, 학습 과제의 범위와 계열을 개괄하는 단계입니다. 일반적으로 국어, 사회, 수학, 과학, 실과, 체육, 미술, 영어 교과의 경우는 '단원'으로 하고, 도덕, 음악 교과는 '제재'라고 합니다.

### 1) 교재관

교재의 구조, 짜임, 성격 등을 규명하고 교육과정의 지도 목표와 내용을 연계시켜 명료하게 제시하며, 학습 과제의 특성에 따라 가치 및 지도 방법에 관한 소견, 문제점 등을 서술합니다.

**예**

> 이 단원은 인구가 도시로 집중되면서 발생되는 통계 …… 각 지역간의 균형적 발전을 위한 상호 보완적 관계 파악에 중점을 두고 있다. 우리 학급 학생들의 우리나라 도시화에 대한 …… 학생들의 생활과 다소 동떨어진 학습 요소이기 때문에 학습에 대한 흥미도가 다소 부족하다. 따라서 이 단원의 지도를 위해서 …… 지도해야겠다.

### 2) 학생관

학생의 발달 단계에 따른 특징, 준비성, 개인차, 흥미, 관심, 욕구, 발달 정도와 교재의 난이도 및 적합성 등을 간명하게 기술합니다.

이 시기의 학생들은 융통성 있는 사고, 효율적인 사고를 하며 …… 통계 자료를 활용한 종합적인 분석이 가능하다. 이에 비추어 볼 때 우리 학급 학생들은 통계 자료의 활용에 익숙하지 …… 못하고 토의 활동에 자신의 생각을 적극 표현하지 못하고 있는 실정이다. 따라서 대화와 토의 활동에 허용적인 …… 성취감을 느낄 수 있도록 지도해야 한다.

### 3) 사회관

학생이 단원 학습을 통하여 기대되는 사회적 가치, 사회가 교육에 바라는 것, 학생에게 바라는 것 등의 사회적 요구와 가치 실현을 위한 지도 방법을 구상하여 기술합니다.

21세기 현대사회는 지식·정보화 시대로 급속히 변모하고 있으며, 이로 인하여 인구가 도시로 집중되면서 여러 …… 능력과 태도를 갖도록 요구하고 있다. 오늘날 대도시는 정치, 경제, 문화, 인구, 교통, 통신의 중심지이다. 도시 주변에 많은 공장이 …… 그러나 아직도 도시화에 따른 도시 문제들의 해결은 요원한 일이라 여겨진다. 따라서 학생들에게 도시와 촌락이 …… 위해 필요한 자질을 갖추도록 지도해야겠다.

## 4) 학습의 계통 및 학습 과제 분석

### (1) 발전 계통

발전 계통은 단원 학습 과제의 범위와 계열을 거시적으로 간략히 파악한 후 학습의 앞뒤 관계, 단원의 계통 수준을 기술합니다. 선수 학습은 학습 과제의 출발점 행동으로서 학생의 파지·정착 요소를, 학습은 단원의 지도 계획과 관련된 학습 요소를, 후속 학습은 본 학습에 발전적으로 이어지는 학습을 파악하여 기술합니다.

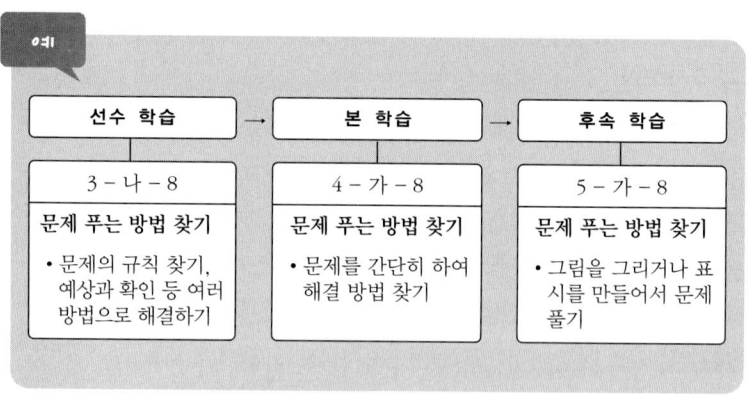

### (2) 학습 과제 분석

학습 과제라 함은 학습해야 할 요소와 항목을 말하며, 학습 과제 분석은 학습 요소(어떤 개념, 법칙, 원리)를 어떤 계층에 따라 한눈에 볼 수 있도록 체계화하고 시각화한 수업 지도(instruction map)로 작성하는 것을 말합니다.

과제 분석의 유형에는 ① 수평적 구조도, ② 수직적 구조도, ③ 위계적 구조도, ④ 혼합적 구조도 등이 있습니다.

과제 분석을 통하여 ① 가르칠 학습 요소가 무엇인지 명백하게 한다. ② 학습 요소 상호 간의 관련성을 알게 된다. ③ 학습의 순서를 정할 수 있다. ④ 학습 요소의 중복이나 누락을 발견할 수 있다. ⑤ 형성 평가의 기준을 마련할 수 있다. ⑥ 선수 학습 내용을 알 수 있다.

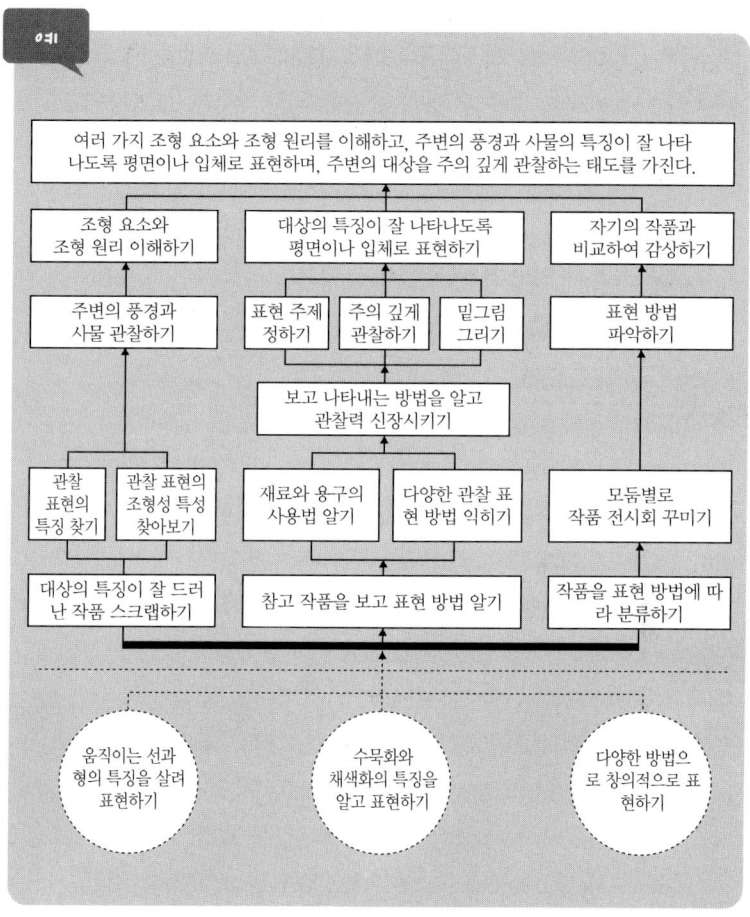

## 2. 단원(제재)의 목표

단원을 학습했을 때 학습자가 지녀야 할 바람직한 성과를 구체적인 용어에 의한(내용 + 행동) 형식으로 지적(인지적), 기능적, 정의적인 면으로 진술하고, 교수·학습 과정 및 그 결과를 평가할 수 있는 준거를 마련해 줍니다.

1) 단원 목표가 어떤 행동 특성을 뜻하는지 공통적인 이해가 이루어질 수 있는 수준에서 진술합니다.

> **예**
> • 뜻이 분명한 문장을 지을 수 있다.

2) 목표에는 내용과 행동을 나타내는 용어가 있어야 합니다.

> **예**
> • 두 자리 수의 덧셈을 계산할 수 있다.
>    내용              행동

3) 단원에서 성취하게 될 학생의 행동(제3자의 용어)으로 진술합니다.

> **예**
> • 상상의 세계를 그림으로 표현할 수 있다.
> • 자석의 성질을 이용해서 장난감을 만들 수 있다.

4) 각 목표는 한 가지 학습 결과를 포함하고 있어야 합니다.

> **예**
>
> • 공기는 일정한 공간을 차지하고 있음을 알 수 있다.

5) 교과 및 단원의 특성에 따라 가능하면 내용과 행동의 구조를 분류하여 제시합니다.

> **예**
>
> • 국어과의 말하기 · 듣기 · 쓰기에서 주장하는 말을 할 때에는 타당한 이유나 근거를 제시해야 함을 알 수 있다. (지식)
> • 주장하는 말을 꾸며서 말할 수 있다. (기능)

(1) 인지적 영역: 지식, 이해력, 사고력, 판단력, 종합력, 분석력 등과 관련된 영역을 기술합니다.

> **예**
>
> • 여러 가지 일의 공통점과 차이점을 알 수 있다.
> • 문장의 종류를 알 수 있다.

(2) 기능적 영역: 기능, 신체적 활동과 관련된 영역을 기술합니다.

> **예**
>
> • 여러 가지 잎을 관찰하여 생김새에 따라 분류할 수 있다.
> • 여러 종류의 문장을 바르게 사용할 수 있다.

(3) 정의적 영역: 태도, 흥미, 습관, 성격, 정서와 관련된 영역을 기술합니다.

> **예**
>
> • 식물을 소중히 가꾸려는 마음을 가진다.
> • 상황에 맞는 문장을 사용하려는 태도를 가진다.

## 3. 학생 실태 및 지도 대책

### 1) 일반적 실태 및 분석

각종 실태 파악은 지도 대책 및 지도 계획에 반영되도록 합니다. 학생 실태 파악과 지도 대책은 표 또는 서술형 모두 가능하며 과정안 작성자의 창의성을 반영하도록 합니다. 남녀 구성, 교과 흥미도 등 일반적인 요소는 거의 필요 없습니다.

단원(본시)의 학습과 관련된 학생의 실태를 파악하고 학생의 선수학습 상태를 파악하는 것이 중요합니다. 토의 능력, 관찰 능력 등 수업과 관련된 기본 학습 훈련 상태, 학습 능력 등을 백분율, 중앙값, 빈도 평균값을 계산하여 나타냅니다. 표를 활용하면 좋습니다.

> **예**
>
> 학생들은 읽기 활동(16명, 51%)을 가장 선호하였고, 컴퓨터를 활용한 학습(33%)이나 역할극하기(21%)가 많았습니다. 다음으로 멀티미디어의…….

### 2) 지도 대책 및 성취 예상

단원(본시)의 학습 목표와 관련된 실태 결과를 분석·진단하고 학습의 출발점을 설정하여 바람직한 지도 방법을 제시합니다.

　학생들의 과학 교과의 실험 활동에 대한 흥미도는 높게 나타났습니다. 하지만 조사 …… 토의, 뒷처리, 결과 해석에는 낮은 흥미를 보이고 좋아하지 않았습니다. 이는 가설 설정, 변인 통제, 결과 해석 부분에서 부족한 탐구 능력을 신장시키기 위하여 수업 중의 지속적인 지도가 필요함을 의미합니다.

## 4. 지도 계획 및 지도상의 유의점

1) 지도 계획은 단원의 지도 계획을 차시별로 나타내며, 재구성할 수 있습니다.

| 차시 | 교과서 쪽수 | 학습 주제 | 주요 활동 | 시간 | 자료<br>(보조 교과서 쪽수) |
|---|---|---|---|---|---|
| 1 | | | | | |
| 2<br>(본시) | | | | | |
| ⋮ | ⋮ | ⋮ | ⋮ | ⋮ | ⋮ |

2) 지도상의 유의점은 학습 지도를 하면서 지도상에 예상되는 유의점을 교사 입장에서 개조식으로 기술합니다.

- 모습이나 느낌이 생생하게 드러나도록 표현하게 한다.
- 사람을 향하여 쏘지 않도록 충분한 사전 지도를 한다.

## 5. 단원(제재)의 평가 계획

1) 평가 관점 및 요소는 단원의 학습을 마치고 이루어지는 단원의 학습 목표 달성도 측정을 위한 관점 및 요소를 기술합니다. 이때 단원의 학습 목표와 일관성을 유지하도록 유의합니다.

> **예**     본 단원은 기체의 성질을 관찰, 실험, 추리를 통해 알아보고, 기체의 성질을 이용하여 공기 딱총과 장난감을 만드는 활동으로 구성되어 있다. 그러므로 기체의 성질에 대한 개념적인 측면과 기체의 성질을 찾아내는 탐구 과정적인 측면, 실험과 게임에 열심히 참여하는가에 대한 태도적인 측면이 수업 과정 속에서 지속적으로 평가되어야 한다.

2) 평가 방법

| 영 역 | 평가 내용 | 평가 방법 |
|---|---|---|
| 인지 | • 문제를 간단히 하여 해결하는 방법을 알고 있는가?<br>• 다양한 변화의 규칙을 수로 나타내는 방법을 알고 있는가? | 지필 평가,<br>관찰법 |
| | ⋮ | |

## 6. 학습의 유형 안내(수업 모형)

최적의 학습 유형(수업 모형)에 대한 설명을 씁니다. 특히 각 단계에서의 유의점이 무엇인지를 연구하고 기술하는 것이 좋습니다.


## 7. 지도의 실제


### 1) 본시 교수·학습 과정안

| 교 과 | | | 일 시 | 20○○.○○.○○<br>(○요일) ○교시 | | 장 소 | ○-○ 교실 |
|---|---|---|---|---|---|---|---|
| 단원(제재) | | | 차 시 | | 지도교사 | | |
| 학습 주제 | | | 교과서 | | 보조 교과서 | | |
| 학습 목표 | ※ 교사용 지도서를 참고하여 핵심 목표를 기술하되 '~할 수 있다.'로 기록한다. | | | | | | |
| 수업 전략 | 최적 학습 유형 | | 교과 수업 특성에 맞는 학습 유형 | | | | |
| | 학습 집단 조직 | | 학습 집단의 변화 과정을 ➡로 표시 | | | | |
| | 중심 학습 활동 | | 학습 흐름에 따른 중심 활동 및 수업 핵심 내용 기록 | | | | |
| 수준별<br>학 습 | 보충 활동 | | | | 심화 활동 | | |
| | | | | | | | |
| 교수 학습 | 일반<br>자료 | 교 사 | ※ 교사용, 학생용 자료로 구분하여 기록하되 수업 시간에 이루어지는 모든 자료를 기록한다. | | | | |
| | | 학 생 | | | | | |
| | ICT 자료 | | ※ 인터넷 사이트는 ICT 자료란에 기록한다. | | | | |

| 단 계 | 학습<br>내용 | 교수·학습 활동 | 시 간 | 자료 및<br>유의점 |
|---|---|---|---|---|
| ※ 수업<br>모형에<br>맞는<br>단계를<br>기술<br>한다. | 동기<br>유발 | ▣ **학습 동기 유발하기**<br>• '난중일기'를 보며 학습 동기를 유발한다.<br>  - '난중일기' 시청하기<br>  - 이유를 들어가며 자신의 의견 말하기<br><br>**교 사** 거북선을 만든 이유는 무엇입니까?<br>**학생 1** 전쟁을 대비 ~다. 왜냐하면 ~다.<br>**학생 2** 거북선은 ~다. 그 이유는 ~다. | 3′<br>※ 시<br>간은<br>분단<br>위로<br>기록) | ★ 유의점<br>▶ 자료<br>㉣ 평가<br><br>※ 자료 표시<br>는 '자료 활<br>용 계획에 따<br>른 순서-자<br>료 종류-자<br>료 내용(소요<br>시간)'으로<br>한다. |

| 단 계 | 학습<br>내용 | 교수·학습 활동 | 시 간 | 자료 및<br>유의점 |
|---|---|---|---|---|
| ※ 도입<br>전개<br>정리의<br>기술<br>보다는<br>수업<br>모형에<br>맞는<br>단계를<br>기술<br>한다. | 공부<br>할<br>문제<br>파악<br><br><br>학습<br>활동<br>계획<br>안내 | ▣ 공부할 문제 확인하기<br><br>　　　　　　～ 하여 봅시다.<br><br>※동기 유발 활동을 한 후에 어떤 발문과 응답으로 학생들<br>에게 학습 목표를 도출해 낼 것인지 간략히 기록한다.<br><br>▣ 학습 활동 안내하기<br>[활동 1] 시장의 구실 알아보기: 모둠 토의 활동<br>[활동 2] 시장 사람들이 하는 일 알기: 역할놀이<br>[활동 3] 시장의 필요성 확인: 핵심 내용 정리 | 2′ | ★학생들이<br>관찰할 때 관<br>찰 관점을 분<br>명히 인식시<br>킨다.<br><br>㉤관찰 평가<br>▶ ① 실물<br>화상기-<br>시장 그림<br>(1′) |
| | ※학습<br>의 핵심<br>내용 부<br>분만을<br>간결하<br>게 기록<br>한다.<br>방법은<br>기록하<br>지 않는<br>다. 활<br>동1, 활<br>동2 등<br>으로 기<br>록하지<br>않는다. | ▣ 학습 활동<br>※ 학습의 흐름, 내용과 방법을 기술한다. 어미 처리와 내용에<br>있어서 일관성 있는 기술을 요한다.<br><br>[활동 1] ～하기<br>• ～한다.<br>　– ～하기<br><br>　교　사　교사의 예상 발문을 기술한다<br>　학생 1　첫 번째 학생의 예상 응답을 기술한다.<br>　학생 2　두 번째 학생의 예상 응답을 기술한다<br><br>[활동 2]<br><br><br>[활동 3]<br><br>㉤ 형성 평가<br>※ 과정안의 어딘가에 반드시 평가 내용 및 방법이 표시되어<br>야 한다. 관찰 평가, 지필 평가, 형성 평가 등.<br><br>**수준별 학습**<br>※ 수준별 학습은 실시할 경우에만 진하게 표시한다. | 5′ | ※ 유의점을<br>기록할 때에<br>는 학생들이<br>수업 목표나<br>수업자의 의<br>도와 다르게<br>활동할 경우<br>를 예상하여<br>기록한다.<br><br><br>※형성 평가<br>는 학습 정<br>리 전 단계<br>에서 실시하<br>며, 수업의<br>전반적인 과<br>정에서 평가<br>가 이루어질<br>경우 자료<br>및 유의점에<br>평가 내용을<br>기술한다. |

■ 학습 내용 정리하기
※수업 목표와 관련된 핵심 판서 내용을 지도안에도 그대로
　기록해 준다.
예) 저축의 필요성
　① 뜻밖의 재난에 대비할 수 있다.
　② 목돈을 마련할 수 있다.

■ 차시 예고 및 과제 제시하기
※ 차시 예고 내용은 자세하게 기록하되, 과제가 필요 없는
　경우에는 과제 제시하기 부분을 삭제한다.

## 2) 판서 계획

판서는 학습 내용을 정리하여 학생들에게 제시하는 수단으로 가장
보편적이고 손쉽게 할 수 있는 방법입니다. 이때 효과성을 제고하기
위하여 생각할 수 있는 것이 3분 판서와 구조화된 판서법입니다.

**예**

• 3분 판서: 칠판을 3등분하여 왼쪽 1/3은 소단원명, 학습 목표,
활동 안내를 하며 중앙 1/3은 대단원명, 주판서를 하고, 오른쪽 1/3
은 보조 판서 및 각종 자료를 제시하는 데 사용합니다.
　• 구조화된 판서: 판서의 내용을 원과 사각형, 화살표 등으로
도식화하여 표현하고, 상위 개념에서 하위 개념으로 일관성과 체계
를 갖춰 판서합니다. 시각적인 효과를 위해서는 색분필의 사용(3색
이내)을 권장합니다.

| 소단원명 | 대단원명 | |
|---|---|---|
| 📖 (분수)÷(자연수)의 계산 원리에 맞게 계산하여 봅시다.<br>[활동 1]<br>[활동 2]<br>[활동 3] | 2. 곱셈과 나눗셈<br><br>(분수) ÷ (자연수)<br><br>$= (분수) \times \dfrac{1}{(자연수)}$ | 보조 판서<br>자료 제시 |

## 3) 자료 활용 계획

| 활용<br>대상 | 순서 | 자 료 | 활용 내용 | 시간 | 투입 시기 | | | | |
|---|---|---|---|---|---|---|---|---|---|
| 교사 | 1 | 실물 화상기(수 카드) | 문제 제시 | 1′ | | | | | |
| | 2 | 구체물 자료 | 문제 이해 | 1′ | | | | | |
| | 3 | 조작 자료 | 조작활동 | 10′ | | | | | |
| 학생 | 4 | 자석 자료 | 형식화 | 3′ | | | | | |
| | 5 | 프레젠테이션 자료 | 도달 수준 점검 | 1′ | | | | | |
| | 6 | 평가지 | 학습 내용 평가 | 3′ | | | | | |
| | 7 | 프레젠테이션 자료 | 평가 문제 점검 | 1′ | | | | | |

※투입 시기는 수업 모형의 단계를 표시한다.

### 4) 형성(수행) 평가 계획

| 평 가 | 평가 내용 | 평가 기준 | 도달 | 평가 시기 | 평가 방법 |
|---|---|---|---|---|---|
| 인지 영역 | (분수)÷(자연수) 계산 원리를 이해하는가? | • 계산 원리를 정확히 알고 있음<br>•<br>• | 상<br>중<br>하 | 적용 단계 | 관찰법 |
| 기능적 영역 | (분수)÷(자연수) 계산 원리를 적용하여 주어진 문제를 해결할 수 있는가? | • 원리에 맞게 능숙하게 계산함<br>•<br>• | 상<br>중<br>하 | 정리 단계 | 평가지 |
| 정의적 영역 | 학습 활동과 모둠 학습 활동에 잘 참여 하는가? | • 적극적으로 참여함<br>•<br>• | 상<br>중<br>하 | 정리 단계 | 질문지 (자가 평가) |

### 5) 학생 좌석표(상위, 중간, 하위)

수준별 학습 등 학생들의 학습 수준을 파악해야 도움이 될 경우에만 작성하며, 수준별 수업이 아닐 경우에는 생략합니다. 일반적으로 상위(○)는 80% 이상이며, 중간(□)은 80~60%, 하위(△)는 20% 이하가 됩니다.

교탁

※ ■은 보충 모둠이다.

6) 참고 자료는 APA방식으로 하며 한글 자료는 자모순, 영어 자료는 알파벳순으로 정리합니다.

(1) 문헌 자료

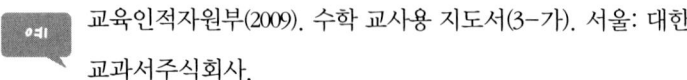 교육인적자원부(2009). 수학 교사용 지도서(3-가). 서울: 대한 교과서주식회사.

(2) ICT 자료: 홈페이지 주소와 자료를 찾을 수 있는 경로를 명시합니다.

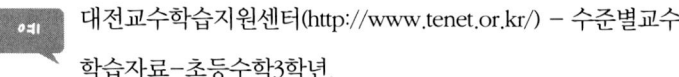 대전교수학습지원센터(http://www.tenet.or.kr/) - 수준별교수 학습자료-초등수학3학년.

# 저자 소개

경일호 (대전만년초등학교 교장)

이광한 (대전만년초등학교 교감)

곽기윤 (대전만년초등학교 교사)

김미경 (대전중앙초등학교 교사)

김미숙 (대전만년초등학교 교사)

김선경 (대전만년초등학교 교사)

김영숙 (대전만년초등학교 교사)

김정선 (대전백운초등학교 교사)

김진아 (대전만년초등학교 교사)

박재관 (대전만년초등학교 교사)

백현숙 (대전만년초등학교 교사)

안미순 (대전만년초등학교 교사)

유상철 (대전만년초등학교 교사)

윤해정 (대전만년초등학교 교사)

이순호 (대전만년초등학교 교사)

이옥용 (대전문화초등학교 교사)

이재윤 (대전만년초등학교 교사)

이종숙 (대전만년초등학교 교사)

임묘진 (대전만년초등학교 교사)

임선우 (대전만년초등학교 교사)

정지은 (대전만년초등학교 교사)

조용영 (대전만년초등학교 교사)

조현수 (가수원초등학교 교사)

최규경 (대전만년초등학교 교사)

최혜선 (대전만년초등학교 교사)

한유경 (대전만년초등학교 교사)

한창숙 (대전만년초등학교 교사)

허나영 (대전만년초등학교 교사)

홍현성 (대전만년초등학교 교사)

황인덕 (대전만년초등학교 교사)

황현하 (대전만년초등학교 교사)

이상 으뜸수업연구회 회원

*수업에 날개를 달자*

# 수업 비타민

2009년 2월 23일 1판 1쇄 발행
2013년 6월 20일 1판 6쇄 발행

지은이 • 으뜸수업연구회
펴낸이 • 김 진 환
펴낸곳 • **(주) 학지사**

121-837 서울시 마포구 서교동 352-29 마인드월드빌딩 5층

대표전화 • 02) 330-5114      팩스 • 02) 324-2345

등록번호 • 제313-2006-000265호

홈페이지 • http://www.hakjisa.co.kr
커뮤니티 • http://cafe.naver.com/hakjisa

ISBN 978-89-6330-152-5 93370

**정가 12,000원**

인터넷 학술논문원문서비스 **뉴논문** www.newnonmun.com